U0717763

望
MOUNTAIN

登自己的山

All This Wild Hope

〇〇年代的想象力

[日]宇野常宽 著
余梦娇 译

GUANGXI NORMAL UNIVERSITY PRESS
广西师范大学出版社
·桂林·

图书在版编目(CIP)数据

〇〇年代的想象力 / (日) 宇野常宽著 ; 余梦娇译.
桂林 : 广西师范大学出版社, 2024.10 (2025.9 重印) .
ISBN 978-7-5598-7336-1

Ⅰ. G131.3

中国国家版本馆CIP数据核字第2024ZG5336号

著作权合同登记号桂图登字：20-2023-092号

LINGLING NIANDAI DE XIANGXIANGLI
〇〇年代的想象力

作　　者：(日) 宇野常宽
译　　者：余梦娇
责任编辑：谭宇墨凡　李　珂
内文制作：燕　红

广西师范大学出版社出版发行
广西桂林市五里店路 9 号　邮政编码：541004
网址：www.bbtpress.com
出 版 人：黄轩庄
全国新华书店经销
发行热线：010-64284815
河北鑫玉鸿程印刷有限公司印刷
开本：880mm × 1230mm　1/32
印张：13　　字数：213千
2024年10月第1版　2025年9月第4次印刷
定价：69.90元

年代体例说明

为了与本书书名对应，正文均统一使用年代表述的简写形式：

“〇〇年代”指代21世纪头十年（本书中具体指2000年—2008年）

“一〇年代”指代21世纪10年代

“二〇年代”指代21世纪20年代

“三〇年代”指代21世纪30年代

“五〇年代”指代20世纪50年代

“六〇年代”指代20世纪60年代

“七〇年代”指代20世纪70年代

“八〇年代”指代20世纪80年代

“九〇年代”指代20世纪90年代

中文版序

《〇〇年代的想象力》是我已经出版超过十五年的出道作品。自出版之后的十五年间，日本（以及世界上诸多国家）的大众在信息技术的支持下，委身于“相信想相信之物”的快乐，借此即时性地满足自己的“认可欲求”。这种大众倾向被经济性以及政治性地加以利用，在全球市场催生了某一价值观的垄断，在各个国家内部则令排外主义风气抬头。九〇年代到〇〇年代间，日本在亚文化领域诞生的物语想象力，简直预言了 21 世纪的人类生活。

可惜的是，当前日本国内的物语想象力恐怕已经无法针对这一问题提供具有批判力的图景了。而且，日本国内以动画为代表的亚文化作品所描绘的物语以及世界观中，也早已寻觅不到可供玩味的思想和信息了。即便表层描写中那种政治性的正误得到了讨论，也基本不太会有高于这一层次的讨论。针对大部分人气作品的评论，只会着眼于如何在这部作品表达的情感中获得“共感”，而不会进行内容剖析。宫崎骏、富野由悠季、庵野秀明等大作者则进一步被权威化，这导致对他们的批判性讨论很难流传。

但是，战后日本亚文化所提供的各种想象力却跨越了国境，在不同地区获得了支持。受日本亚文化，尤其是漫画、动画和游戏的强烈影响而诞生的作品，在日本以外的地区被创造出来早已不再罕见。正如我开头所写，战后日本亚文化直面的问题，已经成为今天生活在全世界的人类所普遍面临的问题。所以我认为，这本《〇〇年代的想象力》介绍的作品群，它在直面这些问题时探索解决方式的想象力之旅，能够被世界范围内的作者继承。假如要为本书写作续篇来讨论二〇年代的想象力和三〇年代的想象力，恐怕就得由生活在世界各国的不同社会的年轻人来写了。

身处今天这个信息社会，物语的力量衰弱了。生存于今天的人们，不需要通过优秀的作品来探讨看待世界的方式，只要选择某种政治立场，就可以在社交网络上咒骂敌对方，通过这种咒骂获得其他用户的“认可”，从而高效而廉价地获得强烈的快感。但我始终相信，世界上绝对存在只有通过虚构和物语才能获得的思考。我也依然在书写关于虚构的批评。

当下，我正在准备一部总结性的亚文化批评作品。我预备以翻译出版为前提将全世界的读者当作对象来书写。希望在二〇年代，这部作品能够抵达中国读者。我将以此为目标进行创作。

导读

在二〇年代阅读《〇〇年代的想象力》

邓剑　苏州大学传媒学院副教授

宇野常宽（笔名）生于1978年，是日本最具代表性的亚文化批评家之一。2008年7月，不满三十岁的宇野在早川书房出版了自己的首作与成名作《〇〇年代的想象力》。该书由他在《SF Magazine》2007年7月号至2008年6月号上连载的出道评论《〇〇年代的想象力——面向“失去的十年”》集结而成，并由著名社会学家宫台真司在书的腰封处撰写推荐语。由于大受欢迎，该书于2011年9月发行文库本，在原作十六章的基础上，追加长篇访谈一篇。在出版十余年后的2024年，这本亚文化研究的必读书终于迎来简体中文版的正式出版。《〇〇年代的想象力》简体中文版的问世，标志着我国的亚文化研究进入新阶段，对亚文化感兴趣的年轻学人，可以宇野常宽为方法，进入日本的学术脉络来理解日本的亚文化。

一

面对这本书，读者有可能产生的第一个疑问便是，在二〇年代为何还要阅读《〇〇年代的想象力》？答案非常简单，因为我们仍未走出〇〇年代的问题设定。在宇野的论述中，支撑日本“〇〇年代的想象力”的社会背景是，2001 年成为首相的小泉纯一郎为解决长达十年的“平成不况”，发动全面的新自由主义改革，从而加剧了日本之格差社会的形成。社会改革自然影响文艺表现，〇〇年代因此诞生了被宇野称为“动员游戏 / 大逃杀”*（下文简称“大逃杀”）的文艺范式。这一范式在二〇年代的今天不仅没有消退，反而有加速流行之势。无论是游戏《绝地求生》的流行，电视剧《鱿鱼游戏》的风靡，还是电影《饥饿游戏》系列卷土重来，皆表明宇野讨论的“大逃杀”非但不过时，甚至随新自由主义的全球性胜利而成为世界范围的问题意识。毫不夸张地说，我们今天仍然活在〇〇年代的想象力中。

按宇野的意思，“〇〇年代的想象力”有两种说法。一种是以庵野秀明的动画《新世纪福音战士》为代表的 1995 年的“过去的想象力”。这一想象力的基本范式是，我们“就算努力，也没意义”，甚至可能因“自己的努力而伤害了别人”，所以人们只愿像主角碇真嗣一样，坐在

---

* 日文为“動員ゲーム＝バトルロワイヤル”。——邓剑注

初号机内选择“自闭式地家里蹲”。另一种是以高见广春的小说《大逃杀》为肇始的2001年的“新的想象力”。这一想象力的基本范式为，如果我们“只是自闭式地家里蹲，就会被社会杀掉，须以己之力努力生存下去”。于是，〇〇年代代表性的亚文化作品在类型学上普遍展露一种为求个人生存而相互杀戮的“幸存”气质，这体现了日本社会从九〇年代的“平成不况”到〇〇年代的新自由主义改革的根本转变。宇野的不满在于，由东浩纪中兴的日本亚文化批评，未意识到这种转变的发生，反而把1995年“过去的想象力”作为最新的事物进行介绍，而本书的基本任务就是澄清〇〇年代的想象力。

众所周知，东浩纪在〇〇年代提出了著名的“数据库消费论”，这一理论源自他对大塚英志在八〇年代末倡导的“故事消费论”的扬弃。按大塚自己的说法，“故事消费论”受了“新学院派”与现代思想（可粗糙地理解为法国哲学）的影响，这未免有拾人牙慧的嫌疑。东浩纪的博士论文研究的正是法国著名哲学家雅克·德里达。德里达是解构主义哲学的代表人物，受此影响，东浩纪的“数据库消费论”也散发出不少解构主义的意味——我们可从大塚的“宏大叙事”到东浩纪的“大型非叙事”的转变中直观地发现这种意味。在《〇〇年代的想象力》里，宇野虽批评东浩纪拥抱“过去的想象力”，却同样把“宏大叙事”与“小叙事”的辩证性作为全书的理论基础以及理解后现代日本的基本脉络。而且，与东浩纪一样，宇野在“宏大叙事”共享压力不足的○○年代更重视“小叙事”，同时引入宫台真司的“岛宇宙”概念——类似于中文里的“同温层”——认为“岛宇宙”正是由“小叙事”之间的共同性所形成的集合体，并以“小叙事”之间的交流所形成的“大游戏”替换东浩纪的“大型非叙事”。“大游戏”与“大型非叙事”的根本不同在于，前者强调小叙事内外的交往，而后者却非如此。也正是因为这种差异，宇野与东浩纪以各自的目光打量○○年代的亚文化时，一个看到的是以大场鸫与小畑健的《死亡笔记》为代表的“大逃杀”范式之流行，而一个谈论的始终是象征秩序失堕后的“世界系”作品。

二

理解○○年代的想象力，离不开对九○年代的讨论。与我国因深化改革而狂飙突进的九○年代相反，日本社会此时正经历泡沫经济破灭后“失去的十年”，尤其是在此一时代的后半段还展现出一种“丧失与绝望的想象力”。这种想象力反映在亚文化上就是，八○年代流行的反映经济腾飞的淘汰赛叙事模式（即主角遭遇一个比一个强的劲敌）开始退出历史舞台，例如《幽游白书》《龙珠》《灌篮高手》等经典漫画于九○年代中期相继停止了在《周刊少年 JUMP》上的连载；机器人动画亦改变了自身的叙事模式，譬如 1995 年的《新世纪福音战士》，主角碇真嗣与他的前辈《机动战士高达》阿姆罗 · 雷展现出完全不同的社会性人格，无法不论青红皂白地依照社会的期望与敌战斗。

按宇野借来的话说，由于历史与社会不再构成为我们提供“意义”的场所，九〇年代就变成了“平坦的战场”，这里充斥着宫台真司所谓“永无止境的日常”。在这“永无止境的日常”里，生活变得越加复杂却缺少意义，呈现为“有物却没有物语”的废墟。在这废墟中，能够刺激我们“行动”的或许只是一些日常中的非日常力量，例如冈崎京子在《我很好》里描写的“死亡”。不过，在“宏大叙事”不再对所有人形成共享压力的后现代状况下，日常早已失去它的“外部”，“死亡”等非日常的力量也在“小叙事”组成的“岛宇宙”里被急速地相对化，无法成为支撑我们在“平坦的战场”取得胜利的绝对价值，而蜕变为一种脱离了实在意义的符号——这些符号恰好表现了人们在消费社会中自觉的疏离感。

宇野认为，在这“平坦的战场”里，或言在 1995 年（碇真嗣）通向 2001 年（夜神月）的过程里，诞生了三种不成熟的思想，包括宫台真司的“躺平革命”、《新世纪福音战士》剧场版的思想转变，以及小林善范的时评漫画中所表达的思想。这里须特别注意宇野对《新世纪福音战士》剧场版的讨论。在剧场版的结尾，明日香一口回绝了碇真嗣，并骂他“真恶心”。在宇野看来，这一幕表明庵野秀明已开始思考如何从“1995 年的思想”接近“2001 年的思想”。庵野的方法是，让碇真嗣们主动选择离开“舒适区”，在痛苦中“接受他者”——尽管这“真恶心”。这就是被称为“后 EVA 症候群”——“世界系”——的序幕。我们对“世界系”不陌生，不仅因为本书第一章已将其作为论题进行讨论，更因这一概念作为当代日本动漫的重要母题，早就被我国的二次元爱好者广泛讨论。不过，这里的“世界系”桥段之所以重要，更在于我们可从中发现宇野常宽与东浩纪的连续性。尽管宇野对东浩纪（“世界系”）进行了多少有点激烈的批评，但二者不是完全断裂或对立的关系，而是存在学术上的扬弃。在宇野看来，“‘世界系’……不过是极不自觉的一种决断主义”。这就引出了本书的核心概念——“决断主义”。

三

决断主义，是一种应对后现代状况的态度，即尽管我们觉得某一特定的价值“缺乏根本的依凭”，但仍且只能选择（或言决断）并坚持自己所相信的这一价值。易言之，决断主义是在“宏大叙事”共享压力不足的后现代状况下产生的一种价值相对主义，它意味着决断本身比决断的内容和理由更重要。显然决断主义的出现，意味着社会范式的转型，即由“宏大叙事”提供价值的金字塔型动员模式（以《周刊少年 JUMP》为象征）向以“小叙事”为价值的大逃杀型动员模式（以卡牌游戏为代表）转变。不过须注意的是，我们是在二〇年代阅读《〇〇年代的想象力》，“大逃杀”这一文艺想象力在最近十余年已有不少新进展。因此宇野关于“大逃杀”的论述，只是我们进入“大逃杀”这一问题域的开始，而非结束，我们不能像宇野所批判的那样“停滞思考”，而要追问，如何超克发展中的“决断主义”之想象力。

宇野将目光放在了宫藤官九郎、编剧组合木皿泉（和泉务与妻鹿年季子夫妇），以及吉永史身上。这“三位”作者对超克决断主义给出了截然不同的方案。宫藤的方案是重构一种不稳定、流动的“（郊区型）中间共同体”。在《池袋西口公园》《木更津猫眼》《曼哈顿爱情故事》中，宇野认为宫藤刻画了一种缺乏社会支持的“（郊区型）中间共同体”——这是一种回应“宏大叙事”与“小叙事”之辩证的暂时性的人类交往形式。这种中间共同体的发生场域是不具备历史与文化脉络的池袋与木更津（皆为日本的地名），即天然不具备“宏大叙事”的（当时的）郊区社会。在宇野看来，即使是这种与新自由主义的全球化进程同构的郊区社会，也能以中间共同体的故事作为“究极的根据”，寻找走出决断主义困境的可能。吊诡的是，宫藤在后来的作品里放弃了继续探寻“（郊区型）中间共同体”的可能，转而重新肯定传统的共同体结构，例如《虎与龙》中出现的“模拟家庭”。这是否意味着（郊区型）中间共同体的失败？宇野似乎并未给出明确的答案。

木皿泉分别从强大的（元）决断主义者与弱小的决断主义者的角度出发，“摸索脱离决断主义的动员游戏的可能”。在电视剧《野猪大改造》里，木皿泉以（元）决断主义为立场，让主角与伙伴在大逃杀的过程中建立超越游戏胜负的（有限且不可被替换的）“中间共同体”，从而以在日常中重建价值的方式超克决断主义的暴力。也正是这种伙伴之间的“中间共同体”使电视剧版的（元）决断主义者（即主角）避免了在小说版里被自身拥有的上级位置反噬的凄凉结局。在《七彩音和若波》中，木皿泉又为相对平庸的决断主义者开出脱离动员游戏的处方——即使自己不清楚动员游戏的结构，但只要和他人（即其他“小叙事”）一起“做过某些事”，就能以弱连接的形式建立与“朋友”的信赖关系，从而通过离别的形式避免陷入相互之间无限循环的逃杀游戏。

吉永史则探索了一种解构决断主义的可能。在代表作《西洋古董洋果子店》里，她虽继承了山岸凉子在八〇年代的《日出处天子》里提出的“厩户皇子的咒缚”（即主角厩户皇子希望以“占有”苏我毛人为方法，与苏我构筑“小叙事”之间相互依存的关系，却遭到苏我的拒绝，只得陷入无尽的虚无），却绕开了“岛宇宙”式的恋人关系，在本可成为恋人的“小叙事”之间构建一种群像剧式的、拥有漫长且舒缓的交往模式的"中间共同体"，从而避免在相互之间滋生排他性的暴力。值得一提的是，在《花漾人生》中，吉永也以同样的方法将决断主义的代表性场所——"教室"——从你死我活的修罗场扭转为探索少年之间理想关系的试验场。从上述讨论可以看出，本书的目的并非简单地提出"决断主义"这一概念，而是试图以某种"中间共同体"为方法，寻求超克"决断主义"的可能。那么，我们须继续追问的便是，这种"中间共同体"的现实可能性。

四

书中讨论的"母性敌托邦"，是宇野提出的又一经典概念。最近十年，宇野一直在持续完善该概念，不仅出版了同名专著《母性敌托邦》，还在以互联网为讨论对象的《缓慢的网络》中，试图使之成为具有普遍解释力的理论工具。"母性敌托邦"萌芽于高桥留美子的系列作品，但我们显然可从理论的层面将之溯自有"战后日本最大的思想家"美誉的吉本隆明。宇野多次在自己的著作中谈及吉本，后者试图在《共同幻想论》里实现东亚母权式原始国家与西欧父权式近代国家之间的对峙。"母性敌托邦"就是寓意一位大写的母亲（母权）哺育一个矮小的父亲（父权）的战后想象力。例如，富野由悠季的《机动战士高达》描绘的新人类拉拉·辛，本应是被麦克阿瑟所言日本这个“十二岁少年”——这个少年梦想成为父亲——所占有的少女，却反过来作为“母亲”引导着正反两派的主人公阿姆罗与夏亚的成长，使二人只能成为依靠大写的母亲才获得成熟的“矮小的父亲”。正如宇野所言，我们可从这“母性敌托邦”中发现“母性的暴力”。这种暴力不将我们排斥至它的对立面，而是将我们吸纳在它自己的怀中，以溺爱的方式削弱、麻痹、最后捕获我们。一句话，“母性敌托邦”所孕育的“母性的暴力”，是一种肯定性的暴力，它在疗愈我们的实在界创伤之同时，也促成我们以回归母胎的形式回避自我的终极成熟，并以活在母胎中的形式活在纯粹的自我幻想之中。

在“母性敌托邦”之后，宇野讨论了“成熟”的命题。这一命题自“漫画之神”手塚治虫发表《铁臂阿童木》以来,便是战后日本漫画的经典命题。宇野将它放在“宏大叙事”共享压力不足的社会脉络中重新讨论，自然引出新的内涵。一直以来，教养主义在近代日本都是促成青少年成熟的重要方法论。不过，在“宏大叙事”之共享压力不足的后现代状况下，以家父长制为基础的“教养主义育儿”已难奏效，探索一种不以血缘关系为纽带的“模拟家庭”——又一种中间共同体——便成为不少亚文化作品的共同选择。显然，从“家庭”到“模拟家庭”，意味着从传统的“教养主义”到新式的“新教养主义”的转换。在宇野看来，新教养主义回应的是“宏大叙事”之共享压力不足后（即父母无法作为社会启蒙的指导）的孩子如何成熟的问题。他借用稻叶振一郎与山形浩生的立场，认为新教养主义就是大人们为孩子提供成长试错的“环境”，而不是对他们进行教育灌输。于是，“模拟家庭”这一较少出现在我国文艺作品却常见于如今日本亚文化中的“中间共同体”便成为解题当代日本社会的重要线索。

接下来，宇野讨论了“假面骑士系列”与“变身”的问题。在“宏大叙事”共享压力不足的后现代状况下，以“变身”为方法的“正义”与“成熟”的内涵在社会变迁之下发生着流变。值得注意的是，本书不是宇野讨论《假面骑士》的终点。他的第二本专著《小人物的时代》继续讨论了《假面骑士》的议题。通过借用乔治·奥威尔在《1984》中的经典概念，宇野把奥特曼喻为“宏大叙事”一般的“老大哥”，把假面骑士比作“小叙事”一样的“小人物”。巨大的奥特曼存在于日本社会的外部（即遥远的“光之国度”），寓意可为日本提供核安全保护伞的、具有超越性的美国——这当然隐喻了被麦克阿瑟称为“十二岁少年”的日本在战后语境中的不可成熟性；而与人类相同大小的、复数化的假面骑士则遍在于日本社会的内部，我们每个人都可变身为在〇〇年代走向决断主义的假面骑士，于动员游戏中以自我为目的去实现“复数的正义”。显然，从奥特曼演化至假面骑士，特摄片的发展回应了以《奥特曼》《假面骑士》为代表的近代政治想象力向后现代市场想象力的转型。

五

宇野在第十三章以昭和怀旧为抓手，讨论了“安全的疼痛”与“自我反省”的问题。昭和时代指 1926 年 12 月 25 日至 1989 年 1 月 7 日，日本第 124 任天皇裕仁在位的 62 年又 13 天。在这漫长的 62 年里，日本经过了发动战争、战争失败、战后重建、走向繁荣的历程，因此昭和怀旧这一现象充满了复杂的历史内涵。在宇野看来，表现昭和怀旧的作品与世界系里的强奸幻想同构，皆具有某种自我欺瞒的性质。对于这些作品的受众而言，他们对这种自我欺瞒也一清二楚，却仍愿意以享用齐泽克式意识形态幻象的形式去享受这种自我欺瞒，而建立在自我欺瞒基础上的“自我反省”，最终只能指向一种“安全的痛”。这里的“安全的痛”可被理解为“在场的缺席”，即由于当事人不是真正地切身在场，“安全的痛”始终掩盖了“真正的痛”的可能性，从而使反省本身变得没有效力，甚至反而强化了对施暴的认同。在这里，宇野讨论的“安全的痛”已超出东浩纪在进行美少女游戏批评时设定的问题域，而具有某种历史与政治批评的意味。当然，宇野不只是提出问题，而是一如既往地寻找解决问题的方法。他以犬童一心和渡边绫的作品为例，认为超越“安全的痛”的自我反省的方法或许是退出“占有”与“被占有”的回路，让作为弱者的一方展现自身的可能性，而非“强行”让强者表现某种伪善的“自我反省”。

第十四章谈论了“校园”里的“青春”。按宇野的话说，“校园是岛宇宙化时代里为数不多的共通体验”，其中上演的总是关于“青春”的故事。在宇野看来，矢口史靖导演的《五个扑水的少年》这一“校园青春故事”的最大特色在于不依赖“宏大叙事”赋予“青春”以意义，而是在“小叙事”中发现“青春”的真谛。不过，“青春”不会扑面而来，而需我们主动去发现与抓取，否则只能陷入《伊索寓言》描述的“酸葡萄心理”。《凉宫春日的忧郁》表达的正是这样的“酸葡萄心理”——主角春日不能坦率地向大家承认自己所憧憬的正是日常“小叙事”中无处不在却又被视而不见的意义，而同一制作班底制作的《幸运星》，则与《凉宫春日的忧郁》相反，它以“空气系”特有的坦诚向我们展示了“小叙事”中的萌式“美好”。这种“美好”当然意味着社会范式的转换。宇野在分析《琳达！琳达！琳达！》时，通过现实里的朋克乐队Blue Hearts向电影中的学生翻唱乐队Paranmaum（韩语“蓝心”）的转变，向我们揭示了这种范式转换中所展现的无可奈何的张力。

第十五章讨论了手机小说的话题。宇野指出，手机小说存在设定幼稚、文章简单等问题。事实上不止如此，日本的手机小说被认为至少有“七宗罪”，即援交、强奸、怀孕、毒品、绝症、自杀，以及真爱。然而，宇野并未对这类小说抱有偏见，而是看到了隐藏在偏见背后的“岛宇宙”之间的交流暴力，即作为手机小说用户的年轻女性与男性御宅族之间的相互轻蔑。在宇野看来，我们应该超越这种交流的暴力，进入手机小说的内部，讨论它的本质。那么手机小说的本质是什么呢？这类小说模仿了手机短信的“文体”，是一种放大了故事情节与梗概的小说，基本依靠说明和对话的形式推动故事的发展。因此，手机小说既不同于依靠“文体”生成张力的纯文学，也不同于其中的角色可被独立地消费的轻小说，而是通过彻底地回归叙事的方式——从角色的独立回归角色之间的交流——生成了自身的魅力。在此章中，宇野将手机小说的流行拔高到了某种超克“决断主义”的位置，即他借用手机小说的特性提倡“交流”的重要性。当然在宇野看来，这种交流不是轻小说式的无自觉的交流，而是手机小说式的有自觉的交流，且在交流的过程中，读者亦须完成从角色式的实存向移动式的实存之转换——这种转换当然孕育了超克“决断主义”的可能性。

六

第十六章为全书的总结。虽然我们的读者在读到“决断主义”“大逃杀的动员游戏”等概念时会感受到某种悲观、绝望的情绪，但宇野在这章却毫不讳言地给出了自己对〇〇年代的观点——也同时给予了读者希望——他非常喜欢这个可能很冰冷却充满了自由的社会。这或许就是我们这些在鲍德里亚所谓消费社会里诞生与成长的一代人的宿命，尽管我们在智识层面对资本主义的生产与消费方式抱有严厉的批判，但我们被规训的身心早已向它投降，对它创造的巨大的物质财富与极致的流动性充满了依赖和谢意。既然我们坦率地承认了对这个“岛宇宙时代”的热恋，剩下的自然就是祝福它的优点，以及葬送它的缺点。在宇野看来，没有必要对这个不可避免的时代感到绝望，只要我们以某种“设计主义”回避“岛宇宙”内外的暴力，通过某种“中间共同体”向他者伸出手去，并让自我成为某种开放的事物，或许就能（在某种程度上）克服“决断主义”的困境。事实上，宇野这本书所做的正是探索这样一种可能性，无论是宫藤官九郎的《木更津猫眼》、木皿泉的《野猪大改造》，还是吉永史的《西洋古董洋果子店》，甚至还有前野妙子担任编剧的《最后的朋友》，都是宇野在思考如何超克“决断主义”时给出的实验性答案。尽管这些“中间共同体”能否从虚构变为现实还有待观察，但至少这是这个“自由却冰冷的社会”向我们“敞开的一道大门”。

如果说本书还有什么遗憾，那就是宇野在文库本的访谈中承认遗漏了 AKB48 这一〇〇年代日本文化最无法绕过的现象。宇野多次透露自己是AKB48的粉丝，在他看来，AKB48的走红与信息环境的变化密切相关，AKB48作为后“宏大叙事”时代的“大游戏”，正是通过“现场”（专用剧场、握手会、总选举等）+“社交媒体”（脸书、推特、Niconico视频等）的形式动员“玩家”参与“大游戏”。幸而宇野在后来出版的《小人物的时代》《日本文化的论点》《给年轻读者的日本亚文化论》等著书中弥补了这一缺憾，对AKB48进行了较为充分的讨论，这些讨论当然应该作为我们理解〇〇年代的想象力的重要补充。

最后，“说一千，道一万，不如拿眼看一看”。《〇〇年代的想象力》可谓我的亚文化研究启蒙书，我衷心地希望有更多宇野著书的中文版问世，以及有更多的中国读者通过阅读宇野了解日本的亚文化和日本的社会思想，甚至以宇野为镜鉴观照本国的文艺批评与社会状况。在国际环境动荡不安的当下，民间社会能做的正是“以书为媒”，在中日两国之间重建一种“中间共同体”的可能。

请赐予我宁静，以接受无法改变之事；
请赐予我勇气，以改变能够改变之事；
请赐予我智慧，以分辨两者间的不同。

——莱因霍尔德·尼布尔*

* 莱因霍尔德·尼布尔（Reinhold Niebuhr，1892—1971），20世纪美国神学家。引文出自他的一段无名祈祷文，后来被称为“宁静祷文”。（如无特殊说明，本书页下注皆为译注）

目 录

01

问题设定

——从九〇年代到〇〇年代，“失去的十年”的另一面

在笔记本中央，画上一条直线

让我们试着重新思考“物语”*。

因为，这相当于试着思考我们每个个体应该如何与世界相连。

本书将以21世纪初，即2000年至2008年的日本文化，尤其是小说、电影、漫画、动画、电视剧等物语为对象，爬梳其想象力的流变。

---

* 物语，该术语在日本文艺批评中承担着较复杂的涵义，既作为传统文学体例，如《源氏物语》《竹取物语》等，可直译为“故事”“传说”，也经常延伸为带有理论色彩的“叙事”。例如，本书频繁引用法国哲学家让-弗朗索瓦·利奥塔在《后现代状况》一书中提出的“宏大叙事”（grand narrative）概念，在日语中通译为“大きな物語”（即大物语）。因而，中译本不对“物语”一词做统一翻译处理，而是根据语境及作者意图取词，若文中指代抽象的、总括性的对象则使用“物语”；若专指具体的故事内容则使用“故事”；若涉及文论及批评语境，则使用“叙事”。此处为第一次出现，保留原词以传达作者的核心概念。

我们所生存的世界，其结构在这十年发生了巨变：网络和手机的普及化，小泉纯一郎政权的结构改革所象征的劳动力市场流动化，大型购物中心所象征的地方城市郊区化，还有在背后支撑这一切的全球化进程，以及试图成为当下世界环境领袖的美国这一存在。如果用陈腐的措辞简要说明：世界在 2001 年“9 · 11”事件和小泉改革后发生的变化，在我们的价值观及孕育物语的想象力上投下了巨大的阴影。

借由思考物语，我们能够认识世界的变化及结构；反过来，借由思考世界的变化及结构，也能彻底挖掘物语的魅力——或许，我们能从中获得线索，解读如何在这个时代生存、死亡。这种将物语与世界关联起来的循环思考，将会带给我们不可估量的价值。

遗憾的是，日本国内并不存在针对 2001 年以后世界变化的文化批评。因为当下被称为“批评家”的那帮人，无法回应 2001 年后的世界变化。他们连续十多年使用同样的结构进行思考，对时代的变化视而不见。日本的批评已经将近十年没有更新换代，完全停滞不前。

直截了当地说，本书的目的首先是驱散九〇年代的亡灵，让亡灵们迅速退场，其次是直面〇〇年代，最后是思考即将到来的一〇年代的想象力形态。

如今，“批评”这种路径已经被抛弃太久。这恐怕是时代的必然结果。很遗憾，现在大部分把批评或者评论挂在嘴边的人，都极大地落后于时代的变化，嗅觉迟钝。他们仍在将十年前日本文化的极小一部分想象力，当成最先锋的东西加以介绍。这就是现状。针对现实的批评，完全无法追赶上当下的时间与空间。

但是，批评这种路径，恐怕多少依然有效。只要人类还是思考的动物，作为思考工具的批评就不会丧失可能性。如果批评没有被重视，那只不过是因为工具及其制作者的水平有限。即便只是为了探究批评的可能性，这本书也应该存在。那么，让我们快点开始吧。

就像村上春树曾做过的那样，我也想先在笔记本中央画上一条直线。右侧，为了郑重地将其埋葬，我列上过去的事物。左侧，为了并肩而行且最终超越，我认真写下存在于当下的事物。

右侧将被埋葬的事物，是在 1995 年至 2001 年间，支配着日本文化空间的“过去的想象力”。左侧则是自 2001 年左右开始萌芽，如今已经成长为能够象征我们所生存时代的“新的想象力”。

各位不要误会，我并不是为了否定前者、肯定后者才画下了线。尽管时代已经来到后者，甚至已经来到了〇〇年代都行将结束的当下，怠惰的批评家们却依然只将“过去的想象力”当作批评对象。为了让这种现状追上我们生存的现实，我才画下了线。而且，后者也并非前者的对立面。毋宁说，它是通过将前者作为前提加以吸收才出现的想象力。〇〇年代之“新的想象力”必须作为对九〇年代之“过去的想象力”的反省式发展才得以成立。时代早已进入验证这种“新的想象力”并讨论其可能性的阶段。

接下来，我将简单描述从笔记本右侧应该被埋葬的“过去的想象力”迁移至笔记本左侧“新的想象力”的过程。

1995 年的“过去的想象力”

世界在这数十年中，极大地复杂化了。

七〇年代以降，日本社会的发展大体可以视为消费社会扩张，以及社会流动性随之增强的过程。随着这一过程的推进，规定什么具有价值的“宏大叙事”丧失了功能（后现代状况发展的结果）。宏大叙事指传统及战后民主主义这类民族国家的意识形态，或者马克思主义那样历史性地为个体人生提供根基的价值体系。可以说，这四十年就是日本社会向“有物却没有物语（生存意义、可信的价值）的世界”进发的过程。

打个比方，四十年前，直到“政治的季节”终结的六〇年代末为止，社会比现在更接近“无物却有物语”的状态。在物质匮乏且缺少自由的时代，作为代偿，能让社会有序运转的宏大叙事比现在更能发挥作用，要探讨生存意义以及可信的价值也更容易。

从不自由却温暖（易懂）的社会到自由却冰冷（难解）的社会，世界拾级而变。也就是说，作为消费社会自由与富足的代价，一直以来赋予人们叙事的路径崩坏了，变得无法被信任。七〇年代以后，这一状况在日本发展最为迅猛的时期正是1995年前后。

所谓“1995年前后”的变化，可以从两个层面进行把握，即政治问题（平成经济萧条长期化）与文学问题（地铁沙林事件所象征的社会流动化）。

所谓政治问题，指本被视为泡沫经济崩溃开端的“平成经济萧条”，在这一时期变为长期状态。这也意味着支撑战后日本的经济增长神话已然崩溃。也就是说，努力就能富足的世界转变为努力也不会富足的世界。

所谓文学问题，指以1995年由奥姆真理教实施的地铁沙林事件为象征的社会不安氛围。年轻人无法承受自由却冰冷（难解）的社会，他们被奥姆真理教的神体“塑料泡沫湿婆神”* 所象征的一种可疑的超越性吸引，继而制造出恐怖袭击。沙林事件恰恰反映了当时在日本社会中蔓延的生存之痛，即社会无法给予人们意义和价值。从中可以看出，努力就可以找到意义的世界转变成了努力也无法找到意义的世界。

---

* 奥姆真理教在山梨县上九一色村的宗教设施“第七真理”中建立了制造沙林毒气的化学武器工厂，为防止警方发现，该教用泡沫塑料造了一尊黄金湿婆大神像，将工厂伪装成神殿。

所以，九〇年代是日本战后以降人们对社会性自我实现的信任度最低的时代。

对社会性自我实现的信任大幅降低，导致身份认同并不取决于行动（“做什么”“做了什么”），而是取决于状态（“是什么”“不是什么”），这种思维方式占据了主导地位。人们不再追求自我实现式的成功，转而追求自我形象 / 角色（character）获得认可。面对问题，人们不再“通过行为改变状况”，而是通过“思考使自己被接受的理由”来谋求解决方案。

我所谓“过去的想象力”，其背景正是九〇年代后期这种对社会性自我实现丧失信任的氛围。

能够代表这种“过去的想象力”的作品，非放映于1995—1996 年间的电视动画《新世纪福音战士》莫属。

这部由动画作者庵野秀明操刀的作品轰动一时，对九〇年代后期的文化场域产生了决定性影响，也成为其后延续数年的第三次动画浪潮的滥觞。

在此简单介绍该作内容。主人公碇真嗣是个平凡少年，某天受到由父亲担任司令的组织召唤，被任命驾驶该组织开发的巨型机器人“EVA”（evangelion），与试图灭绝人类的神秘敌人“使徒”战斗。此前的机器人动画通常都会有类似桥段，即“乘上机器人行动”以获得社会（表征为父亲）认可，这无疑是“通过社会性自我实现得到成长”的隐喻。

《新世纪福音战士》却未停留于此。故事的后半，碇真嗣拒绝乘上 EVA，自闭于内心世界，不再寻求社会性自我实现，而是寻求有人能无条件地认可他的自我形象。没错，这里没有选择“做什么 / 做了什么”这种社会性自我实现来确立身份认同，而明确选择了“是什么 / 不是什么”这种对自我形象（角色）的认可。

真嗣的自闭情绪等同于渴望有人认可自己，但并不以社会性自我实现为标准。这种渴望是为九〇年代后期的社会氛围辩护，获得了众多消费者的支持，这也使该作成为在九〇年代的文化中留下决定性影响的作品。

同时，《新世纪福音战士》还描绘了一种绝望——在这个不知何为正义、无人教授正义的混沌世界，一旦与他人接触，一旦想要成就什么，就必然产生误解，伤害他人的同时也令自己受伤。这一点至关重要。

在该作中，碇真嗣顺从父亲（社会）操作机器人，结果导致友人残疾，还杀死了与自己心意相通的敌方少年，而真嗣父亲所在的组织被描绘为无法窥见全貌的混沌状态，若隐若现的充满宗教意味的背景甚至令人联想到奥姆真理教。

也就是说，该作导入了这样一种世界观：作为前提的社会（表征为父亲）是混沌的，是弥漫着宗教狂热的“错误的存在”，一旦参与其中必然会伤害他人——没错，这就像奥姆真理教扮演那些无凭无靠的年轻人的“犯错的父亲”，指使信徒制造恐怖事件一样。这部作品呼吁，“如果做出选择（即参与社会），必然会伤害他人”，所以应当“不做选择（不参与社会），成为家里蹲”。这是一种强调“不行动”的否定神学式伦理。

对社会性自我实现丧失信任的世界观（“就算努力也不会有意义”）不断扩散，之后进一步发展，强化为对社会性自我实现产生厌恶的世界观（“努力一定会犯错进而伤害某人”）。

《新世纪福音战士》在各种意义上都象征着“过去的想象力”，包括对社会性自我实现丧失信任的主题、心理主义的人生观，以及“不行动”的伦理观。这部作品在七〇年代开始实现独立发展的日本御宅系动画文化语境中加入前文所述的九〇年代语境，成为时代象征的同时，也在相当程度上规定了日本后来的物语文化。家里蹲/心理主义的倾向，以及作为结果被呈现出来的“不行动”，便是我所指出的“过去的想象力”的两大特征。

《新世纪福音战士》象征的家里蹲/心理主义在九〇年代后期出现的很多物语中广泛存在。

当时，美式心理惊悚片大行其道，其流行的背景则是从八〇年代起持续受到追捧的通俗心理学。在这种影响下，野岛伸司创作的一系列电视剧，由（后期）村上龙、樱井亚美、田口兰迪等人代表的“幻冬舍文学”，以及被宫台真司称为“AC系”（Adult Children，即成年儿童）的滨崎步的歌词世界——这些九〇年代后期的代表性作品共享着相同的世界观，与《新世纪福音战士》一样，它们都舍弃了“做什么 / 做了什么”的社会性自我实现叙事，选取了“是什么 / 不是什么”的有关自我形象认可的叙事。

对社会性自我实现丧失信任的世界观（“就算努力也不会有意义”）的扩散，令作者和消费者从教养小说那种成长故事和描绘社会变革的故事中退出，转而选择了追求自我形象（“真实的自己”与“过去的精神创伤”）获得认可的心理叙事。

2001 年的“新的想象力”

然而，到了 2001 年前后，家里蹲 / 心理主义的模式逐渐开始消解。简单来说就是，2001 年 9 月 11 日在美国多处同时发生的恐怖事件，以及小泉纯一郎实施的一系列新自由主义结构改革路线与随之而来的“社会分化”意识的扩散，让人们意识到如果像九〇年代后期那样家里蹲就无法存活下去。这种或可被称为“幸存感”的情绪逐渐开始被整个社会广泛接受。

世界的构造，也就是所谓的政治问题，是指在经历小泉结构改革后的日本社会，人们如果采取“世界是混沌的、错误的，所以什么都不做，保持家里蹲”的态度，将无法再生存下去，并且只会被认为是自愿选择沦为等级社会的失败者。

这场“游戏”已经成为活在当代的我们无法逃避的选择，根本不存在“不参加游戏”的选项。只要还活在由资本主义经济和法律系统构建的世界之中，那么，自降生的那一刻起，我们就已经被卷入游戏的旋涡之中。

个人的生存方式，也就是所谓的文学问题，也是如此。碇真嗣看似拒绝了社会性自我实现，“什么都不欲求”，却又在寻求能够无条件承认自己的存在，而这种“只要做出选择就必然产生错误,所以不做选择”的态度，实际上也已经无法成立。

曾经在九〇年代，足以摧毁旧系统的冲击令后现代状况暂时偃旗息鼓，但等到2001年前后，后现代状况的构造完全显露出来，而其本质在于，人们已经无法再从历史、国家等宏大叙事中寻找傍身依据（原本就毫无根据），只能自负责任地选择小叙事作为核心价值。如果不接受这一现实，就无法在政治问题中生存下去，而在文学问题中“不做选择”的立场本身在逻辑上也无法成立。

由这种幸存感催生的想象力，就是我在笔记本左侧写下的“新的想象力”。我画下的这条线，就是2001年。

高见广春于1999年出版的小说《大逃杀》，可以看作是一部超前描绘出〇〇年代模式的作品。在某所高中，某个班级突然接到政府的指示，被要求互相残杀——如此具有冲击性的开场，恐怕可以说完全预见了时代的情绪。如《新世纪福音战士》一般，不，本作中的社会比其更混沌、更无法信任。但正因如此，如果人们持有碇真嗣那样的想法——“这样的世界是错的，所以什么都不做”“不是为了成就什么,而是想要自己的形象被理解、被认可”，那就只能在这场游戏中等待被杀。1995 年的年轻人有理由与碇真嗣产生共鸣，21 世纪头十年的年轻人却已经无法如此思考问题。因为，这样是无法生存下去的。没错，从这一时期开始，“社会不会为我们做什么”渐渐变成理所当然的共识，作为前提被接受。物语的想象力开始倾向于表现“人如何在这个前提下活下去”的问题。

“如果家里蹲就会被杀掉，所以必须靠自己的力量活下去”——将这种带有决断主义*倾向的幸存感作为显著特点的作品，在〇〇年代前中期风靡一时。比如，山田悠介致敬《大逃杀》而创作的《真实魔鬼游戏》(2001)，同样描写主人公被卷入莫名其妙的生存游戏;《假面骑士龙骑》(2002，以下简称《龙骑》) 演绎了十三名假面骑士之间的大逃杀；三田纪房的漫画《龙樱》(2003) 讲述三流高中的学生被灌输特殊学习法和冷酷人生观，“为了活下去”，就必须考入东京大学；受到青少年狂热追捧的《命运之夜》(2004) 虽然是色情游戏，却引发了破

---

* 决断主义（decisionism），德国法学家卡尔·施米特提出的公法学概念，指认为法律本质及价值基础取决于主权意志的决断式思维方式，典例有中世纪唯名论者提倡的神意说、霍布斯的绝对主权论等。在本书中，宇野借这个概念表达当事人对自己决定选择的立场及方式无条件信任并践行，而不去推论立场及方式本身是否正义的行为模式。

纪录的轰动，还被移植到游戏主机平台；电视剧《女王的教室》（2005）反讽般地以《龙樱》中的冷酷人生观背刺观众而获得了高收视率；等等。这些作品都是能反映时代的人气作品。但是，即便它们对衍生文化及后续作品产生了重大影响，还是几乎被批评家无视了。

即使在文艺界，这种幸存感也备受青睐，它尤其吸引了十几岁敏感的年轻人。比如，受改编为电视剧的白岩玄的《野猪大改造》（2004）和绵矢莉莎 2003 年的芥川奖作品《欠踹的背影》这两部小说影响而产生的一系列作品，都以学生为主人公，以班级中狭窄的人际关系为主题。

这些作品可以说具有共通的世界观，即在自我意识展开残酷斗争的这个名为“教室”的空间中，关于“能否活下去”的幸存感弥漫其间。同样的情绪也存在于轻小说之中。2005 年左右开始受到瞩目的樱庭一树的《推定少女》《糖果子弹》等一系列作品，以及同样在 2005 年一举拿到三座新人奖而备受关注的作家日日日的出道作《在遥远彼方的小千》，也都拥有相同的主题。

这种代表〇〇年代前期亚文化特征的想象力，将九〇年代的家里蹲思想所恐惧的“社会的混沌性”作为前提接受下来。在此基础上，当世界在“9 · 11”事件后迅速进入残酷的等级社会、大逃杀般的状况，置身其中的人们必须以自己的力量生存下去，其中的积极意味不言而喻。于是，九〇年代不断追求幼儿式自恋认可的家里蹲态度已经被“接受失败并与他者连接”的态度克服了。

可以说，“社会是错的，所以不参与”“如果参与了错误的社会，就会伤害他人，所以什么都不做”的九〇年代思想是“过去的想象力”，因为其中的厌世感、无力感被2001年以后兴起的“新的想象力”作为前提全盘接受，它自身反而被克服了。

世界不提供“正确价值”和“生存意义”是理所当然的。如果畏惧这种前提而变成家里蹲，就无法生存下去。因此，“新的想象力”选择的态度是“为了活下去，首先要自己思考并行动”。如果不得不选择“犯错”“伤害他人”之类的立场，那么，就毫无保留地接受这种毫无道理的状况，并采取决断：强行选择某种特定价值。

碇真嗣无法阻止夜神月

如果体现了九〇年代之“过去的想象力”的作品是《新世纪福音战士》，那么，又是什么作品体现了以“幸存系”为象征的〇〇年代的想象力呢？

从走红程度及作品内容考量，恐怕要数大场鸫编剧、小畑健绘制的漫画《死亡笔记》（2003—2006年连载）。《死亡笔记》完整版的卷数很少，因为是以比较大龄的读者为目标群体，所以直接发行量并不多。但如果考虑到发行量的上升速度，以及对媒体所谓“平时不读漫画的人群与世代”的影响力，这部作品完全可以被定位为“〇〇年代的福音战士”。

下面简单介绍《死亡笔记》的内容。主人公是名叫夜神月的学生。某天，他捡到了死神掉落的“死亡笔记本”。死亡笔记本具有写上谁的名字就能将其杀死的力量。拥有了笔记本的月利用这种力量惩罚全世界的凶恶罪犯，想要作为“新世界的神”君临天下。之后，月的野心不断膨胀，只要是妨碍自己的人，哪怕没有犯罪也会被毫不留情地处决。但阻挡他的，是同样拥有睿智头脑和冷酷世界观的名侦探L。故事从月和L的对决开始，最后发展为多名玩家同时拥有死亡笔记本，并展开残杀和竞争的大逃杀模式。

夜神月和碇真嗣一样，不，月比真嗣更加不信任社会。真嗣是在战斗中渐渐萌发了对社会（父亲）的不信任，随后选择自我封闭。与之相比，夜神月从故事序章中还过着普通高中生活的时间点开始，就已经完全对现有社会失去信任，就连对身为警察官僚的父亲也充满蔑视。于是，十几岁时就已经立志成为手握权力的官僚、谋求社会变革的月，通过拥有死亡笔记本而将这个计划“提前、加倍”。换言之，如果说碇真嗣是因为既有的社会（规则）失调而受到冲击，从而选择了家里蹲，那么，夜神月就是将社会既定规则的失调当作“理所当然的事”

接受下来，并选择用自己的力量重新建构社会的人物。可以说，这部作品将〇〇年代的幸存感，以及作为应对方法的决断主义倾向完全体现了出来。

在这种意义上，带有流浪汉文学色彩的《死亡笔记》是具有犀利现实认知的作品。希望读者不要误解，《死亡笔记》绝不是肯定夜神月的思想，也不是毫无保留地肯定这种自主的决断主义行为方式。故事中，夜神月有时被塑造为英雄，有时则被戏谑性地刻画成浮夸的妄想者。人数众多的角色各自主张不同的伦理观，他们在剧情中也并不占据特权位置。该作彻底地传达了一种洞见，即不同主张都只是小叙事，都只能通过政治性胜利短暂地主张自身合法性。面对决断主义这个所有人都无法逃避的命题（比如夜神月的暴力，以及真的有支持者对他抱有一定程度认同感的现实），我们应该如何思考、如何应对——这才是《死亡笔记》唯一的主题。

同样身处“社会（大人、父亲）变得无能，既不能给予生存意义，也无法教授正义（规则）”的状况，换言之，当“九〇年代后期在日本彻底成为现实的后现代状况”横亘面前，这两部作品的应对方式呈现出“畏惧并退缩”和“接受并对抗”的对照。当然，后者对于时代的变迁是具有自觉意识的。在〇〇年代，大部分年轻人支持的恰恰是后者的想象力。

关于九〇年代家里蹲与〇〇年代决断主义的对

峙，如果结合连载《死亡笔记》的漫画杂志《周刊少年JUMP》的发展来思考，会更加清晰明朗。在《周刊少年 JUMP 》作品中最能体现九〇年代之“过去的想象力”的，恐怕是富坚义博的《幽游白书》(1990—1994 年连载)。一言以蔽之,《幽游白书》是支撑着八〇年代《周刊少年 JUMP 》销量的“淘汰赛模式”的破坏者。直到故事中段,《幽游白书》都还在采用主人公将接连不断出现的强敌逐个击破的常规剧情模式，这也助它成为《周刊少年 JUMP》的招牌作品。但到故事后半，作者让主人公突然做出几乎是背叛这种淘汰赛模式的言行。因为这种展开，正在进行的武道大会剧情被大幅缩减，匆匆结束，作品本身也勉勉强强完结了。《幽游白书》的结束仿佛是一起标志性事件,《周刊少年 JUMP 》式的淘汰赛模式从此开始失去消费者的支持。九〇年代后期的《周刊少年 JUMP 》也暂时将周刊少年杂志发行量第一名的宝座拱手让给竞争对手，迎来了自己的冬眠期。

“规则破坏者”《幽游白书》出现的十年后，“规则重建者”《死亡笔记》成为《周刊少年 JUMP 》的门面，使得《周刊少年 JUMP 》夺回少年杂志霸主的宝座，这恰恰象征了十年间的变化。

九〇年代的家里蹲思想之所以能够成立，或许是因为以“不行动”的形式构建了一种奇妙的、否定神学式伦理——在无法明确“何为正确”的后现代状况下，只要采取某种行动多半会犯错，会伤害他人。

因此，有时采取“什么都不做”的行为，不，采取“什么都不做”的态度也成了一种选择。犹豫不决、迷茫不前、瞻前顾后是有效的——所以碇真嗣拒绝乘上 EVA；所以小林善纪退出自己原本支持的“药害艾滋事件诉讼支援会”*，受到更纯粹的左翼正义召唤而开始批判该组织。小林善纪的《新傲骨宣言特别篇 · 脱正义论》（以下简称《脱正义论》）和《新世纪福音战士》电视动画一样于 1995 年问世。可以说，这部作品是对家里蹲思想的另一种出色论述。

但随后，小林善纪却在《新傲骨宣言特别篇·战争论》（以下简称《战争论》）中出现右倾。在〇〇年代，左翼阵营基于人文主义源流的运动也表现出了与右派同质的决断主义色彩。在这个时代，碇真嗣式的“既然总会犯错那干脆什么都不做”的伦理能够阻止夜神月的决断主义吗？

几乎可以断言，这在逻辑上根本不可能。至于为什么，就像此前论述的那样，〇〇年代的决断主义是作为对九〇年代家里蹲的反省成果而诞生的。夜神月，以及此类作品的消费者，恐怕会对宣扬着十年前的腐朽想象力的老一辈一笑了之：“说这种天真的话，是无法生存下

---

* 药害艾滋事件诉讼支援会的成立背景是八〇年代初，日本部分患有血友病等凝血因子障碍的患者因使用混有 HIV 病毒的进口非加热凝血因子制剂而感染艾滋病的医疗事故。该事件最终导致 1500 人左右感染艾滋病，且其中大部分人一开始未被告知。1989 年，部分患者对原厚生省及五家制药公司提起诉讼，双方于 1996 年 3 月达成和解。

去的。”因此，他们积极地承受下“伤害他人”的罪，启程出发。

没错，问题已经进入下一阶段。碇真嗣无法阻止夜神月。碇真嗣那种“既然总会犯错那干脆什么都不做”的选择，恐怕只有在对游戏的存在毫无自觉的愚者身上才能发挥作用。那么，如果不回归碇真嗣，不倒退至九〇年代，应该如何克服〇〇年代的决断主义、如何阻止夜神月呢？直面决断主义这一无从逃避的困难，是生存于“9 · 11”后的全体游戏中并活在〇〇年代的大逃杀世界内的我们所面临的命题。

然而，目前还不存在能够回应这一命题的批评。因为这十年以来，尤其是在后五年间最具影响力的批评家东浩纪及其影响下出现的一众评论家，全都对这种变化毫无自觉、视而不见。

世界系——九〇年代的亡灵

八〇年代前期消费社会的过度狂热，为日本国内的批评话语带来了一次转机。

新人类浪潮、新学院派*齐驱并进，让一直以来以高雅文化（high culture）为中心展开的批评活动开始波

* 新学院派，八〇年代出现在日本思想界，尤其是文艺批评界的浪潮，代表人物有东浩纪、浅田彰、中泽新一等。

及以青年文化为中心的亚文化领域。被作家桥本治喻为“1980 年安保斗争”[*]的多元文化主义批评话语是由几组不同领域的人物共同支撑起来的：八〇年代后期至九〇年代前期活跃在杂志《别册宝岛》的浅羽通明等人，九〇年代以宫台真司、大塚英志为代表的新人类[†]世代，以宫崎哲弥、山形浩生、稻叶振一郎等为代表的后续世代。他们的批评话语采取的形式是将一直以来围绕高雅文化展开的批评话语与亚文化相连接。在这种广阔视野之下，批评拥有了准确把握时代变化的可能性。

但这种亚文化批评已经停滞日久。因为自九〇年代末东浩纪出现以来，人才就凋敝了。不可否认，九〇年代后期至〇〇年代前期，东浩纪所铺展的批评取得了飞跃性的巨大成果。但另一方面，东浩纪将自己的视线集中在九〇年代后期的御宅族文化及其影响下衍生的各类文化上，这极大地限制了亚文化批评的视野。

因此，以幸存系为象征的〇〇年代的崭新想象力明明已经出现，却在 21 世纪头十年行将结束的 2008 年还基本遭到无视。尤其是诞生了宫藤官九郎、木皿泉等决定性作者的电视剧领域，几乎被完全抹杀，这导致 21 世纪头十年的批评极大地落后于时代。一般的文艺作品、

---

* 安保斗争，指 1959 年、1970 年发生的反对《日美安保条约》的大规模示威游行，包含反政府及反美的双重情绪。这两次民众抗议运动被称为“六〇年代安保”和“七〇年代安保”。

† 新人类，经济学家栗本慎一郎提出的概念，指八〇年代涌现的具有新的价值观、感性与行动范式的一代年轻人。

电影、电视剧的想象力自不必说，就连本应是东浩纪关注领域的御宅系文化发生的变化，也没有得到重视。

比如，凭借《无限的未知》（1999）和《反叛的鲁路修》（2007）等作品，以贯穿〇〇年代的幸存系想象力引领电视动画领域的动画作家谷口悟朗，在批评界可谓毫无存在感。

于是，日本的批评话语遗漏了东浩纪视野外发生的关键变化，随即丧失了广度与新意。

本书的目的之一就是恢复因为东浩纪而失去的——不，准确来说应该是因为这贫瘠的十年未曾出现东浩纪以外的新批评家而失去的——批评的广度和新意。

长期关注文艺批评的读者中，尤其是东浩纪的读者中，恐怕会有很多人对我提出的九〇年代后期和〇〇年代前期的划分感到违和。

打个比方，描绘家里蹲青年的内心纠葛而受到瞩目的泷本龙彦和因执着于描绘九〇年代后期那种围绕主人公被认可的期望而产生的自我意识问题结果大受欢迎的佐藤友哉，都活跃于讲谈社发行的小说杂志《浮士德》。这份杂志创刊于2003年前后。如果根据我的划分，那么，九〇年代想象力的家里蹲/心理主义不正是在〇〇年代前期才开花结果的吗？在东浩纪的影响下思考停滞的读者大概会这样认为。

但我的论点正在于此。直接说结论吧。〇〇年代前期，尽管时代早已从家里蹲转换至决断主义，但批评界根本不存在除了东浩纪以外能对青年亚文化的叙事想象力加以论述的人。这样的批评界已经与时代的范式转换脱轨。

那么，东浩纪及其拙劣模仿者究竟将何物指认为“新的想象力”？那就是“世界系”，也可以称为“后 EVA 症候群”。如名所示，它们是在《新世纪福音战士》的影响下出现的一系列作品。

世界系究竟为何物？根据东浩纪在《游戏性现实主义的诞生》（2007）中的定义，它指“主人公与恋爱对象之间微观感情下的人际关系（你和我），不以社会或中间项为中介，而直接与‘世界危机’或‘世界末日’之类存在论式宏大叙事相连接的想象力”。代表性作品可以举出新海诚的短篇动画《星之声》（2002）和高桥真的漫画《最终兵器彼女》（2000—2001）等。

> 我们失去了象征界，失去了坚固的现实感，生存于充塞着赝品的世界。这种感觉，如用系统加以表达就是循环游戏，如用物语加以表达就是世界系。
>
> ——东浩纪：《美少女游戏与世界系的交叉点》，载于《美少女游戏的临界点 +1》，波状言论，2004

当时，东浩纪的言论或许给了二十五岁到三十五岁之间的御宅系男性莫大的勇气。这一群体倾心于九〇年代后期在《新世纪福音战士》影响下流行起来的美少女

（色情）游戏，以及泷本龙彦、佐藤友哉、舞城王太郎等人供稿的早期《浮士德》。

然而，2004 年依然保持这种认知，恰恰无法证明东浩纪的新意，而是证明了他的过时。

接下来，我们不妨仔细品品东浩纪的观点。什么叫“我们失去了象征界，失去了坚固的现实感，生存于充塞着赝品的世界”？其实就是我前文所写的 1995 年以后的世界。这里所谓的“象征界”可以理解为社会、历史、国家。

地铁沙林事件那样“简直像漫画一样”的事件，剥夺了人们坚固的现实感。“世界很离奇”的感觉令年轻人对社会性自我实现的信任度减退，取而代之的是，追求自我形象 / 角色设定获得认可的心理主义肆意横行。可以说，世界系正是作为这种氛围的反映而诞生的，它要剔除无法信任的“社会”“历史”等中间项，让自我的内心与世界直接连接。诚然，这确实是一种“新的想象力”，只不过是十年前的。

东浩纪的这种世界认知完全无法追赶上 2001 年以后的世界，即美国多地同时发生恐怖袭击和小泉纯一郎政权结构改革之后的世界。

如前所述，现代社会规则失效，人们对社会性自我实现缺乏信任，作为结果出现的心理主义成为九〇年代后期的文化潮流。《新世纪福音战士》的影响不断扩大，在引发第三次动画浪潮（1995—1999）之后，又带动了九〇年代末美少女（色情）游戏浪潮，以及轻小说消费者年龄层的升高。被称为“后 EVA 症候群”的世界系作品也集中出现于这一时期。临界点则是 2003 年《浮士德》的创刊。就连这部杂志，也在创刊后的第三期放弃了世界系路线。

显然，所谓的世界系建立在九〇年代后期的后 EVA 语境上，这么说或许有些残忍，但东浩纪在〇〇年代前期主张的“新的想象力”（约等于世界系的想象力）早已是被超越的“过去的想象力”。这一时期，处于东浩纪视野之外的纯文学和电视剧领域已经将他所谓“充塞着赝品的世界”作为前提，频频诞生探索其他可能性的作品。不止，就连东浩纪关注的御宅系文化也不例外，流行趋势早已转向之前提到的《龙骑》《命运之夜》等幸存系作品。《新世纪福音战士》所宣扬的幼稚的家里蹲思想，即不参与世界系的他者（社会），在这个严酷的世界中已经成为“无法活下去”的落后想象力。

作为后现代的寓言，九〇年代的家里蹲 / 心理主义（即世界系的想象力）是陈腐而片面的。世界系已经被超越，新型的后现代寓言大量出现并不断进化，描画着小叙事林立状态下的社会图景。

东浩纪在九〇年代末拥护《新世纪福音战士》及支撑该作的“九〇年代感受性”，与冈田斗司夫、上野俊哉等持有“八〇年代感受性”的论述者不断展开论争，获得了年轻人的支持。到了〇〇年代前期，东浩纪依然拥护位于 EVA 式感受性延长线的世界系。事实上，当 2005 年《浮士德》的内容从以世界系为中心转变为以《命运之夜》的编剧奈须蘑菇为中心时，东浩纪还在批判该杂志的路线转变“对构建故事太过犹豫不决”，继续拥护世界系。

不过，时代的脉动可没有那么温和。东浩纪在这十年间，完全被时代抛弃了。

遗憾的是，如今的亚文化批评界并没有出现能够接续东浩纪的新人。差不多也该用“〇〇年代感受性”催生的批评，让早已超过使用年限、散发出腐朽臭味的“九〇年代感受性”从停滞的批评领域退场了。

虽然“世界系”一词的起源可以追溯到 2002 年的动画评论网站，但即使在当时，世界系的想象力就已经不合时宜。当然，以第三代御宅族为中心，在消费者年龄层急速升高的美少女（色情）游戏和一部分轻小说等特定领域，九〇年代想象力的残渣——世界系，依然苟延残喘。东浩纪将其阐释为“时代前沿的想象力”。

就这样，对亚文化并不了解的文艺批评界不加验证地接受了东浩纪的评介。将早已超过使用年限的陈旧事物，当作新生事物加以介绍，而不去关注真正的新生事物，日本这个国家的“批评”完全被时代甩在了身后。

本书第二章将会验证东浩纪所造成的批评界的停滞。接着，第三章将会考察从九〇年代过渡到〇〇年代时，孕育物语的想象力发生了何种变迁。

笔者建议，对本书涉及的日本思想的背景抱有浓厚兴趣的读者，即传统批评的读者可以顺次阅读第二章，其他读者则可以直接进入第三章。

这十年，批评家实在太过怠惰，将诞生于十年前的家里蹲想象力或世界系想象力，当作新生事物进行评介、演绎，将与之不同的想象力全部批判为“倒退回八〇年代”了事。

但是，思考、写作这种行为如果不够冒险，那对消费者也太失礼了。因此，我不得不来驱散亡灵。这是为了跨越〇〇年代的决断主义，摸索即将到来的一〇年代的想象力。

02

数据库孕育的排他型社会

——“动物化”时代与恢复交流的可能性

无法放弃的“交流”

从九〇年代之“过去的想象力”——惧怕世界的混沌/无序，蜷缩在内心世界，追求自我形象被认可（“是什么”）的“家里蹲/心理主义”者碇真嗣，到〇〇年代之“新的想象力”——将世界的混沌/无序作为前提接受下来，将重建视为目标进行战斗，为了将自己选择的价值观正当化而参与游戏（“做什么”）的“强硬派/决断主义”者夜神月，以 2001 年为分界点，世界及其想象力发生了重大变化。

但是，当今的批评界完全没有跟上这种变化。如前所述，在这十年间发挥最大影响力的批评家东浩纪对此毫无自觉，只知道拙劣模仿东浩纪的其他日本批评家也无视这种变化。

九〇年代，东浩纪作为法国思想的引介者登上舞台，展开了作为亚文化研究基础的后现代论述。也就是说，东浩纪的定位是以亚文化为素材，活用法国当代思想，分析当代社会结构的批评家。

展现东浩纪九〇年代批评活动的集大成之作《动物化的后现代》(2001)在极大地开拓了评论界疆域的同时，也导致了极大的思考停滞。

东浩纪在这部作品中持有的观点作为对2001年以前——也就是1995年前后——社会结构变化（“过去的想象力”）的解释，虽然也存在某些局限，但大体上是准确的。

在此，让我们将东浩纪的主张转换为本书的语言略加总结。东浩纪认为当代世界是数据库与从中读取到的小叙事。在过去，即在所谓的现代社会中，描绘个人生存的小叙事作为描绘社会整体的宏大叙事的子集而存在，这种呈树形的世界图景曾经是人们所共有的。

随着后现代状况的发展，宏大叙事解体，世界图景从有序的树状图转变为无序的数据库。在这样的后现代，人们不再依靠历史与社会所赐予的宏大叙事，而是从静谧如信息海的数据库中读取与自身欲望契合的信息，自发生成小叙事。因此，人们没有必要再通过交流来对意义进行补给——东浩纪将此称为“动物化”。

将当代社会理解成彼此相异的小叙事，以及这些小叙事生成的共同体 / 岛宇宙的集合——在这一点上，我的观点大体沿袭东浩纪。但是，在评价岛宇宙间的交流问题时，我们出现了极大的分歧。

东浩纪基本上不重视不同小叙事持有者之间的关系/交流。身处当下，人们只需追随欲望，从数据库中生成小叙事，就可以自我满足地生存下去。于是，相异的小叙事及其共同体岛宇宙之间的交流，说到底只能依靠个人的自发性，且随时都可能“下线”。动物化的人类无须用交流来补充认知，也可以生存下去——东浩纪如此认为。

不过，东浩纪的这一观点，真的能够解释我们正身处其中的这个世界吗？

试着思考一下所谓的“恋爱”，应该就会豁然开朗。我们经常会与持有不同观点、依靠不同小叙事生存于世的他者恋爱。从原理上看，恋爱这一过程本身就孕育着与他人交流的可能性。

这样想来，东浩纪的诸种论断被美少女（色情）游戏消费者当作自我正当化的工具，从而获得广大支持的这一现实，就显得极为沉重。

我们得到了一个人们可以“动物化”，可以回避他人、独自生存的世界。但即便身处这样的世界，不，正因身处这样的世界，交流的欲望，以及与他人相遇的必然性变得空前强烈，激励着我们向前。

东浩纪挑选美少女（色情）游戏及其消费者作为自己一系列论述的亚文化素材，这一做法讽刺性地，同时也决定性地暴露了他的问题所在。

放弃通过交流补给意义的群体，为什么既不玩益智类游戏，也不玩动作类游戏，偏偏选择模拟恋爱（萌），选择通过“占有”美少女角色来模拟交流行为呢？

那是因为，活在当代的我们，（用东浩纪的语言来表述的话）恰恰在动物与人类之间摇摆不定。因此，动物化的人类所渴望的恰恰是人类式交流欲望的替代物。这是多么讽刺的结果。虽然我们活在能像动物一样生存的世界，却无法放弃人类的欲望。因此，只有不依靠社会、成功践行自发性交流的人类，才能满足对交流的欲望，失败者则只能坠入怨恨*之中。我们正活在这样的世界。

毋宁说，问题的关键就在于如何确保自发性交流的可能性。

刚才，我以“恋爱”为例展开了论述，但其中的问题显然适用于各种情况。

以美国多地同时发生的恐怖袭击及以针对恐怖袭击的报复性战争为象征的连锁性恐怖事件，还有通过媒体发动的情报战 / 动员游戏，这些就是从数据库中读取的诸种小叙事，以及由小叙事生成的共同体 / 岛宇宙，其将自我的存续作为赌注，从而与其他岛宇宙接触或对抗。

那么，互联网的情况又如何呢？网络的普及为人们

---

* 怨恨（ressentiment），尼采哲学的概念，指被统治者、弱者对统治者、强者的憎恨与嫉妒，在此基础上形成奴隶道德。

带来了自由。但另一方面，网络空间又作为一个满溢怨愤与憎恶（由于小叙事间的交流而产生）的动员游戏/大逃杀的现场而发挥作用。

我们的确手握自由。可以想象，通过搜索持有相同价值观、生存于相同小叙事之中的他人，我们可以伫立在岛宇宙之中，相信想相信之物，愉快地生活。但是，互联网在充当搜索、隔离工具的同时，也是与世界连接的工具。原本或许无法相遇的小叙事，也会因为并置于共同的网络空间而接触到彼此。在极其微观的次元中，各个小叙事彼此分栖共存，另一方面，又如同社群系统中的一个个社群，被并置于同一个网络空间中。

由于相异的小叙事被并置于同一个空间，各个小叙事为了获得正当性、为了自我保护，内部就会涌现出消除杂音的力量，针对外部则会出现从根本上否定其他叙事的力量。匿名论坛、博客网站上的“网络暴力”“阴暗的学校内网”——各个小叙事以排斥其他小叙事的排他性共同体的形式，充斥于我们所生存世界的各个角落。

虽然十分讽刺，但如果要加以比喻，那么，我们生存的这个世界就像一间“重视学生自主性的学校教室”。在这里，没有班主任的教导，学生通过自我裁定来分班。因此，学生可以遵循自己的想法，与喜欢的对象组成班级。也因此，为了守护自己班级的共同体状态，排斥特定学生、与其他班级展开争斗的排他性共同体也在学生之间林立，而那些谁都不愿与之组队的学生则会被激起怨恨情绪。为何如此？因为没有从学校、老师那里获得分班依据的这间教室的学生，必须自己画下界线，在班级成员与他人之间分出敌我，赋予某一部分人会员资格，这样才能确保自己拥有舒适的领地。

由于不是被历史代表的宏大叙事，从数据库中生成的小叙事不具备合法性。因此，各种小叙事为了守护自己的正当性和领地——为了排除共同体中的异端和噪声，为了更加严格地区分敌我、内外，就会排斥、攻击其他叙事。从数据库中生成的小叙事的共同特点，就是带有排他性。

如果不想参与这场动员游戏，那不出现在教室就好。但是，自由组建班级的权利，也只有在这所学校的教室中才能得到保证。麻烦的是，这间教室早已将当今世界的所有人类都登记成了自己的学生。

当代社会的自由，也即按照自己的意愿构建小叙事的自由，正是通过只能参与单一游戏的不自由才会被成全。如果不在互联网上搜索与自己相信同一种叙事的共同体，就无法参与游戏。因此，连上网络，也就意味着走进了这间因全球化而变得均质的教室。

那么，我们能踏出教室一步吗？就算我们能从网络中下线，也无法完全独立于已经全球化的世界经济而生存。我们将无可避免地与选择相异价值观、生存于不同叙事中的人类伙伴，共同面对被并置于同一空间中生活的现实。

上至全球化的世界经济，下至在每天的交流中围绕自己在共同体中的作用（角色）所展开的争夺——我们已经无法从交流中下线。从表面上看，确如东浩纪认为的那样，我们似乎可以只与信仰同一叙事的人们连接，从与生存在其他叙事的他者之间的关系中退出。

但只要我们还会恋爱，还要进行经济活动，还生存在政治性地构筑的法律系统中，就不得不在某些决定性时刻遭遇他者。到了这种时刻，我们就必须扩展接触范围，与身处不同小叙事的他者连接。

置身当代，人人都从数据库之海中打捞着合自己心意的小叙事。人们编排、消化那些毫无根据的事物，决断性地选择某种特定的价值观。因此，由消费者的自发性所驱动的“决断”，往往无法发挥作用，这种选择只不过是相信想相信之物的思考停滞状态覆盖了世界而已。生存于〇〇年代的我们，需要直面的就是这种由各种小叙事孕育而成的“动员游戏 / 大逃杀”。

〇〇年代显性化的后现代本质之中，潜藏着被东浩纪无视的交流难题。

“角色”式存在催生的排他性共同体

在东浩纪提出的数据库消费模式中，宏大叙事失效后，人们只会从丧失了整体性的数据库混沌之海中打捞自己想要的信息。正因如此，人们会使用“相信想相信之物即可”这种决断主义逻辑，“编排、消化那些毫无根据的事物，决断性地选择”什么，不断为自己补给小共同性中通用的小叙事。在这种观点中，小叙事之间的差异没有被当作问题。在原理层面上，选择任何一种小叙事都毫无差别，它们都不过是“可被替代”之物罢了。

那么，人们真的能随心所欲地选择小叙事，“只相信想相信之物”吗？

就连从未思考过小叙事间交流状况的东浩纪，也无法放任、肯定这样的思考停滞。

> 我必须重申的是，我们生活在一个难以想象社会整体性的时代。如果用存在主义表述，人们生存在一个难以发现彼此的身份认同和存在根据的时代。地域崩坏、家庭崩坏、学校崩坏，社会所有场合的流动性都有所提高。在这样的状态下，我们已经对一种略带反讽的情绪习以为常：就算自己不存在，也会有人来占据自己的位置，人生没有确定的目的，还不如及时行乐、活在当下。
>
> ——东浩纪:《离世界更近》第四回，载于《MYSTERIES!》vol.29，东京创元社，2008

那么，东浩纪到底是怎么想的呢？他试着给出了一个略显抽象和不切实际的答案。

东浩纪提出了“角色”的概念，充当能在各种小叙事间穿行的存在。能够被自由地从大型非叙事 / 数据库中抽取出的诸要素，特别是通过“是什么”的设定来塑造的作品登场人物 / 角色，被东浩纪定义为能够跨越和超越无数杂乱林立的小叙事间共同性的存在。比如，他主张对于角色的爱会使跨越小叙事共同性的连接感成为可能。

> 我们根本无法把握社会与人类。我们无法具体地与社会中的人类连接，只能将感情抽象地投射到虚拟角色上。但这并不意味着，人类只能孤独地面对世界、陷入无力。因为这些角色虽然并不真实存在，但他们以自身去连接，以自身形成网络，然后基于他们自身的逻辑带领我们走出孤独，唤醒我们对世界的感情。
>
> ——东浩纪:《离世界更近》第四回，载于《MYSTERIES!》vol.29，东京创元社，2008

举例来说，当下很多作品中的角色，都会被消费者以二次创作的方式消费。所谓二次创作，就是以同人志、网页或视频分享网站为中心展开的一种戏仿行为。在原作中登场的角色被“用户”赋予了其他叙事。[1] 在这里，原作中无法修成正果的恋人会走到一起，原本应该殊死搏斗的战士享受着平凡的日常生活，而作为色情图像发挥作用的女性角色则会遭受凌辱。

换言之，对原作角色的欲望驱动着二次创作这种“（创造并）阅读自己想阅读的故事”的行为。这样的模式已经成形。东浩纪以这样的消费倾向为依据，主张“角色独立于叙事”。东浩纪从这种对角色的爱意（占有欲）中，看到了克服小叙事共同性的思考可能性。

然而，这正是我与东浩纪的根本分歧。

从数据库中读取到的各种要素，比如角色，真的能够超越（小）叙事的共同性吗？“角色独立于叙事”恐怕只是一种幻想。

举个例子，从战后的某个时间点起，我们开始用“角色”一词指称“作品中登场的人物”。当下，在原有语义的基础上，“角色”还衍生出“特定共同体内部所共享的人物形象”的含义。

当我们对某人抱有“那个人是 ×××”的人物形象定位时，这个“角色”仅仅意味着由特定共同体（框定小叙事的共同性）的语境所决定的位置。

比如，你对自己的认知是“知性而纤细”，这无异于将自己设定为“知性而纤细”的角色，但是，如果你所属的社群成员并不承认这种自我形象/角色，你就不会被当作一个“知性而纤细”的人。

要想让自我形象/角色成立，必须有承认这一角色的叙事/共同体。因为我们是将人际关系当作叙事来把握、思考的。

如此一想就会明白，“角色”只不过是在小叙事（人际关系）中被赋予位置 / 任务的东西罢了。至少，在我们生存的现实世界，角色从属于叙事。比如，不会察言观色的人，就抱有自己的角色可以独立于叙事（共同体）而存在的错误认知，暴力性地从他人那里寻求对自我形象的承认。如果表述得更为严谨，就是说“角色”需要依赖对设定予以承认的共同体 / 叙事，无法独立存在。

东浩纪所谓原作与二次创作的关系，是否符合这一理论呢？当一个消费者通过二次创作对原作角色进行消费时，真的是“角色独立于叙事”的机制在起作用吗？

在某部小说中登场的角色 A，从堪称底本的原作（小说）中被消费者以二次创作的形式消费时（戏仿漫画），或许的确可以说 A 在某种程度上独立于原作。但是，认同 A 这个角色的共同体（小叙事）也通过二次创作被再度强化。确实，在二次创作中，A 或许被放置在了与原作所赋予的位置不同的相位上。但是，这反而强化了 A 这一角色设定在承认 / 共同性中的位置。

如果 A 在原作中的角色设定被创造（承认）为“背负精神创伤的薄幸美少女”，那么，这种设定在二次创作中就会被再度强化，而不是脱离原有的设定。即使在二次创作中出现了不同于原作的喜剧情节，如 A 被刻画为开朗活泼的少女，消费者所消费的仍然是她与“背负精神创伤的薄幸美少女”之间的反差。由此，A 的角色设定和承认她的共同性（小叙事）都被再度强化，而不是彼此分离。毋宁说，小叙事的共同性反而通过角色得到了加强。

作为承认特定角色的场域而形成的共同性——频频出现于视频分享网站和其他网络共同体——绝不会侵犯角色设定。可爱的拟人化宠物角色成为戏仿对象时，可能经常被描绘成肌肉健壮的中年男性，或沉溺于淫乱行为的清纯美少女角色——这种形象塑造在二次创作中屡见不鲜，很显然，这是对原作角色设定的彻底承认，并且再次巩固了给予该设定承认的共同性。

角色，或许可以在个别作品中穿行，却无法挣脱孕育出作品的小叙事共同性。甚至可以说，它还在毫无偏离的形式中得到了强化。角色非但不是超越小叙事的存在，反而是向小叙事（共同性）要求承认并推动后者的成立与再强化的存在。

严格说来，角色并非符号。为了成立，它需要承认自己角色设定的共同性，共同性则借由叙事被规定。角色通过从原作中独立，并在二次创作中被改变和消费，从更高次元强化了彻底承认角色设定的共同性和规定了这一共同性的叙事。

东浩纪的论述忽视了这一点。数据库消费中的“角色”概念，被东浩纪当成某种叙事批判的工具。但是，角色是一种不断读取共同性的存在，或可说，唯有角色才是“小叙事”的源泉。

网络搜索引擎、社交网络等系统具备“只读取想要的信息”的检索性，因而也具有一种强烈倾向，即量产选择同一种思考和同一种小叙事共同性的同好性排他社群。可以说，角色这个概念也遵循相同的逻辑。

因共享角色而产生的新共同性，很大程度上受到了对该角色设定予以承认的小叙事的制约。因此，误配是不被允许的，排他的共同性会发挥作用。确实，在技术层面上，这或许是一种能够与全世界连接的共同体。然而，它在叙事层面上是完全不开放的。这是一种只有认同特定角色设定的人才能够连接的、毫无误配的小叙事。东浩纪的论点——将角色（等其他符号性要素）定义为穿梭于小叙事的自由存在——忽视了上述事实。数据库消费模式下，角色消费，与小叙事（决断主义式的思考停滞、分栖共存），也就是排他性共同体之间高度亲和。

我并不否定数据库消费理论本身。但是，我无法认同将数据库消费作为某种叙事批判而展开。诚然，符号或可完全独立于叙事而获得自由。在某部电影中被使用的效果音，哪怕完全被放置在其他表达和语境中，其存在也不会有任何动摇。它独立地被消费着。在这里，叙事及其共同性都没有产生。

然而，被模拟性地创造出心理和人格的角色，严格说来本就不能视为符号。经历设定、发色、口头禅，以及“猫猫耳”“女仆装”等外在服饰或许能算作符号，但这些符号被单独消费时，不能被称为“角色”。只有将各种要素统合，作为拥有某一人格的设定运作起来，并催生承认这一设定的共同性时，角色方才成立。

再次重申：角色无法与叙事及其共同性分割。

被数据库消费、从更高次元无效化的并非“叙事”，而是每一部作品，具体而言就是类似于表现的“空间”之类的东西。小说的“文体”,电影的“（电影性）空间”，它们的力量在数据库消费时代相对弱化了。因为这些空间的存在依托于宏大叙事的涵括性力量。

近来，纯文学的衰退，很大程度上是因为文体这种表现空间的势弱。所谓的“文体”，它依存于明治政府所创造的“国语”这种人工逻辑，随着国民国家这种“宏大叙事”的退场，必然也会衰弱。取而代之的是，重视故事（结构）的手机小说和重视角色的轻小说获得了广泛支持。

为什么最近的电视综艺节目经常使用花体字幕呢?因为规定表现空间的力量在数据库消费时代弱化了。观众很容易读取艺人的角色，以及定义角色的位置关系/叙事,却很难明白“这段话哪里该笑”的氛围/表现空间，所以才需要加入花体字幕，为观众指点氛围。

毋宁说，数据库消费让叙事的力量膨胀了。角色绝对无法超越小叙事。即使可以穿梭于个别小说、电影、漫画作品而被共有，角色也绝对无法超越规定着这些作品的共同性。角色或许可以独立于表现空间，却必然从属于叙事。[2]

从数据库到交流

东浩纪围绕“角色”概念的一系列解读，确实符合九〇年代后期人们自我意识的存在方式。前文已经论述，人们不通过“做什么 / 做了什么”的具体行为（社会性自我实现），而通过“是什么 / 不是什么”的自我形象设定（角色被承认）来获得身份认同，这是九〇年代社会状况的产物。

〇〇年代呈现的状况则是，所有人都希求找到能够对自己持有的形象设定（自恋）/ 角色给予承认的共同性（被决断主义式选择的“小叙事”），结果这从根本上促成了各种小叙事丛生的动员游戏模式。

每个人或许都主观地从数据库中读取着想要的信息。但在根源上，每个人最终又被自己选择的小叙事共同性纠缠、捆绑，同时，小叙事之间、小叙事共同性内部也不断发生着交流。但是，东浩纪的一系列观点，基本没有关注这种交流。

不通过“做什么 / 做了什么”的关系性（交流），而通过“是什么 / 不是什么”的设定（数据库）确保身份认同的这种思想，必然需要承认设定的共同性（叙事）

存在。对小叙事不自觉的依赖，很容易催生极端排他的共同体。在宏大叙事所支撑的空间已经丧失的今天，小叙事究竟如何运作？复数的小叙事又如何运作呢？这难道不是抛给我们的课题吗？从数据库到交流——这就是本书所要回答的最大问题。

因此，本书不区分小说、漫画、影像作品等文本类型的差异，只从中抽取“叙事”加以比较和探讨。这样做不是要对无限膨胀、万象丛生的小叙事现状品评优劣，也不是要挑选“真实的叙事”。围绕相异的小叙事的真相进行论述是没有意义的。如今的世界处于只从数据库中抽取欲望符号、只决断主义式地挑选想要的小叙事并加以信任的时代。你只要信仰想要的答案就好。到了这种程度，不论选择什么叙事都不会有本质差别。因此，东浩纪没有关注叙事的内容，而是针对形式展开论述。

我同意东浩纪的观点——围绕“真实的叙事”展开的论述没有任何意义。确实，叙事的真实性，换句话说，意识形态的选择已经没有了意义。因为当代社会的任何叙事（本质上均毫无根据，且是决断主义式选择的产物）都仅仅是小叙事罢了。然而，这种“不论选择何种叙事都没有差别”的态度，会逐渐肯定“那就相信想相信的叙事就好”的思考停滞。

如果将“政治与文学”这对古老又新鲜的问题意识

对照思考,就会发现“政治”方面反倒是无所谓的。比如,组织可以调节小叙事之间动员游戏的设定规则,并考虑让设计规则的权力机关透明化、自由化。如果以此为顺序不断推进,方向也许不同,但思路是明确的。

但是,我们无法逃避“文学”的问题——每个人究竟如何生存、如何与他人连接,以及如何面对死亡。这种时候,仅仅注重叙事进而停滞思考,仅仅像动物一样从数据库中读取欲望的符号,仅仅相信想相信的叙事,不过是一种敷衍了事的态度而已。

数据库消费模式的蔓延并未削弱叙事的力量。毋宁说,人们被抛入了不断涌现、增殖的小叙事之海,被要求在接受毫无根据和局限的前提下自负责任地选择自己的叙事。对于这样的我们,思考叙事的真实性已经失去意义。但是,思考面对叙事时的态度与相处方式,却是我们至今没有遇到过的必要命题。我们必须依赖某些“小叙事”生存。这些小叙事是单一的还是复数的,是将它们作为永恒的存在而依靠,还是接受它们的局限?进入故事的角度、拉近距离的方式,即对待叙事的态度,正是课题所在。

形象地说,叙事的真实性来自意识形态,而面对叙事的态度则决定了能否通往交流。重申一次,围绕“真实的叙事”展开的论述已经失效,相较之下,围绕“自由的(令态度成为可能的)叙事”展开论述的重要性日渐提升,并且是以压倒性的速度在提升。

然而，当今日本的批判性智慧对这一问题十分迟钝。事到如今，还只在东浩纪“数据库消费模式令表达空间变质”这一观点的变奏之上反复演绎。批评杂志上充斥着标题形如《×××的新体质》之类的文章，“×××”可以置换为小说、漫画、电影等各类体裁。但这些都没有逾越东浩纪的视野和理论射程半步。这些妄称“新批评”的东浩纪拙劣模仿者完全不考虑“对待叙事的态度（交流）”，反而因为思考停滞，采取了逐渐肯定决断主义式“小叙事”那种分栖共存模式的态度。然而，遗留在他们视野盲区的决定性问题，正在以压倒性的存在感席卷而来。

注 释

1 Youtube、NicoNico 动画等视频分享网站在 2006 年以后迅速发展，通过占有（共有）角色而形成社群，这些平台上出现了新型创作者通过大量发表对角色的二次创作而崭露头角的空间。

2 从八〇年代到现在（2008 年），村上春树的小说在日本国内外都获得了读者的持续喜爱，这算是一个特例。原因不仅在于村上简洁的文体及富有魅力的角色，更为重要的一点是他的作品有压倒性的叙事性和故事结构支撑。

03

家里蹲/心理主义的九〇年代

——丧失与绝望的想象力

从八〇年代到九〇年代
——关于“1980 年安保斗争”的多元文化主义

作为讨论前提，本章将梳理九〇年代的想象力。在第一章中，我将九〇年代，特别是其后五年把握为家里蹲思想的时代。接下来，我将更详细地讨论这种家里蹲的时代究竟是如何形成的，又是如何衰退的。

如前所述，伴随着七〇年代以降消费社会的形成，以及随之而来的社会流动性上升，日本国内的后现代状况也有所发展。在日本的批评领域，有观点认为日本的后现代状况是在消费社会成形的八〇年代取得了决定性发展（浅田彰），也有观点认为是在 1995 年前后随着“冷战”和经济高速发展时代的终结而取得了决定性发展（东浩纪)。

本书采取的立场则是，后现代状况是在七〇年代后一步步取得了阶段性发展。从“政治的季节”宣告结束的1968年到七〇年代初是第一阶段，以“1980年安保斗争”为代表的多元文化主义浮出水面的八〇年代是第二阶段(浅田彰),1995年前后则为第三阶段(东浩纪)。如此一来，由于“9·11”事件的发生及小泉纯一郎政权的诞生而迅速转入全球化终极阶段的2001年，或许可谓第四阶段。在第一章中，我提出的问题恰恰就是批评界没能追上2001年的变化。

在上述范式下，八〇年代和九〇年代的区别究竟是什么呢？首先，从八〇年代说起。

·

> 比起为了创造“光明而富足的未来”走上“探索真理的道路”，比起将企业的宗旨内化为自身的血肉从而“勤奋努力”，比起试图用暧昧模糊的“革命大义”领导“盲目大众”，不如让自己从已有的范式中抽身，暂且尝试将一切都相对化处理。虽然反复无常，但我仍然相信这个时代的感性。
>
> (中略)
>
> 对对象深入了解、全面投入的同时，又对对象毫不留情、随意抛弃。时至今日已毋庸讳言，正是在同化与异化的尖锐张力中那些真正值得被称为“知识”的批判性经验因素(element)才存在。简而言之，

既冷淡又迎合，既迎合又冷淡。

——浅田彰：

《结构与力：超越符号学》，劲草书房，1983

八〇年代被认为是一个随着消费社会的成形，多元文化主义和相对主义初现端倪的时代。但此处所说的相对主义，是一种带有绝对性价值的“以相对主义为名的绝对主义”，仍在描绘七〇年代前盛行的宏大叙事的衰落。也就是说，八〇年代是一个假性相对主义作为“绝对主义的临界点”登场的时代。

我在第一章指出，爬梳战后日本的思想模式变迁时，最合适的素材就是日本最大的物语媒介《周刊少年JUMP》。八〇年代到九〇年代前期，《周刊少年JUMP》刊载了《龙珠》和《圣斗士星矢》等采用了淘汰晋级赛模式的作品，并在这些作品的人气加持下，迎来了黄金期。八〇年代表征为一种假性相对主义、一种作为“绝对主义临界点”的相对主义，大体上可以被定义为现代性“宏大叙事”仍在发挥作用的最后一个时代。

而且，这一时期，在表现为假性相对主义的后现代观念中，“自由却冰冷的社会”中的“自由”渐渐能在积极的语境中被稀松平常地接受了。这就是“1980年安保斗争”的多元文化主义和假性相对主义。

专栏作家中森明夫是八〇年代具有代表性的知识分子、“新人类”代表，正是他发明了“御宅族”这一词。

他在代表作《东京别扭小子》（1987）中写下了这样一段话：

> 某一天，真的会有导弹拖着红色的尾巴从我们的上空飞过吧。到了那时，恐怕神明也将无能为力。没错，终结将突然降临。（中略）世界末日那天，我们仍然会在售票处预定芝浦 Inkstick* 下个月的演出吧；世界末日那天，我们仍然会在日历上标出大减价的日期吧；世界末日那天，我们，仍然会慢悠悠地把脱下来的阿迪达斯运动鞋的鞋带松开吧。

从八〇年代多元文化主义的代表、“新人类”中森明夫的文字中，我们能够发现八〇年代的时代本质。

八〇年代这种乐观的后现代观念，首先是由经济决定的——具体来说，就是朝着泡沫经济一路狂飙的经济繁荣氛围所支撑的现实。其次，这种多元文化主义大体上是由表征为“冷战”结构的现代性“宏大叙事”的现实所定义的——尽管，当时仍然健在的“宏大叙事”正在不断被相对化。

但是到了九〇年代前期，具体来说，就是泡沫经济崩溃和“冷战”结束的 1991 年，以中森明夫的《东京别扭小子》为象征的某种“八〇年代式事物”走向崩溃。

---

* Inkstick，八〇年代到九〇年代间日本流行的 livehouse 群，由位于东京的多家 livehouse 组成，共同组织音乐演出。

泡沫经济的崩溃摧毁了经济繁荣，“冷战”的结束湮灭了“宏大叙事”的政治性存在感。

就这样，九〇年代来临了。

九〇年代发端的“平坦的战场”

是的，世界没有终结。

如果想简洁地表达九〇年代的状况，那么，只需从八〇年代减去“繁荣”和“冷战”就足够了。随着后现代状况的发展，人们对世界的认知从“不自由却温暖（易懂）的社会”变为“自由却冰冷（难解）的社会”。其中，“冰冷”的部分在八〇年代被“繁荣”和“冷战”遮蔽了。

但到了九〇年代，随着泡沫经济的崩溃和“冷战”终结，人们开始直面“自由却冰冷（难解）的社会”。

九〇年代有若干关键要素。

第一点，就是“有物却没有物语的世界很无聊”这一绝望情绪。人们悲观地捕捉到了贯穿九〇年代的那种“自由却冰冷（难解）的社会”中的“冰冷（难解）”。

第二点，就是我在第一章指出的家里蹲 / 心理主义倾向。当时的代表作品仿佛会说，出问题的时候，不要改变世界，而要说服自己，不要指望凭借自己的力量将这个“无聊的世界”变得有趣。有人提出了替代方案，首先是药物，其次是自杀。当然，药物和自杀，只是比喻要解决心理层面的问题，即当世界愈发无聊时，人们不通过改变世界而通过改变自己的内心去克服。这种家里蹲 / 心理主义的倾向在九〇年代后期进一步扩张和发展。

漫画家冈崎京子也以自己的形式表现了类似的九〇年代的绝望感。冈崎京子于1983年在《漫画乖乖女》* 上出道。她不仅活跃于漫画杂志，还以文化杂志、时尚杂志为舞台，描绘出前文所述八〇年代多元文化主义背景下的女性情绪，收获了读者的喜爱。在她1989年发表的作品《Pink》中，主人公是一边卖春、一边挥霍无度的女性，这从两个层面绘制出泡沫经济背景下“有物却没有物语”的世界。

我们的城镇
有河流经过
越是接近河口
越是宽阔、平缓、淤塞、发臭

河滩那片高高的荒地
缀满黄色的幸福草

---

* 《漫画乖乖女》，白夜书房发行的成人向漫画杂志，创刊于1982年，是一本重要的亚文化杂志。“乖乖女”（ブリッコ）是八〇年代的流行语，带有歧视性色彩，指喜欢在男性和长辈面前装清纯、乖巧的女孩。

猫咪的尸体，常常藏在其中

——冈崎京子:《我很好》，宝岛社，1994

可以说，冈崎极为敏感地察觉到了八〇年代向九〇年代的过渡。冈崎的代表作《我很好》，从 1993 年开始连载，自觉地描绘了沦为废墟的九〇年代。

一无所有的孩子们。

原本拥有一切，却又因此必须抛弃一切的孩子们。

无力的王子和公主。毫无深度的、单调如布景的战场。

他们（她们）绝不会拥有戏剧性的人生，只能长久伫立在短暂的永恒之中。

——冈崎京子:《我很好》

“笔记 · 代后记”，宝岛社，1994

没错，这部作品就是关于“一无所有的孩子们”在沦为废墟的九〇年代如何生存的故事。

叙述者若草春名被刻画为这样的少女：一边对“有物却没有物语”的世界怀抱疏离感，一边得过且过地打发着日常。

故事开始于这个少女偶然在河边发现了一具尸体。因同性恋身份被霸凌的山田一郎和不断重复暴食、催吐的学生模特吉川梢，这两个同样察觉到河畔尸体的学生和春名之间产生了还不足以称为友情的脆弱接触。

河边的尸体就像出现在这个“有物却没有物语的世界”中的一条裂缝。对这个“没有物语”的世界怀抱的绝望成为媒介，春名、山田、梢产借此生了联系。尸体象征着日常的裂缝。在这条裂缝中，他们看似并肩作战、相互支撑，却仅在一瞬间就迎来了分离。

冈崎京子引用了威廉·吉布森的一节诗表现这种梦幻而美丽的接触：“我们生存在平坦的战场。”这座平坦的战场，除了是“有物却没有物语”的九〇年代废墟以外，它还能是什么呢？

至此，我们终于利用日常残存不多的“外部”（死），获得了只在瞬间留存的“物语”，不，那仅仅是还不足以被称为物语的“接触”。冈崎描绘出了这种接触及其丧失。

冈崎笔下的故事表现了“平坦的战场”的绝望日常，以及通过性与死获得象征的外部世界。这种结构不仅见于同时代的鱼喃雾子、南Q太等广义上可定义为冈崎追随者的作家的作品，也见于山本直树、望月峰太郎等青年漫画旗手的笔下。

然而，这里仍然横亘着一个巨大的问题。《我很好》中出现的河畔尸体能够作为克服“平坦的战场”的钥匙而发挥作用吗？如果尸体是能与“平坦的战场”的裂缝相连的路径，那么，春名等人就会被迫放弃“平坦的战场”这一世界观本身，因为“死”这一决定性的现实遭遇并不“平坦”。那里必然会产生“物语”。但冈崎笔下的“死”并不具备这种功能。

为什么？说来讽刺，恰恰因为这里的“死”被描绘成了“外部”。

冈崎没有将“性”描绘成“外部”。叙述者春名与同级生的性爱已经化为空虚日常的一部分，无法与外部连接，而“死”之中却弥漫着预兆外部的气息。

日常真的存在“外部”吗？说到底，后现代状况本来不就是一切皆可被替代、不论选择什么都一样的世界吗？置身于这般世界的人们，依靠的是仅仅在自己所处的共同体中流通的小叙事及其超越性。这种在地化的神，对于生存于其他共同体 / 小叙事之中的人来说，不过是塑料泡沫制成的湿婆神罢了。在逻辑上，后现代状况下没有“外部”。因此，通过导入外部性而对“平坦的战场”进行克服的做法必然遭遇失败。冈崎所描绘的“死”被抬高为能够与日常外部连接的存在，但实际上，那不过是在“平坦的战场”中流通的名为商品的伪超越性。冈崎最终也没能真正描绘出“死”。

对于性，冈崎没有轻易地将其特殊化，而是从始至终采取了审慎的态度。但不得不说，对于死，她轻易就采取了外部化、特殊化的手法。

为了穿越冈崎式的“平坦的战场”而导入的虚拟外部性，将会在九〇年代后半被一种更加绝对化的事物回收。

心理主义化的九〇年代
——野岛伸司与幻冬舍文学的时代

随着泡沫经济崩溃和“冷战”终结，九〇年代前期是一个任谁都能对“平坦的战场”有所察觉的时代。“生存意义”和“真实价值”皆不存在，愉快地游弋在多元文化主义式的消费社会之海也毫无问题——虽然这种乐观的后现代观念经常与其背后的寂寞、疏离一同被描绘，但随着经济发展停滞，后现代观念被葬送，步入九〇年代后，留下的便只有寂寞与疏离。九〇年代，一个不再像从前那样由历史与社会提供“意义”的世界、一个没有“物语”的平坦的战场，拉开了帷幕。

大多数成年人，尤其是与浅田彰、中森明夫同行的“新人类”知识分子，为了逃避世界的混沌和无意义，或是退回到左翼浪漫主义，或是拥抱新保守主义。成年人慌不择路地重新依靠早已崩溃的、由历史和社会提供“意义”的路径。这番光景令年轻人倍感失望。[1]

如此一来，年轻人开始自行直接寻找“意义”和“叙事”。比如在日本国内音乐市场，KAN 的《爱将胜利》、大事 MAN 兄弟乐队的《重要的事》等赞颂友爱的音乐就像精神药物一般，在一瞬间收获支持，却又迅速退场，如此反反复复。

冈崎在日常中导入虚拟的“外部性”，这种充满挑战性的做法拒绝了通俗性叙事的回归，却以“要夺得叙事”

的果敢态度赢得了自己的地位。

在这样的九〇年代前期，编剧野岛伸司的一系列电视剧作品可以被视为通俗性叙事回归的象征性存在。

处于泡沫经济之下的1988年，野岛伸司以偶像剧《爱情打猎族》走进主流视野。泡沫经济崩溃前后，他写出了纯爱、亲情题材的《101次求婚》（1991）、《同一屋檐下》（1993）等作品，回归到重视叙事的路线，一跃成为那个时代具有代表性的电视剧编剧。

另一方面，野岛将同时代的冈崎京子等作家所象征的街头亚文化群体所大规模利用的元素——商品化的性与死，以及“在日常中导入虚拟的外部性”——彻底推广到了大众层面，例如，《高校教师》（1993）中的乱伦、《人间失格：假如我死掉的话》（1994）中的学生因霸凌而自杀，等等。黄金时段播放的电视剧中，有接近半数都猎奇式地罗列着这类禁忌的要素，而且还获得了观众的支持。连冈崎的尝试，甚至都能像配制精神药品一样被符号化调配。野岛伸司这种极端手法及其商业成功，简直是时代想象力的绝佳象征。

对“性”与“死”这种虚拟外部性进行符号化调配的倾向，在文学界也愈发显著。

九〇年代前期，八〇年代那种叙事批判的氛围大大减弱。村上春树、吉本芭娜娜等九〇年代前期作家因直面消费社会而生出的疏离感，即描绘“平坦的战场”的问题，而收获了大量支持。

暂且不论1979年以《且听风吟》出道后立即在当代日本文化场域占据压倒性特殊位置的村上春树。吉本芭娜娜则是到了八〇年代，才作为能够准确把握时代情绪、巧妙融入后现代状况的作家，获得一席之地。其中有一点极为重要，吉本将“平坦的战场”置换成了“幸福的日常”，融入了八〇年代前少女漫画的感性，描绘了模拟性的家庭共同体。《厨房》（1999）、《鸩》（1989）等如今仍被广泛阅读的吉本早期作品就是如此。

但在九〇年代以后，吉本芭娜娜开始采取野岛伸司式的方法，即利用精神分析（准确地说，更接近通俗心理学）将“性”和“死”这类虚拟的外部性，符号性地导入日常之中。《白河夜船》（1989）、《N·P》（1990）、《甘露》（1994）等作品就是如此。

同样的结论或许也适用于村上龙。1976年凭《无限近似于透明的蓝》出道以后，村上通过《寄物柜婴儿》（1980）、《网球公子的忧郁》（1985）、《爱与幻想的法西斯》（1987）等作品，比吉本更加精准地描绘了消费社会的潜力与疏离，作为八〇年代的代表性作家发挥着作用。

但进入九〇年代后，村上龙明显陷入了低潮。对时代半分肯定、半分反对的村上文学世界，随着八〇年代范式的消逝而陷入迷茫。变得更为醒目的反而是《长崎荷兰村》（1992）、《昭和歌谣大全集》（1994）这类以社会评论视角加强现实性的作品，以及《五分后的世界》（1994）等将退场的历史用亚文化式的伪史（类似《机动战士高达》的宇宙世纪）进行补充的作品。

精神药物被用作召唤虚拟外部性的商品；“性”与“死”充当营养品；为登场人物设置“精神创伤”和“乱伦”等文学符号式的过去，让苍白的故事得以发生；社会评论式的主题；《机动战士高达》式虚构的历史年表——这些无一不是承担时代想象力的作者们，在面对八〇年代到九〇年代这一宏大叙事失效的时代时，在面对历史不再为个人生活提供生存意义和正确价值的世界时，在着手解决“如何确保叙事发挥作用”的课题时，在实践中不断提炼出来的。

这些符号和要素组合起来生成的“符号性”文学，被大塚英志讽刺为“幻冬舍文学”。大塚英志之所以将九〇年代的村上龙作品认定为这种现象的象征，是因为这一时期的村上龙离开了角川书店，将写作活动转移至连续推出畅销书的幻冬舍。[2]

幻冬舍文学的想象力给当时的文艺界带来了极大影响，孕育了辻仁成、江国香织等作家。就这样，时代迎来了1995年这个转折点。

注 释

1 例如，活跃于八〇年代的新人类知识分子，在面对八〇年代末、九〇年代初的核电站、海湾战争等事态时，再次回归带有左翼立场的发言和运动。同一时期，以柄谷行人为中心的新学院派作家及批评家开展了“文学家的反战呼吁”运动。此外，朝日电视台的政论节目《开到清晨的实时节目》与《别册宝岛》等媒体也让新保守主义式的战后民主主义批判收获广泛支持。贯穿学界与媒体，冲破左右阵营的壁垒，这一时期的日本文化展示出“回归政治”的氛围。

2 株式会社幻冬舍是角川书店董事长见城彻于 1993 年成立的出版社。该社不仅继承了席卷整个八〇年代的媒介融合手法（即角川商法），还敏锐地融入了九〇年代情绪，推出了唐泽寿明的《两个人》（1994）、石原慎太郎的《弟弟》（1996）、五木宽之的《大河的一滴》（1998）、乡广美的《爹地》（1998）等多部畅销书。在同时期的文艺界，幻冬社成为村上龙和吉本芭娜娜写作活动的据点。

04

关于“九五年思想”

——否定神学式伦理的始末

1995 年发生了什么？

说了这么多，批评家为什么如此执着于 1995 年？连我也不得不在这个年份前驻足。宫台真司、大泽真幸、森川嘉一郎，以及东浩纪，这些具有代表性的当代知识分子异口同声地认为这一年份具有特殊意义。[1]

他们持有这样的共同认知：1995 年前后，日本的后现代状况大幅扩张，社会流动性大幅提高。

平成时代的经济萧条演变为长期状况的决定性时刻，日本又发生了阪神大地震。这场灾难本身与它的视觉图像式冲击交织在一起，作为经济高速发展期终结的象征性事件而被消费。

另一方面，奥姆真理教引发的地铁沙林事件表明：人们的现实生存已经完全无法承受后现代状况下的流动性。历史和社会已经不能给予“生存意义”和“真实价值”，活在这样世界的年轻人丧失了生存目标。奥姆真理教为这些年轻人提供了共同体，以及在共同体中发挥作用的超越性（小叙事），令年轻人将其误判为以邪典式手法再现的宏大叙事，借此纠集信众、扩大影响。以这次恐怖事件为契机，暴露出真面目的奥姆真理教，向我们决定性地揭示了这个时代的生存困境。

讽刺的是，在1995年，即“战败五十年”这起娱乐事件粉墨登场的年份，席卷九〇年代前期的丧失感化作更加彻底的“绝望”，在整个社会蔓延。

举个例子，以1995年为界，前述的野岛伸司作品与“幻冬舍文学”更为彻底地符号化了。这就是我反复提及的“心理主义化”。

与身份认同的联结，不是通过行为（“做什么 / 做了什么”），而是通过设定（“是什么 / 不是什么”）。社会性自我实现的信任感降低，令这种思维方式占据支配性地位，于是，人们面对问题时会期望“想出让自己被接受的理由”而非“通过行为改变现状”来解决。

这种自我实现与生存方式的变化创造出一种趋势，具体来说，就是让人们从关于过去的、更加细致入微的精神创伤中寻找符号化的故事要素。当时的时代背景是美式心理惊悚片大行其道，而且，从八〇年代开始出现的通俗心理学浪潮进一步升温，野岛伸司在九〇年代后期的作品，如《圣者的行进》(1998)、《唇膏》(1999)、《美人》(1999)都表现出明显的心理主义倾向。这些作品中的角色无不拥有广义上的精神创伤，并通过这些创伤获得身份认同。这种结构的关键在于角色获得了一种认可：因为拥抱 ××× 创伤，所以你很美。

幻冬舍文学也一样。凭借《无辜的世界》开始小说家生涯的樱井亚美，以及在《爱与时尚Ⅱ》(1996)、《味噌汤里》(1997)中开始明确采用心理主义路线的村上龙，以这两位作家为中心，幻冬舍量产出将人物的精神创伤作为基础寻找生存认可的故事。天童荒太的《永远是孩子》(1999)成为畅销书，就是这一战略的成果。[2]

这种心理主义倾向与“不以行为（做什么）而以设定（是什么）确定身份认同”的角色式人类观有着极强的亲和性。

举个例子，九〇年代后期到末期的推理小说呈现出一种明显的趋势，即不再追求（狭义上的）推理的完成度，而是作为具有魅力的登场人物 / 角色的容器被消费（即角色化）。当时，诸如东野圭吾等备受瞩目的重要作家，也转而从过去的精神创伤中为罪犯寻找动机（“动机缺失”问题）。这也充分反映了上述趋势和倾向。

其中最具代表性的作品，或许是京极夏彦创作的“京极堂系列”。京极堂和榎木津，这两位由庞大设定支撑的、极具魅力的侦探角色收获了读者的喜爱。这与该系列第一部作品《姑获鸟之夏》在心理层面完成事件解密的手法之间存在必然联系。作为不追求行为(做什么)被认可而追求设定（是什么）被认可的这种生存方式的背景，家里蹲/心理主义式的世界观与角色化的人类观得以成立。

接下来，1995 年最大的文化“事件”发生了，那就是 1995 年 10 月播放的电视动画《新世纪福音战士》。动画导演庵野秀明指导的这部作品创下了收视纪录，给九〇年代后期的亚文化场域带来了决定性影响，也是此后延续数年的第三次动画浪潮的滥觞之作。

通过设定（是什么）塑造出来的角色们，拒绝社会性的自我实现，而执着于让他人认可自己过去的精神创伤——以这种脉络展开叙事的《新世纪福音战士》，与野岛伸司的作品和幻冬舍文学一道占据着九〇年代想象力代表作的位置。

另外，“机器人动画”这种贯穿整个战后时代的作品类型，原本具有成长小说的范式，即少年获得机器人这种“扩展的身体”，得到成人社会的认可，最终实现自我的成长。然而，本作反映出在 1995 年这一时刻，人们对社会性自我实现的信任有多低。它完全否定了成长小说的范式。

《新世纪福音战士》的思想，一言以蔽之，就是“既然世界（社会）无法提供正确的道路，那就把自己关在家里，什么都不做”。当然，这无疑是一种怯懦的、自恋的发泄。但同时，这也是“九五后的后现代状况”（谁也不知道何为正确，如果做出选择与他人产生联系就必然犯错，伤害他人也伤害自己）之下“不行动伦理”的结晶。

在这部作品中，主人公（碇真嗣）被酷似奥姆真理教的思想驱使着投身战斗。虽然他的父亲对他发出了“乘上机器人与敌人战斗”的命令，但不信任父亲（社会）的碇真嗣拒绝“迎合错误的父亲（社会）”，选择“既然会犯错，就什么都不做”。也就是说，他拒绝乘上机器人，而是自闭于内心世界。因此，故事迎来了意想不到的发展。在此，姑且悬置是非对错，的确有很多年轻人对碇真嗣产生共情。该作也成为象征九〇年代后期家里蹲/心理主义的作品。

以前文所述的幻冬舍文学为首，九〇年代后期的很多虚构作品都在《新世纪福音战士》的影响下，不断生产着“对社会性自我实现认同感低下并代偿性地追求精神创伤获得认可”的叙事。

这些叙事围绕着不以行为（做什么）而以设定（是什么）确保身份认同的登场人物/角色展开，更具体地说，这种叙事围绕着对登场人物以精神创伤为基础的存在方式进行认可而展开——这就是九〇年代后期家里蹲/心理主义式的想象力。

何谓“九五年思想”？

以阪神大地震和地铁沙林事件为象征的1995年，成为日本思想史的转折点。随着美式心理惊悚片的流行，以及自八〇年代开始延续至今、作为背景发挥作用的通俗心理学浪潮进一步升温，野岛伸司创作的一系列电视剧、村上龙（后期）和樱井亚美等作家所代表的“幻冬舍文学”、椎名林檎和滨崎步等女歌手演唱的有关精神创伤主题的歌曲产生了——在九〇年代后期具有代表性的作品群所共享的世界观中，“做什么/做了什么”这种社会性自我实现的叙事被放弃，“是什么/不是什么”这种围绕自我形象被认可的叙事被采用。更具体地说，寻求由“过去经历×××这一精神创伤”决定的身份认同，以及由此形成的自我形象被认可的叙事，获得了强有力的支持。

针对这种家里蹲/心理主义范式的扩张，也就是“九五年问题”，日本的想象力在同一时代留下了很多种解决路径。虽然存在很多切入点，但我在这里想重点举出三种“九五年思想”并爬梳其变迁。

这三种思想分别是：第一，时至今日在年轻人中依然极具影响力的知识分子、具有卡里斯马式魅力的社会学家宫台真司的代表作《在永无止境的日常中活下去》中的思想；第二，随着电视动画《新世纪福音战士》成为社会现象而创作出的剧场版完结篇中的思想转变；第三，当时与宫台真司并驾齐驱、在年轻人中拥有巨大影响力的小林善纪的时评漫画《脱正义论》中的思想。它们都诞生于 1995 年前后，但这些具有时代代表性的思想尚在襁褓中，未能等到〇〇年代到来就破产了。追寻这三种思想从诞生到灭亡的过程，或许能够挖掘出九〇年代后期的时代本质。

他们确实享有相同的问题意识。打个比方，这种问题意识就是作为九〇年代家里蹲 / 心理主义的幽灵而出现的“如何克服奥姆真理教”的问题意识。九〇年代的自我意识追求自我形象 / 角色设定被认可，这种欲望引导人们不去质疑小叙事及其共同体。人们忘记了那仅仅是在自己的小共同体内部流通的、受制约的、虚假的超越性（即塑料泡沫湿婆神），并将自己信仰的虚假超越性强加给信仰不同小叙事的他者。这是一种终极的决断主义。

“九五年思想”的目的是塑造一个不会败给塑料泡沫湿婆神诱惑的强大个体，具有一种尼采主义倾向。仅就结果而言，它们没能抵抗住作为九〇年代家里蹲必然结果的〇〇年代决断主义。我将试着追寻三条思想路径各自的发展历程。

从“躺平革命”到“强行亚细亚主义”

> 所谓活在“永无止境的日常”，就是活在一个模糊不清的世界，活在一个善恶并非自明的世界。（中略）当下需要的智慧，是如何在这个混沌世界中相对平稳地活下去。
>
> ——宫台真司：《在永无止境的日常中活下去》“后记”，筑摩书房，1995

社会学者宫台真司在九〇年代前期，凭借对亚文化的分析和对性风俗业的田野调查而受到了关注。之后，他关于“九五年”的奥姆真理教问题及其前后出现的援助交际问题的观点在年轻人群体中获得了支持。直到今天，他依然是具有巨大影响力的评论家，活跃在舆论场中。

宫台的基本观点从当时延续至今。他认为全球化和后现代状况的扩散是不可避免的潮流，“应该接受不断加速的社会流动性，加以利用，进行高效的社会设计，同时思考个人的存在方式”。因此，随着时代变迁，他提出的具体处方就是要在战术层面做出改变（转向）。

家里蹲 / 心理主义式的九〇年代后期想象力初露端倪的时代，宫台真司提倡的是什么呢？是“躺平革命”。

什么是“躺平革命”？就是生活在“后 1995 时代”这个对社会性自我实现缺乏信任（难以找到易懂且浪漫的生存意义）的世界，放弃追寻难以到手的“生存意义”，只消费愉悦、轻松的事物，“躺平”在“永无止境的日常”之上，得过且过地、快乐地活下去。宫台用“永无止境的日常”代替了冈崎京子“平坦的战场”的说法，开出了处方：在这样的世界放弃叙事 / 意义，然后，活下去。

宫台在“若无其事地享受援助交际的辣妹”身上找到了这种思维。

为什么进行援助交际的少女们会“躺平”生存呢？

当时的宫台主张，因为这些少女并不会从援助交际（卖春）中找寻意义。她们在心理层面上不持有抵触援助交际（卖春）的父权制贞操观，也不反对将身体商品化，而这两者恰恰是现代宏大叙事（共同体）的产物。当时的少女们敏锐地察觉到宏大叙事的失效，毫不犹豫地将自己商品化了。这些从一开始就不相信宏大叙事（共同体）的少女，早已不将父权制贞操观视为需要反抗的对象，因此，她们的卖春行为并不背负“反抗体制”的意义。她们只是单纯为了在日常中寻欢作乐，才将自己商品化以获得金钱罢了——这就是宫台的主张。

宫台真司当时的观点是一种“新范式论”。换言之，随着社会流动性加快，能够凭借新的生存方式应对这种状况的新世代 / 新范式已经出现了。宫台认为应该肯定它们的存在方式。

另外，虽然宫台本人提得不多，但一部分御宅族与他持有同样的观念。他们通过占有萌系角色而从现实恋爱中撤离，这也是能够从“有物却没有物语的世界”中抽离的新范式。在当事人不想正视“恋爱阶层问题”（他们处于劣势地位）的背景下，这种主张自九〇年代后期开始获得一定支持。然而，在2001年后的〇〇年代前期，宫台自己认为这种主张是存在问题的。

> 阶层差异也好，性别差别也罢，我总觉得八〇年代是一个大家普遍认为“太过努力”不好，不努力就能轻松生活的时代。我也说过“不如轻松地活着”这样的话。但是，这种状况的发展导致了自残和家里蹲的层出不穷。这已经是一种病态。现在的紧要问题是如何将偏执与抑郁维持在不至于有害的范围内。
>
> ——“80’s is now ：为什么现在要谈论八〇年代？”特辑中宫台真司的发言，载于《Invitation》10月号，2003

没错，归根结底，辣妹也好，宅男也罢，都不是所谓的新范式。

宫台曾经认为，这些群体恰恰是在日本1995年以后“有物却没有物语的世界”中对“叙事（意义）”死心，成了消费着符号性快乐、“躺平”度日的新范式。

然而，宫台撤回了这种定义。

人类无法逃避“叙事（意义）”。与当时宫台的期待相悖，很多享受援助交际的少女其实都将自残性表演这一并不稀奇的“意义”注入对身体的商品化之中；很多耽溺于虚构世界美少女角色的成年男性则追求着恋爱至上这一更为稀松平常的“叙事”。他们这样做只不过是为了补偿得不到的东西。时间的推移，以及宫台自己的田野调查使这一切逐渐明晰。在这样的现实面前，宫台转向了。

首先，以2001年为界，宫台开始提倡与某些危害较少的“叙事”接触的生存方式。无可奈何又无可避免，人类只能“编排、消化那些毫无根据的事物，决断性地选择”一种核心价值，活在小叙事之中。只不过，如果“强行”这一部分被遗忘，就会导致“只相信想相信之物即可”的思考停滞。因此，〇〇年代前期的宫台提倡某种类似“强行”选择下的天皇主义和亚细亚主义叙事。

不过，宫台后来也放弃了这种立场。2008年，宫台采取的立场是倡导“培养能设计出危害较小的偏执和抑郁（叙事）的规划师”（《幸福论》）。也就是说，如果人类难以避免陷入“相信想相信之物即可”的思考停滞状态，那就在社会规划层面，调整小叙事之间的交流，具体说来就是调整动员游戏（大逃杀）的冲突方式。

宫台真司尽管在具体开出的处方上有所转向，但作为评论家的他并没有改变任何基本态度。

宫台真司在著作《在永无止境的日常中活下去》中提倡的“躺平革命”，正如该书副标题“彻底克服奥姆真理教指南”表明的那样，分析了存在于当代社会的奥姆真理教式急切寻找叙事的做法——置换到本书的脉络中，即为了维持家里蹲式的全能感而决断主义式地选择小叙事（共同体）的做法——是何等危险。这是相当有价值的“九五年思想”。

但是，该书提出的针对奥姆真理教生存方式的替代性方案，最终沦为空泛的“新范式论”。宫台自己也承认了这种错判，并且最终选择转向。

从《新世纪福音战士》剧场版到“世界系”

接下来，我所举的“九五年思想”就是本书反复提到的《新世纪福音战士》中体现的思想，但此处具体指的是 1997 年上映的剧场版《Air/ 真心为你》(以下称《新世纪福音战士》剧场版)。

这里的剧场版既是 1995 年放映的电视动画版《新世纪福音战士》(以下称《新世纪福音战士》TV 版）的完结篇，又蕴含着导演庵野秀明对这部作品所引起的社会现象的回应与批判。拒绝社会性自我实现，寻求让角色性“设定”下的自我形象得到认可，撤退至狭窄的人际关系中，最终退守自己的内心——这是《新世纪福音战士》TV 版的模式。与此相对,《新世纪福音战士》剧场版的内容包含了对原作所引起的社会现象和文化潮流的批判性回应。如果要对《新世纪福音战士》剧场版的自反性加以总结，可以说，这是对《新世纪福音战士》TV 版中描述的家里蹲 / 心理主义的批判，包含着从中逃离的意志。

《新世纪福音战士》TV 版描绘了一项“人类补完计划”，即为了让自我形象被认可，消除个体区隔，全人类进化为完全淹没于羊水中的群体生物。这无疑是一种对自我定义的自我形象（自恋）给予无条件、全方位认可（即母性认可）的状态。

然而，在《新世纪福音战士》剧场版的结尾，碇真嗣放弃自闭于内心（自恋），放弃了受到母性认可保障的全能感，选择在彼此伤害的前提下与他者共同生存。然后，碇真嗣希望和女主角明日香两个人一起，存活在毁灭后的世界。但是，明日香拒绝了碇真嗣，说出了“真恶心”。可以说，这是一个严肃且以积极的现实认知为基础的结局，这意味着即使在后现代状况下，人类依旧能够一边时不时地对彼此造成伤害，一边产生交集。

面对“平坦的战场（冈崎京子）/ 永无止境的日常（宫台真司）”，“通过对自恋给予母性认可而确保自己的全能感，并且赖此生存下去”是《新世纪福音战士》TV 版的模式，“必须在接受这份空虚的基础上，摸索与他人的交流”则是《新世纪福音战士》剧场版给出的答案。在〇〇年代，这种态度已经作为前提被普遍认可，但在被《新世纪福音战士》TV 版所象征的家里蹲 / 心理主义模式支配的九〇年代后期，又确实是一个相当漂亮的答案。

不过，《新世纪福音战士》的孩子们（作为粉丝的御宅族们），大部分都无法接受这个结论。惧怕结尾那句“真恶心”，惧怕被少女拒绝，他们选择了一个会对自己那臃肿的自尊心温柔以待的世界。[3]

因此，害怕少女以“真恶心”拒绝自己的《新世纪福音战士》的孩子们，伫立在第三次动画浪潮退潮后的九〇年代末至〇〇年代初，开始尝试退守到彻底的自恋之中。这就是第一章提到过的“世界系”。[4]

这里再复述一次，所谓“世界系”，就是如下这种想象力：主人公与恋爱对象之间微观情感式的人物关系（“你和我”）直接与宏大的存在论叙事（“世界危机”和“世界末日”）相连。高桥真的漫画《最终兵器彼女》、新海诚的动画《星之声》、秋山瑞人的轻小说《伊里野的天空，UFO之夏》（2001）都可以被视为世界系的代表作（2001—2003）。

上述说明似乎太过抽象，如果换成简洁的说法，那就像批评家更科修一郎指出的那样，所谓“世界系”就是“结尾处碇真嗣没有被明日香甩掉的《新世纪福音战士》”。

存在一个对平庸主人公无条件奉献纯洁爱情的少女（大抵还背负着世界的命运），她以世界的存续为代价贯彻对主人公的爱。如此一来，主人公获得少女/世界的认可，自恋得到了全面满足。

因此，“世界系”中充斥着超越“永无止境的日常”的意义 / 叙事，那就是“对自己无条件奉献纯洁爱情的少女的全面肯定”。这种让角色得到母性存在无条件认可的设定，可以说是九〇年代家里蹲 / 心理主义最廉价也最极致的形态。

泛男性向的色情媒介中登场的美（少）女所提供的全面肯定，将会成为自恋情结的养料，人们会从这种养料中发现崇高的超越性——这种结构在《Kanon》（1999）、《AIR》（2000）等九〇年代末至〇〇年代的代表性美少女（色情）游戏浪潮中被表现得淋漓尽致。同样的路径也可以在同时代渡边淳一的代表作《失乐园》（1997）和《爱的流放地》（2004）的故事结构中找到。所有年龄层都选择了由女性（母性）全面肯定男性气质这一路径——九〇年代末就是这样一个时代。

没错，所谓“世界系”不过就是这样一种态度：它同时背离了《新世纪福音战士》TV 版里的“不行动伦理”与《新世纪福音战士》剧场版里伴随“接受他者（恶心）”的痛苦而向前的伦理，选择纳入了渡边淳一式的浪漫主义（占有一个全面肯定自我的女性形象）。其中，已经不存在与对方的距离感，唯留沉浸感。按照第一章的语境来思考，所谓“世界系”，就是在社会不再提供叙事的世界，通过沉浸在母性认可之中，人们停留在连对自我选择都已缺乏自觉的思考停滞状态。可以说，这是一种极其缺乏自觉的决断主义。

从《新世纪福音战士》到“世界系”，这是一个将极具价值的“九五年思想”以无聊的、女性歧视性的路径加以回收的过程。就这样，第二种“九五年思想”也死去了。

从“脱正义论”到“战争论”

接下来，我将介绍最后一种“九五年思想”及其失败——小林善纪的时评漫画《新傲骨宣言》在九〇年代后期的发展。很不可思议，在“EVA 现象”最盛的1996 年夏天发行的这套系列漫画的番外篇《脱正义论》描述了小林致力于“药害艾滋事件诉讼支援会”运动并最终因与日共系成员对立而退出的整个过程。

小林一边模糊地察觉到了利用自己当宣传塔的市民运动家的心思，一边出于对熟识的“药害艾滋事件”受害者的个人情感而投身运动。但是，对于想要一点点摸索出该运动与战后赔偿问题等其他左翼运动的普遍联系以便让运动永远持续下去的日共系成员，小林逐渐产生了反感，特别是一部分学生运动成员还通过“药害艾滋问题谴责”这一社会运动意外获得了社会意义上的叙事，以至于无法从这场给予自己人生意义的运动中撤离。小林对此抱有强烈的危机感。过于急切地追求叙事，这导致即使药害艾滋问题偃旗息鼓，他也要找到下一个社会问题，以“连带”之名扩大战线。且不论各个运动团体宣扬的政治主张是否合理，仅就个人的生存方式而言，这种做法也不见得正确。小林指出，这与奥姆真理教的信众无异，是放弃了自主思考，为了获得便利的叙事而停止思考的行为。

此处，小林宣扬的东西到底是什么呢？可以说，他是在对这样的态度敲响警钟——无法忍受混沌而难解的世界，通过逃入“容易理解的正义”这种非日常之中来获得简便的解决方式。当小林对参加支援会的学生们喊出“回归日常”这句话，他所抱持的信念依然是“不行动的伦理”。急于得出结论，（决断主义式地）选定某物，迈出双脚，这么做就会导致犯下无可挽回的错误——对此，小林提出了从这样的世界中“撤退”的选项。

不过，这一立场虽然立足于“不行动的伦理”，却与《新世纪福音战士》TV 版中展现的否定神学态度（如果做出选择必然会犯下错误，所以选择自闭的家里蹲 / 心理主义）有所区别。

《脱正义论》中的“撤退”作为对“不行动”态度的决断，只是一种过渡性的建议。“反复经历尝试和错误的同时，不断考虑与对象的距离”——小林的建议是在无论如何也不放弃和对象的交流这一意义上手握“不行动”这张牌。这时的“撤退”是一张参与性的卡牌。

这种“不怕犯错（伤害），与他人接触”的思考基点近似于 1997 年《新世纪福音战士》剧场版的落脚点。正如《新世纪福音战士》堕落为“世界系”一般，《脱正义论》这一看似已经趋向成熟的“九五年思想”，也被其堕落的变种取代了。那就是 1998 年出版的畅销书《战争论》。

这部○○年代具有代表性的畅销书，其内容实际上就是从“反美、保守”的立场出发肯定太平洋战争。这种意识形态的本质，我完全不认为值得被当作问题来讨论。小林《战争论》的问题本质不在于此。那么，《战争论》内在的本质性对立究竟是什么？那就是《脱正义论》的“九五年思想”与《战争论》的决断主义之间的对立。小林在《脱正义论》后带来的是什么？恐怕是“软弱的人无法承受‘九五年思想’”这一放弃性的态度。因此，小林转向了。不是从“左”到“右”，而是从“承受价值观的悬置”的立场到“重新选择（根本毫无依据的）核心价值观”的立场。因此，小林与新历史教科书编写会合流，开始为《战争论》赋予“反美”的叙事。

不仅是小林及与小林持同样观点的新历史教科书编写会，哪怕是原本对此持批判态度的左派阵营也在这前后，踏出了“决断主义”的步伐——不止，有些人的选择做得还要更早。在文化研究和后殖民浪潮中发展的运动论、评论家大塚英志的护宪论等，都是和小林及“编写会”一样的，不，是比之更甚的决断主义。所谓决断主义，既不是新自由主义，也不是《死亡笔记》中夜神月那样以特殊才能为背景的全能感。这里的决断主义是“让无法承受价值观悬置的软弱人类（包括自己），在明知毫无根据的情况下信仰某种核心价值观”。

“九五年思想”的败北

针对九〇年代，尤其是最后五年扩散到整个社会的家里蹲 / 心理主义,三种有价值的“九五年思想”出现了：宫台真司（早期）的、《新世纪福音战士》剧场版的、《脱正义论》的。它们在诞生后旋即迎来死亡。

总的来说，这是败给了决断主义。为了维持被九〇年代家里蹲 / 心理主义肯定的自我想象，为了延续角色设定式的身份认同，就必然需要一个认可这种设定的共同体 / 小叙事，而小叙事为了维持自身存在，会在某些时刻对他者施加暴力——通过具体的奥姆真理教事件，三种“九五年思想”都认识到了这一点。这些思想提出了一种尼采主义的强力意志（从意义到意志）来作为解决方式。具体来说，就是不依赖具体的小叙事，而是一边承受价值观的悬置（不去在意）、一边生存下去的成熟模式。

然而，这种尼采主义的成熟模式对于急切地寻求小叙事并从身处共同体并放弃思考的家里蹲移向“决断主义”的这一潮流并不具备批判能力。宫台前期的新范式论与时代一同破灭，《新世纪福音战士》剧场版和《脱正义论》则分别被世界系与《战争论》所显示出的对小叙事的依赖（即决断主义）回收。

为什么？因为生存于当代的我们不可能逃离小叙事。哪怕选择了“什么都不选”的立场，也只能是“选择了‘什么都不选’这一叙事”。人类，无法完全逃避叙事。我们每个人都被迫以某种形式在小叙事中做出选择。尽管如此，“九五年思想”依然试图在小叙事之外设定一个自由的、超越性的视角，即设定一个“外部”，期望通过某种叙事批判而确立坚强的“个体”。

然而，“九五年思想”无法回应个人追求生存意义/叙事养料的欲望，最后，叙事批判这种超越性的空头支票无法兑现，进而迎来了破灭。“九五年思想”依赖并不存在的外部性，最终无法被消费者承受，以至于被决断主义式提供意义的小叙事回收。

“九五年思想”天真地估算了逃避叙事的困难程度，结果就是以无需叙事的尼采主义超人思想为志向，最终走向毁灭。只不过，仅仅以超人为志向，人类既无法获得宫台真司所说的轻盈，也无法走向小林笔下的强韧。能否自由而慎重地接近小叙事？比起可能性，其成立条件本身才更值得探讨。“九五年思想”无不止步于提出方向性的阶段，而对于“自由而慎重地接近小叙事”的成立条件的探讨，不得不说，相当天真。

至于“九五年思想”夭折的原因，可以举出一项：它们都没能把后现代状况发展的两面性纳入视野。

东浩纪使用所谓的“双重结构”模式来解释自己的后现代观。在后现代状况下，在某种单一而强大的系统架构（architecture）之上，林立着大量相异的共同体。所谓“系统架构”，既指法学意义上的系统，又指 Windows 与 mixi*，还可以指郊区大型购物中心这样的基础设施。至于“共同体”，可以理解为在这类单一而强大的设施上展开的各种各样的消费活动与人际关系。

举个例子，我们大家操作同一个 Windows 系统，使用同一个互联网系统，接入同一个 Google 网站。在这个单一的领域中，我们所进行的交流却多种多样，而且随时可以重置。我们轻而易举就可以利用 mixi 结识有特定爱好的人群，且随随便便就可以重置这些人际关系。宫台真司将 1995 年后的这种现实世界的变化描述为“现实变轻了”。然而，“变轻的现实”只是世界的一半，是只停留于共同体层面的东西。共同体层变得越多样化，“无法相对化的东西”和“无法重置的东西”所拥有的价值，也就是属于系统架构层的价值相应就越会上升。Windows、mixi 或 Google 这类事物，比喻来说，就如同我们无法通过个人自由意志的“选择”来决定的身体属性和生殖系统，反而变得更加难以从中逃脱。现实并

---

* mixi 是日本 2004 年上线的社交网站。

不是“变轻”了，而是两极分化为“变轻的层（共同体层）”和“变重的层（系统架构层）”。现实中的某些层越是变得可替代和轻盈，尚不能被替代的层就会变得越重。不幸的是，现实的总量是不变的。

“九五年思想”夭折的原因就在于此。“九五年思想”全都是针对“变轻的现实（共同体层）”的替代可能性提出的解决方式，而欠缺与“变重的现实（系统架构层）”有关的视角。

决断主义,就是从“人们无法承受变轻的现实之轻”这种现实认知中生出的“焦虑的思想”。但是，如果用过去的思想对其加以批判，则完全不具备批判的力度。至于能够克服“决断主义”并对〇〇年代大逃杀状况具备批判力的思想，归根结底只能是九〇年代后期消失的、对剩余那一半“变重的现实”和“无法重置的现实”进行思考的思想。如要克服决断主义，需要的不是在叙事中探索自由，而是在接受我们必须在叙事中充当不自由存在的前提下，摸索如何对抗决断主义。当代的课题不是叙事批判，而是探讨如何与无法逃避的叙事共存。

以某种叙事批判的形态展开的“九五年思想”，已经丧失了批判力。因为人类无法摆脱叙事。但在接受叙事的桎梏之后，我们仍可以保证自由而慎重的接触，重新建构思想。我想在这里画下标记，作为辅助线，思考即将到来的一〇年代想象力。

叙事回归的〇〇年代

“九五年思想”在想要回归叙事的欲望面前夭折了。叙事回归的结果就是，一种对毫无根据的事物进行编排、消化、决断性地选择的路径兴起，这就很容易孕育出“相信想相信之物即可”的将错就错的态度。

举个例子，以在九〇年代末期成为话题的新历史教科书编写会为先声，一度沉寂的左右二元意识形态在〇〇年代的日本网络论坛上大肆活跃，一直延续至今。

文化研究一脉的文化左翼运动、致力于批判格差社会的啃老族论坛的新闻纪实、在网络上愈演愈烈的带有反韩色彩的排外性民族主义……尽管这些全都内含于左与右的角色之中，但其思想内核实际是七〇年代到九〇年代前期逐渐式微的排外论的变种。然而，这种依附于宏大叙事的自我正当化路径本应在“1980年安保斗争”时就被否定了才对。

同样，叙事的想象力中也散落着这种回归现象。比如，电影《永远的三丁目夕阳》（2005，以下简称《三丁目》）象征的昭和怀旧浪潮，《在世界中心呼唤爱》（2001）和《恋空》（2006）等小说象征的“催泪”纯爱浪潮，这些都赋予了〇〇年代的想象力一大特征——回归老套的正统。

此外，在御宅系文化领域，《假面骑士响鬼》（2005，以下简称《响鬼》）、《天元突破红莲螺岩》（2007），以及福井晴敏的政治小说，这些作品幼稚地讴歌一种简化的正义，主要得到了成年观众的大力支持。九〇年代末到〇〇年代初的色情游戏浪潮及在其影响下产生的《AIR》（2005）、《神枪少女》（2003）等动画也收获了支持。这些作品追求的，往往是年长男性占有有智力缺陷或身体残疾的“比自己柔弱的”少女的援助交际式欲望。

然而，如果仅仅将这种“叙事回归”视为对七〇年代以前时代的回归，那就大错特错了。这种现象的根基绝非“宏大叙事如今依然有效的错觉”，毋宁说完全相反，这种现象是导入“编排、消化那些毫无根据的事物，决断性地选择……相信想相信之物”的决断主义态度后所选择的小叙事。

面对新历史教科书编写会的历史修正主义，“不该描述伪史”的批判虽正确却无效。至于为什么，那是因为该组织的主张本来就是元叙事性的：既然所有的历史都是伪史，那就应该“编排、消化那些毫无根据的事物，决断性地选择”自己想相信的（且相信是对国家统治有效的）伪史。面对这样的组织，即便批判他们陈述的叙事是伪史也没有意义，反倒会招来“正因为是伪史才有必要”的反驳。

同样，批判《三丁目》是在“美化昭和三十年代”的说法虽然正确，但正因为正确所以才无效。影片通过内在的“正因为身处这样的时代，美化了的过去才有必要”的主张，预防了上述批判，维持并强化了怀旧情绪。《AIR》这样的色情游戏也一样，绝不否定援助交际式的欲望本身令“安全而疼痛”的自我反省在剧情中作为免罪符发挥作用，消费者对歧视女性的暴力熟视无睹，支持着“自己是一边反省、一边沉迷美少女的温柔人类”这种思维构造（即强奸幻想）。

新历史教科书编写会的外国人歧视、啃老族论坛的排外论、怀旧主义的历史修正、萌系作品的女性歧视——对决断主义式地选择了这些叙事的人来说，这些都是作为自己选择的超越性来信仰的。这是身处这个所有价值都彻底相对化的世界，而不得已强行（内化了自我反省以得到免罪符）做出的选择。然而，他们的神明，对于处于共同体外、信仰其他叙事的人来说，只不过是通过“相信想相信之物”的浅薄，强化并维持了暴力和歧视的“塑料泡沫湿婆神”罢了。

没错，重要的不是这些叙事的实质，而是态度/存在方式。〇〇年代叙事回归的问题，就是“既然人类必须选择某物（价值、叙事），不如选择想选择之物”这种

“硬着头皮”活下去就好的思考停滞。此外，就像拥有相同结构的新历史教科书编写会和啃老族论坛互相敌对的这一事实所象征的那样，信仰不同塑料泡沫湿婆神的共同体（由小叙事规定的共同体），若想要以政治胜利证明自己的真理性就必须斗争。

所谓〇〇年代，就是一个在决断主义式地选择小叙事的同伴之间进行动员游戏 / 大逃杀的时代。可以说，这种动员游戏就是将后现代状况的本来面目呈现出来。如前所述，任何人都无法从这场游戏中逃脱。就连“什么都不选的选择”也会成为一种选择 / 参与游戏，因此，身处后现代状况下的当代社会，所有人都不得不与决断主义开战。

自 2001 年前后开始，整个日本社会都弥漫着“强行选择某种核心价值”，也就是“相信想相信之物”的态度，结果就是促成了“‘9 · 11’后的动员游戏（大逃杀）”。

或许，能否轻易使用这个说法还值得商榷，但 2001 年 9 月 11 日伊斯兰宗教激进主义者在美国多地同时发动的恐怖袭击的事实，清楚地展现了这种状况。“9 · 11”事件并非“被欺凌的弱者反咬实施欺凌的强者”，它无疑宣告自那以后无数“小存在”的同志为“相信想相信之物”而战的大逃杀时代到来了。

在美国多地同时发生的恐怖袭击和日本前首相小泉

纯一郎在同年开始实施的新自由主义式“结构改革”从背后大大支持了“就算毫无根据也要挑选出核心价值”和“就算伤害对方也要与他人连接”的决断主义潮流。原因只有一个：不这样就无法存活。上述事件所象征的时代氛围，装点着这样的“幸存感”。如今是一个所有人都相信想相信之物、互相撕扯战斗的战国时代，宏观上表现为宗教激进主义策动的连锁恐怖袭击，微观上则表现为分别耽溺于“手机小说”和“美少女（色情）游戏”的女高中生和宅男在“学校教室”这一空间中互相鄙视着对方。

就这样，面对“所有人都成为决断主义者并进行战斗”的动员游戏 / 大逃杀状况，九〇年代后期从家里蹲 / 心理主义出发的批判已经软弱无力。那种“一旦与他人过度连接就会犯错，所以不采取行动”的家里蹲思想，只会被生存于动员游戏 / 大逃杀境况的当代年轻人一脚踢开，觉得“说这种天真的话是活不下去的”。

之所以如此，是因为决断主义是后现代状况下的共同体多样化及分栖共存极端化所必然会孕育出的态度。过去的批判都作为前提被编排、消化了进去。如今这个时代，除了信仰某物、主张某物，并且不同程度作为决断主义者行动之外，我们别无他法。就连“主张不行动伦理”，也不出意外地会变成“主张九〇年代后期价值观的决断主义”。

比如本田透那样主张早已破产的“御宅族 / 新范式”

的评论家，以及像小林一样主张“承受价值观悬置”的仲正昌树，都只不过是在明知“新范式论”和“后现代主义”统统毫无根据的前提下，“主张相信想相信之物”的决断主义者，也都只不过是大逃杀的玩家罢了。

我之所以关注《大逃杀》《女王的教室》等可以被称为“幸存系”的作品群，是因为这些作品极其自觉地表现出“小叙事之间的大逃杀”这一当代社会状况的想象力。

这些作品虽然以决断主义式地接触社会为共同前提，但也是决定性地向前迈进的想象力，它们提出疑问：如何在这个大逃杀世界（“只相信想相信之物即可”的不自觉的决断主义者互相斗争的世界）生存下去?

或许，我们只是主观地从数据库中读取了想要的信息，聚集起信仰同一种小叙事的同伴，与他人隔离，分栖共存。但为了维持小叙事的共同性，我们就必须从共同性中排除异己，在与其他小叙事的冲突中确保自己的存续。哪怕不是自觉，我们也都已经参与了无休止的动员游戏/大逃杀。就这样,时代“必然地”滑向了“幸存系”。

注 释

1 宫台真司和森川嘉一郎表示，1995 年是战后社会趋于不稳定的决定性时期（详见《为了活下去的思想——从都市与媒体现场出发》）。此外，东浩纪在与大泽真幸的对谈《思考自由："9 · 11" 以后的当代思想》中，追溯了从大泽真幸到见田宗介的论点，并将 1995 年定位为数据库消费模式开始在日本大面积扩散的时间，接着又将这一年之后的时期称为"动物化时代"。

2 精神科医生斋藤环在《心理学化的社会》（PHP 研究所，2003）中，将这一时期的共同倾向称作"社会的心理学化"，对通俗心理学、通俗精神分析学成为社会普遍意识这件事敲响了警钟。但我认为出现这种心理主义化的原因，在很大程度上，是人们在这一时期的经济和文化要素影响下对自我实现缺乏信任。

3 比如，随着《新世纪福音战士》成为社会现象而引起的第三次动画浪潮中，产生了许多对该作进行回应的作品，即尝试回答"九五年问题"的作品。然而，大部分作品可以归类为以下两种：要么贯彻这一立场，认为现代性高速成长式的结构仍然有效，不承认宏大叙事的退化；要么以某种形式为《新世纪福音战士》TV 版的母性认可续命，摸索能够保护幼儿式自恋的方法。前者是不承认后现代状况的想象力，后者则是进一步强化和维持《新世纪福音战士》TV 版的幼儿性。

前者的代表作是宫崎骏导演的动画电影《幽灵公主》（1997）。作为这部作品对"九五年问题"开出的处方，片中弥漫着尚有余温的现代左翼脉络下的宏大叙事。

后者的代表作可以举出佐藤龙雄导演的《机械战舰抚子号》（1996）和几原邦彦导演的《少女革命》（1997）。《机械战舰抚子号》对"九五年问题"的回答是，建立一个能够酝酿出母性认可的共同体。具体来说，就是提供如下路径：多位美少女角色承认自己对身为主人公的少年抱有爱慕。这继承了八〇年代由漫画家高桥留美子在《福星小子》中完成、九〇年代被御宅系文化延续的样式。在《机械战舰抚子号》中，八〇年代的路径被放置在七〇年代机器人动画所象征的宏大叙事之中。而且，这部作品描绘了七〇年代式宏大叙事（热血机器人动画）的失效和对高桥留美子式母性自恋承认的肯定。可以说，这部作品将《新世纪福音战士》TV 版的语境定位在御宅系文化之中，代言了当时消费者（第三代御宅族）的世界观。但是，其中却完全不存在对"九五年问题"本身的批判。《机械战舰抚子号》可以定义为从根源上追溯《新世纪福音战士》TV 版语境的作品。

与此相对，《少女革命》可以说是直接与“九五年问题”对峙的作品。这部动画叩问了一个相当本质的问题，即在宏大叙事失效之后“成熟”是否可能。可是，现代的所谓“成熟”本来就是应对宏大叙事的能力（不论顺应还是反抗）。因此，随着宏大叙事的失效，“成熟”这个概念本身也会消失（至少在现有的脉络中）。

然而，失去成熟（社会性自我实现）的人类，只能如《新世纪福音战士》TV 版一样自闭于自恋。《少女革命》的问题意识就成了新形式的“成熟”，即不再对应宏大叙事而是对应小叙事的“成熟”是否可能。

这部作品提供的回答是，以同性恋式情感彼此连接的两个少女所象征的特殊的双人关系，通过互相“占有”彼此而全面承认对方的角色设定，满足自恋。这种依存关系与《新世纪福音战士》TV 版的路径是相同的。但是，这部作品的两位主人公是同性，所以并非传统的占有关系（性可以被视作一种比喻），而是被刻画得彼此自立、独立，从而实现了成熟的关系。

换言之，她们并非对于社会，而是对于特定存在（自身）而言是必要的。《少女革命》在这个层面上确保了意义 / 叙事的补给，解除了自闭于依存性自恋的危害。一言以蔽之，《少女革命》提供的答案是强者之间的双人关系，但需要留意的是，本作的模式毋宁说巩固了以下结构：认可的根基终究来源于特定存在——并非来自对于行为（做什么）的社会性评价，而是来自特定对象对于设定（是什么）的认可。

归根结底，这两部作品都只是在九〇年代家里蹲 / 心理主义式想象力结构内运作的作品。

4 “世界系”一词产生于 2002 年，但作为现实中的文化潮流，它在九〇年代末至〇〇年代初的第三次动漫浪潮末期，以及美少女（色情）游戏浪潮中一度盛行，至 2002 年已经偃旗息鼓。

更具体地说，“世界系”通过从《新世纪福音战士》中抽取以下两大元素而锚定了自己的位置：“主人公拥有一个对自己全面认可的、富有母性的异性”，以及为了将其正当化而导入的“世界危机”和“世界末日”等宏大叙事。

例如，上远野浩平的《不吉波普不笑》（1998）便是以在主题和表达上都极大地拓展了轻小说的边界而为人所知。但同时，正是这部作品完成了从《新世纪福音战士》向“世界系”的过渡。

为了让平凡高中生毫无新意的青春群像剧能够继续运转，《不吉波普不笑》导入了世界规模的阴谋、人造人、超能力者之间的抗争，以及天使对人类的默示录式裁决，希图在狭窄的人际关系叙事中导入“世界危机”和“世界末日”等宏大的存在论叙事。只不过，在这部作品中填补登场人物虚无意义/叙事的，绝不是与母性少女间的依存性二人关系。

另一方面，同样与“世界系”相关联的九〇年代末美少女（色情）游戏，如《Kanon》和《AIR》，则都描绘了母性认可路径下的二人关系，并获得了消费者的支持。但在这类游戏中，《不吉波普不笑》的存在论式状况并不明显。

如今，“世界系”这个词既被用于意图表现“占有给予自己母亲般全面承认的异性”的作品，也被用于在围绕自我意识的人际关系中导入了“世界危机”和“世界末日”等宏大存在论的作品。换言之，只要该叙事满足两大要素的其中一个，就可以使用这个词。它已经作为一个指代范围极其广泛的术语流传开来。

本书也为方便起见而使用广义上的“世界系”。不论是前者还是后者，只要满足其一就可以称为“世界系”。但实际上，提到这一术语时，前者依然拥有压倒性的适配度。因为我认为在这些想象力之中，引人注目的部分是将“母亲般的全面承认”这一路径作为对“九五年问题”的回答，后者只不过是为了补充前者而提出的历史谱系。

“世界系”的立场是导入存在论式的叙事，来增补自己通过占有母性少女而确保全能体验的态度。这两者之所以能够结合，是因为对这些作品的消费者来说，恰恰是“占有”母性少女的男性沙文主义叙事才能赋予他们“永无止境的日常”。

05

不战斗就无法生存

——幸存系的谱系

“9 · 11”后的世界——作为分割点的 2001 年

宏大叙事的失效，孕育出了小叙事共同体林立的动员游戏 / 大逃杀。

生活在当代社会的我们，只不过是主观地从数据库中读取想要的信息。但是，诞生于此的共同体为了让小叙事成立而启动的排他逻辑，会从共同体内部排除异物、否定其他小叙事。我们依赖这样的共同体生存，身处这个将相对主义作为共同前提、万物皆可被替换的后现代状况下的社会，主观性地“强行”尝试将赌注下在超越性上——我们或许是“硬着头皮”豪赌的主体。但从其他共同体的角度远观，这不过是崇拜塑料泡沫湿婆神的决断主义思考停滞。

于是，我们为了证明塑料泡沫湿婆神临时的真理性，就需要发动针对其他小叙事的动员游戏。这就是〇〇年代式的社会图景，一种动员游戏 / 大逃杀状况。就这样，小叙事林立的形态重新塑造了社会图景。

在日本，作为这种后现代状况的寓言而产生的新想象力得到了发展。2001 年前后，描绘动员游戏状况并将其可能性、问题点全面展现的想象力出现了。

本章将梳理美国的“9 · 11”恐怖袭击和小泉纯一郎政权成立之后愈发显著的新想象力。

从《周刊少年 JUMP》说起
——从淘汰晋级到卡牌游戏

正如第一章介绍的，在本书涉及的一系列讨论中，最容易理解的例证就是《周刊少年 JUMP 》。作为日本国内最大的物语媒介之一，该杂志连载作品的变迁与我提出的时代分段基本一致。

鸟山明的《龙珠》、车田正美的《圣斗士星矢》、武论尊与原哲夫的《北斗神拳》……在后现代状况尚未彻底实现的 1995 年以前，“主人公参加武道大会或运动比赛，一路取胜获得成长”的剧作手法，即淘汰晋级模式在该刊拥有支配性地位。然而，在 1995 年的转折点上，随着两部重要作品——一部是堪称该模式代表作的长篇作品《龙珠》，一部是堪称该模式反叛者、引发“事件”的富坚义博的《幽游白书》——终结连载，淘汰晋级模式开始失去支持者，该刊迎来了迷茫期（因惧怕社会图景的变化而家里蹲的九〇年代后期）。

然而，在21世纪头十年后，《周刊少年JUMP》以《航海王》为中心成功实现了系统重组，而且还出现了回应大逃杀状况（“为重新建构规则和秩序而战斗”的幸存系动员游戏）的作品《死亡笔记》。同时，在这种背景下，《宝可梦》（1996）等电子游戏、万智牌等卡牌游戏，还有将时间设定在八〇年代末泡沫时代并将舞台选定为赌博和金钱游戏的世界进而描绘主人公运用智慧谋求生存的赌博漫画《赌博默示录》（1996—1999）等萌芽于九〇年代的作品在〇〇年代登上了历史舞台。[1]

在试图思考符合这种图景的作品时，我脑海中浮现出的是在1995年前淘汰晋级模式剧作手法全盛期就已经开始采用替代性方案的想象力——以荒木飞吕彦的《JOJO的奇妙冒险》（1987— ）为代表的、运用卡牌游戏模式剧作手法的作品群。

在淘汰晋级模式下，决定胜负的是敌我的“努力与友情”。也就是说，这些作品世界的支配原则是纯粹的“力量对抗”。但是，《JOJO的奇妙冒险》在导入“替身”这种超能力设定后变得截然不同。替身能力因使用者的不同而变得多种多样，既有“时间静止的能力”“切割空间的能力”等自山田风太郎的忍者小说以来就流行的“传统”战斗能力，也有“制作健康料理的能力”“在赌博中赢下所有赌金的能力”等完全不知道如何在战斗中发挥作用的能力，可谓千差万别。这些也为作品带来了淘汰晋级模式那种纯粹的“力量对抗”所没有的多样性。

在《龙珠》中，（在作品中段开始数值化的）“战斗力”低的人绝不可能战胜“战斗力”高的人。面对强大的敌人，唯有潜心修行，提高战斗力。《JOJO 的奇妙冒险》却不同，能力 A 既有长处也有短板，只要瞄准短板，任谁都能攻破。哪怕是强到犯规的拥有能力 B 的人，如果遭遇能精准攻击自身弱点的能力 C 的持有者，那也可能被打败。正如剪刀石头布，相互克制，《JOJO 的奇妙冒险》的登场人物全都绞尽脑汁，投入战斗。淘汰晋级模式形成了“从强大的顶点到弱小的底边”的金字塔结构，相比之下，《JOJO 的奇妙冒险》则呈现出无数拥有同等能力的战士林立的场面。

当淘汰晋级模式在九〇年代后期迎来临界点并开始走向衰退，《周刊少年 JUMP》上开始出现《JOJO 的奇妙冒险》中所显示出的卡牌游戏模式的剧作手法所具有的想象力。

《JOJO 的奇妙冒险》缓缓将舞台从第一部善恶对决的最终战场（Armageddon）变换为小规模大逃杀。以《JOJO 的奇妙冒险》为开端，从《游戏王》《全职猎人》到《死亡笔记》，因为《幽游白书》带来的破坏，当代《周刊少年 JUMP》漫画的主人公已经无法生存于只要在单纯的力量比拼中获胜且不断晋级就能活下去的简单世界了。他们并不是在挑战级别更高的强者，而是找寻和自己一样且大量存在的弱者（玩家）的命门而在残酷的幸存游戏中凭借一技之长存活下来的玩家。

如此一来，随着少年漫画的主流从淘汰晋级模式的力量对抗（车田正美、鸟山明）转向卡牌游戏模式的智谋较量（荒木飞吕彦），作品的世界观也从身处顶点的强者支配一切的“金字塔型”转变为正因能力不同所以基本处于相同位置的玩家林立的“大逃杀型”。〇〇年代幸存系作品的源头，就是九〇年代以前卡牌游戏模式的想象力作为后现代状况的隐喻而从故事的形态升格到世界观层面之后形成的。

因此，当下我们生存的世界不是淘汰晋级模式而是卡牌游戏模式，不是“金字塔型”而是“大逃杀型”。这种变化基本上符合宏大叙事衰退、小叙事林立的后现代状况发展。世界的变化，切实影响到了我们的想象力和世界观。

迈入日常的幸存——《无限的未知》

过去的社会图景（八〇年代以前）失效，经过社会图景动荡不安的过渡期（九〇年代），新的社会图景稳定下来（〇〇年代）——以《周刊少年 JUMP 》的变迁为象征，社会图景由金字塔型（淘汰晋级）变为大逃杀型（卡牌游戏）。这种变化也深刻影响了面对这种世界的人们的生存方式。

认识到九〇年代金字塔型（淘汰晋级）社会图景失效，对社会性自我实现信任度低下，这导致人们倾向于追求以自我形象 / 角色及其认可为基础的两者关系的叙事（家里蹲 / 心理主义）。

但在〇〇年代，世界无法为个人提供生存意义这一点已经作为前提被接受，面对自主选择（决断）的小叙事，许多作品书写了“自己应该负起责任”的态度，以不同往日的形态描绘出人与社会的接触——这就是在各种小叙事的共同体之间，围绕争夺位置而进行的大逃杀的日常、幸存游戏的日常。我们无法从小叙事和小叙事林立的社会中逃脱。

与高见广春的《大逃杀》（1999）并称〇〇年代幸存系开端的电视动画《无限的未知》，就预见性地表现了“日常人际关系中的幸存”这一主题。

故事的舞台设定在未来，卫星轨道上的宇航员培训学校发生了恐怖袭击，将近五百名少年少女进入军舰避难。但这艘名为“利维亚斯”的军舰是军方秘密开发的绝密武器。不说救助少年少女了，军方甚至以为军舰被恐怖分子劫持，数次派兵攻击。主人公们不得不操纵军舰，一边击退军部，一边在内部构建小“社会”，漂浮在宇宙中寻求救助。

这部作品最大的特点，就是这个“只有五百名少年少女”的社会所进行的模拟实验。五百名处于青春期的少年少女，被极限状态逼迫，在宇宙飞船中建立小“社会”。其中当然会产生各种各样负面情绪的旋涡：容貌、学业、社交等能力的差距，青春期特有的失控性欲和自我意识问题，连成年人世界也无法消除的嫉妒和憎恶的连锁反应，以及权力斗争。谷口悟朗导演后来更是拍出了《反叛的鲁路修》，毫不掩饰地描绘了这个社会催生的负面能量。

时值第三次动画浪潮的末期，在“后 EVA”（世界系）谱系占据统治地位的御宅族文化中，尤其是在无法忽视《新世纪福音战士》影响力的科幻题材动画领域，“社会”划时代地被复活了。

然而，这个“社会”已经是一个经历过 1995 年、经历过《新世纪福音战士》、经历过世界系的社会了。在这之中，没有秩序井然的金字塔，只有混乱的大逃杀状况。究竟何为正确？只要乖乖沉默，大人就会提供答案，接着只须顺从或者反抗——这样的单纯模式已经无法运转。“社会”带来的压抑是毫无秩序的，是趋于无序的，那并非不自由带来的窒息，而是自由带来的不安。究竟何为正确？什么具有价值？只要自行随意决定即可，然后在大逃杀中赢到最后（得到权力），从而确定这种正确，尽管胜利并非一劳永逸。

乘上利维亚斯的少男少女们，简直如同被驱赶到了世界缩略图一般的环境中。他们在军舰中思考如何自力更生地活下去，如何运营社会、制裁犯罪，如何与外敌战斗。主人公相叶昴治在剧中被描写为一介平凡人。表面来看，他得以在军舰内的权力斗争中生存下来是因为善良。

这里的重点在于，利维亚斯的少年少女面临的危机绝不止宇宙漂流。他们真正的危机与宇宙漂流同等严峻，不，某种意义上比之更甚——那就是人际关系和身份认同问题。以无法接受平庸本质并为此烦恼的昴治为代表，人际关系和身份认同的问题逼迫着少年少女。

乍一看，《无限的未知》的设定酷似制作方日昇动画公司在八〇年代前期第二次动画浪潮时期量产的一系列宇宙冒险传说（《机动战士高达》和《银河漂流华尔分》）。但在这些作品中，主人公需要逃离的场所，归根结底，仍然是战争或漂流这种宏观状况（社会）。它们呈现的内心纠葛也基本是宏观状况导致的。

在《机动战士高达》的开场，主人公少年士兵阿姆罗对于自己被顺势任命为机器人武器“高达”驾驶员的情况感到不满，拒绝出战，随后遭到上级士官布莱德的责骂和殴打。这时，布莱德身上呈现出的就是“社会”。阿姆罗虽然反抗了以“社会”为背景要求自己战斗的布莱德，但最终还是选择接受，并且认识到布莱德之外的“社会”，从而获得了成长。没错，社会已经成为阿姆罗战斗的理由根基，他的自我认知问题也以“将自己安放于社会的何种位置”的形态展开。

然而，经历了“缺少战斗理由所以家里蹲”的《新世纪福音战士》之后，《无限的未知》将会如何呢？《无限的未知》再次选择了“战斗”。只是，战争已经变为共同体内部的战争。与遵守军规、击退来犯的外敌就可以获得社会认可的阿姆罗不同，相叶昴治如果不击败内部的敌人就无法存活。

与《机动战士高达》中的白色基地战舰不同，利维亚斯上没有大人。当然，其中也存在像阿姆罗与布莱德那样的年龄差。但是，利维亚斯上的高年龄组无法像布莱德那样以“稳固的社会”为背景指导“何为正确”。所有人都是毫无背景的弱者、孩童。因此，在利维亚斯上掌权的人，是依靠暴力和煽动等“政治”手段在权力斗争中获胜的人物（艾雅兹·布鲁、尾濑育巳）。通过击败与自己能力相当的弱者而获得权力的布鲁和育巳，无法以“社会”为背景宣扬正义。他们必须利用暴力和煽动来支配他人。对，这也就是后来的夜神月。

阿姆罗被布莱姆教训，昴治也被布鲁和育巳这样的大逃杀胜利者施加暴力，但两者的意义截然不同。正是在这种压倒性的差异之中，我们看到了二十年间发生的社会变化，以及在其影响下的想象力变迁。

过去的少年士兵面对的敌人，是把自己这样的弱者放逐到严酷状况中的强大社会。然而，相叶昴治与夜神月的敌人并不是强大的社会，而是与自己拥有同等能力的对手，是由这类对手聚集形成的大众，是大众那无法辨认面容的软弱与邪恶。

过去，“活下去”这件事是指在金字塔型结构简单的等级制度中获胜，战胜来自上层阶级的压力。但是，相叶昴治和夜神月身处的世界截然不同。金字塔型秩序已经崩溃，遍布四周的是相信想相信之物（正义）的各路玩家。他们要在这样的大逃杀中取得胜利才能“活下去”。就这样,新的想象力已经奠定基础——“为了活下去（而非攀上或击败社会等级），必须与同等水平的玩家战斗”。

从“校园种姓”考察大逃杀的发展

○○年代前期，卡牌游戏、幸存感与“9·11”喜结连理，孕育出了代表时代的想象力。前者是后现代状况完全实现后必然向社会渗透的世界观，后者则与人们身处如此世界所必然选择的态度（决断主义）之间拥有无法切割的关系。○○年代前期的想象力，可以说是这两大要素相互纠缠、融合、补充后发展出的东西。

比如，幸存系早期代表作、高见广春的《大逃杀》与“9·11”前后山田悠介的《真实魔鬼游戏》都描写了家庭、校园这样的日常风景，也都有因为政府的命令而突然“互相残杀”的荒诞游戏，并且主人公也都被强迫参加。

在这些作品中，“作为敌人的强大社会”已经被设置为相对模糊的存在，而随着时代推进，它的存在感愈加微弱。卡牌游戏 / 大逃杀模式世界观也随时代的推移而被贯彻得更加彻底。

在《龙骑》中，大逃杀的幕后黑手是一位天才科学家，他的动机仅仅是“想救自己的妹妹”，简直与游戏玩家降格到了同等水平。《命运之夜》的大逃杀战场“圣杯战场”的设置者也不过是一介玩家。在《死亡笔记》中，死神硫克的动机只不过是“找乐子”。如此一来，他们早已不能算作大逃杀的幕后黑手，游戏被描绘成自然而然开始的事物，也即作为前提存在于世的事物。

在思考这种“彻底的大逃杀”观点时，我希望读者注意到〇〇年代前期登场的年轻纯文学作家。2003 年，绵矢莉莎的《欠踹的背影》夺得芥川奖，文艺界称其为掀起了“年轻作家潮”。可以说，以出版社的宣传策略为根基，十五岁到二十五岁的年轻写手源源不断地问世，随后又在一瞬间销声匿迹。绵矢莉莎和金原瞳同时摘得芥川奖时，东浩纪曾经批判这是出版社的廉价宣传策略。我认为这一批判本身是妥当的。但是，当时的东浩纪在宣扬世界系路线的杂志《浮士德》上不断发表评论，却完全没有注意到这些作品同样具备〇〇年代的幸存感。〇〇年代前期的想象力，难道不恰恰位于被东浩纪抹杀掉的绵矢—金原式作品的延长线上吗？

让我们将“年轻作家潮”一派作家的出道作罗列如下：白岩玄的《野猪大改造》、三并夏的《平成机枪》（2005）、木堂椎的《捉弄比霸凌恐怖100倍》（2005）……这些出道作家都是东浩纪口中“廉价宣传策略”的成果。诚然，他们的出道作品完成度很低，对其作家能力抱有疑问的读者很多。但毫无疑问，他们至少比东浩纪当时拥护的、汲取九〇年代养料的世界系作家更加先锋。

举个例子，泷本龙彦小说的主人公还在因为“对世界的复杂性不明就里”“不知道什么有价值”而家里蹲，这种缺失被渡边淳一式的女性歧视路径（经历创伤的可怜女孩爱上自我中心主义的主人公）掩盖。

然而，对于从记事起就身处“后1995世界”的年轻作家来说，泷本恐惧的社会混沌早已是不言自明的现状。他们当然不会寄希望于泷本—渡边式浅薄的女性歧视，更不会认同这种解决方案。因为他们的问题意识早已到达“面对这样的世界，具体应该如何应对”的层次。

在他们描绘的故事中，生存本身已经等同于在日常世界中进行残酷的大逃杀。在这里，不存在支配游戏的人物。他们将“不战斗就无法存活”作为前提接受了下来。例如《野猪大改造》中的主题：桐谷修二在“只有游刃有余扮演人气学生才能获得权力”的教室内人际关系中不断获胜，对自己和他人进行“改造”，尽管对其中的暴力性抱有疑问，却依然不得不在游戏中战斗，内心充满纠葛。当然，这些年轻作家在出道作以后就什么都写不出来了，这本身也具有象征意味，暗示这些作品都是蜷缩在极其狭小的校园世界的想象力。即便如此，将不可见的人际关系当作“敌人”，作为需要从中逃生的对象进行描写的这些作品，依然踏出了废除九〇年代（世界系）问题意识的决定性一步。

就这样，大逃杀跨越了类型与圈层，散落各处，随着时代推移而完全扩散。文艺界有这些年轻作家操刀的“校园种姓”文学，备受瞩目，轻小说界也有樱庭一树的《推定少女》、日日日的《在遥远彼方的小千》等表现相同主题的作品不断获得赞誉。

除此之外，漫画界的《龙樱》自不必说，夏原武和黑丸共同创作的《诈欺猎人》（2003— ），以及末延景子通过与“校园种姓”相似的想象力构建而成的《人生》（2002— ）也收获了高人气。

这些作品描绘了九〇年代家里蹲 / 心理主义和“世界系”想象力孕育的作品所未曾描绘的“交流”，但这绝不意味着旧式社会（淘汰晋级 / 金字塔型社会）的复活。他们描绘的是卡牌游戏 / 大逃杀型的“新社会图景”。

试图克服动员游戏 / 大逃杀

在这里，我想再次讨论《死亡笔记》这部位于大逃杀想象力顶点的作品。

这部作品提出的问题是“谁能阻止夜神月”。夜神月，这位最强大的决断主义者，在故事开头就理所当然一般以“经历过九五年社会”作为生存前提。对于这样的他来说，“九五年思想”提出的不行动伦理已经失效。身处当今时代和资本主义系统，“不行动”的选择也只能被收编为一种决断。当然，以社会为背景的伦理也已经失效。聪明过人的夜神月准确地理解了这一前提，只相信想相信之物（在这里是自己），希图在大逃杀中存活下来，成为“新世界的神”。

这部作品描绘的绝不是决断主义的存在方式。虽然很容易招致浅薄的误解，但故事中的夜神月常常被刻画成沉浸于荒谬妄想的青年，作者明显运用反讽手法希望夜神月的过度自信被感知为滑稽。同时，就是这个在细心的观众眼中沦为丑角的幼稚夜神月，向世界提供了便利的选项，竟然在大逃杀中幸存下来，还显得魅力十足——这就是《死亡笔记》直白揭示的现实。

事实上，这部作品的主题是：决断主义是难以阻挡的。我们面前横亘着一面高墙，即便头脑明晰，可一旦接触到某些事件，最终也将沦为决断主义者而展开行动。批判夜神月很简单，但批判者自身不变成夜神月就能解决问题的方法，在原则上是不存在的。这部作品描绘了决断主义导致的思维停滞陷阱能够被呈现得何等美妙。这就是生存于当代社会的软弱人类面对的危险现实。

正如我反复提到的那样：碇真嗣（家里蹲）阻止不了夜神月（决断主义）。在生存本身等于参与游戏的当代，家里蹲、表明不参加游戏的立场等做法都毫无批判力，这么做只会沦为游戏的输家，无法对系统造成打击。在当下，强行停滞在碇真嗣的世界，也只会成为“宣扬自闭的、愚蠢的决断主义者”。

更为恐怖的是，《死亡笔记》揭示了身处这样的现实并立志成为“更强的夜神月”的另一个人物 L 也解决不了问题。事实上，夜神月在败给 L 的后继者梅罗和尼亚之后就死掉了。但是，月死后留下的世界并无改变，依然是一个众人只相信自己想相信之物并展开斗争的大逃杀世界。

我们在 mixi 和视频分享网站立刻就能找到同好，只看想看的信息，只相信想要相信的意识形态，只爱想爱的角色人物，只与能分享这些的人产生联系，形成分栖共存的岛宇宙。然后，我们为了保护这种“封闭的快乐”，就会与其他岛宇宙的人们时而在网上、时而在街上战斗。我们身处的，就是这样一个世界。

就算夜神月死了，将他视为救世主加以崇拜的众人也不会消失。《死亡笔记》的结尾传递给读者一种严峻的现实认知——“就算夜神月被击溃，大逃杀也不会终结”。

生存于当代的我们所面临的课题，恐怕正在于此。碇真嗣阻止不了夜神月，自身成为夜神月去战斗也阻止不了大逃杀，甚至还会激化情况。既不能退回碇真嗣，也不能成为夜神月，那么，究竟如何在这场游戏中存活下来？这就是生存于当下的我们面临的课题。当下，回应这一课题的幸存系作品已经开始摸索“一边参加游戏，一边停止游戏”的方法，比如甲斐谷忍的《诈欺游戏》（2005— ）。

这部作品讲述了某组织运营着名为“诈欺游戏”的非法赌博游戏，不断将社会弱者卷入大逃杀，而主人公们一边参加游戏，一边试图通过高强度的脑力对峙，摸索在游戏内部阻止游戏的方法。《诈欺游戏》虽然没有提供完美的答案，但这份勇气足以被视为〇〇年代的想象力，令人颇感振奋。

在这个所有人都必须作为决断主义者行动的当下，我们很容易就会不自觉地加入动员游戏 / 大逃杀，在自己所属的小小共同体中分栖共存、停滞思考。然而，在拒绝这种便利选项，转而选择美和伦理作为路径的瞬间，我们将直面这堵名为“如何克服动员游戏”的高墙。

注 释

1 例如，《赌博默示录》的主人公伊藤开司因身背巨额债款而深陷社会的黑暗底层，必须在地下钱庄等赌场中不断获胜以谋求生存。其中，已经可以看出当下幸存系作品的两大特征：运用智慧彻底解析游戏规则的“战斗方法”（即卡牌游戏系统），以及“不在你死我活的游戏中最终获胜就无法存活”的残酷现实（即幸存感）。这些要素被《死亡笔记》《未来日记》《诈欺游戏》等当代幸存系作品继承。在某种意义上，福本伸行在九〇年代创作的《银与金》（1992）和《赌博默示录》可以被视为〇〇年代幸存系作品的起源。

然而，只要在地下赌场的生死游戏中赢钱，就能直接从社会疏离感中解放的开司所持有的世界观，仍然属于现代社会的树形进化结构，更接近金字塔式的淘汰晋级模式，可以说继承了成长小说的模式。

06

如今，我们身在何处

——“决断主义式〇〇年代”的现实认知

世界系为什么败给新传奇？

在之前的章节中，我们追溯了截至〇〇年代叙事想象力的变迁脉络，讨论了在其中被当作主题的问题意识。

在本章中，我将整理前述讨论，对“生存于〇〇年代的我们究竟身处何处”给出一个明确的结论。

我论证使用的素材是讲谈社的文艺杂志《浮士德》。

2005 年，东浩纪宣布将与一直密切合作的《浮士德》保持距离。在那之前，《浮士德》以佐藤友哉、泷本龙彦等世界系作家为核心。但在当时，该杂志开始提倡“新传奇”的创作类型，转变路线，支持起在风格上吸取“幸存系”养料创作出《命运之夜》和《空之境界》的奈须蘑菇。

这就是东浩纪批判《浮士德》的原因。批评奈须蘑菇“剧情推进太过平滑”的东浩纪，针对《命运之夜》写下了如是评论：

> （《命运之夜》的主人公卫宫士郎）既没有心理活动，也没有内心纠葛，仿佛是《机动战士高达》出现之前的少年主人公形象。不如说，这种人物塑造更接近《宇宙战舰大和号》。古代进不就什么烦恼都没有吗？诸如为什么登上宇宙战舰，“大和”一词究竟有何意义，地球的毁灭与否，这些事古代进都不会考虑。自从1979年《机动战士高达》出现以后，这种天真的设定就没有说服力了。我认为，恰恰是这种忧虑支撑着御宅族想象力的强度，但《命运之夜》将其全部舍弃了。
>
> ——东浩纪:《美少女游戏的临界点》，波状言论，2003

也就是说，东浩纪的观点是“对战斗不带迷茫”的《命运之夜》退化到了八〇年代之前。《命运之夜》确实是一部忠于御宅族期望和快乐原则的作品，不论善恶全都简单直白。但是，东浩纪的批评中藏有巨大纰漏。正如前文证明过的，《大逃杀》《真实魔鬼游戏》《野猪大改造》《死亡笔记》这些〇〇年代前期不在东浩纪视野内的作品已经萌发了克服九〇年代后期“世界系”的新想象力，《命运之夜》也不过是明显延续这一脉络的作品。

卫宫士郎之所以对战斗毫不犹豫，并不是因为他什么都没有思考。对于生活在〇〇年代的年轻人来说，生存本身就意味着战斗——被这种认识完全渗透的时代变化就是《命运之夜》的背景。《大逃杀》也好，《真实魔鬼游戏》也好，主人公都在某一天突然被抛入毫无道理的游戏之中，被迫参与严酷的生存游戏。他们不加拒绝地玩起了游戏。

正如曾经的家里蹲 / 心理主义，以及处于其脉络之上的“世界系”，都是对产生“后 1995 年”政治状况的混沌社会图景的一种敏感回应，这些作品的“幸存感”也是敏感回应“9 · 11”及小泉结构改革后“如果害怕社会的混沌而家里蹲，就无法活下去”这一政治状况的想象力。他们并不是舍弃了“迷茫”和“犹豫”，而是将其作为前提消化吸收了。

《浮士德》的转向绝不是保守反动。毋宁说，这是提起精神、追赶时代的积极举动。因为《浮士德》原本只是一本与自我标榜相违背的杂志，一个明明处于〇〇年代前期却固守九〇年代后期情绪的陈旧媒体。

2003 年，《浮士德》的出现，遭到了拥抱八〇年代情绪的轻小说读者，以及作家、编辑等从业人员的激烈反对。以东浩纪为首，创刊之初参与该刊的批评家们也都暗中利用了这种对立关系。这一时期，东浩纪的主要批评对象，恐怕是东浩纪自己的出身地——文坛保守势力。东浩纪认为，纯文学、传统文艺在美少女游戏及轻小说的对比之下已经是保守和过时的类型。这获得了沉迷后者文化的御宅系男性的大力支持。从九〇年代的情绪出发，对八〇年代以前的情绪进行批判，由此，以东浩纪为中心的〇〇年代前期御宅系亚文化批评界才得以成立。这一图式在批评界流行了将近十年。因此，即使现实中已经萌发了在反省九〇年代后期情绪的基础上产生的〇〇年代前期情绪，却大多被理解为“退化到八〇年代”。其中的典型就是东浩纪对奈须的批评。以九〇年代后期为基准，相异的想象力一律被视为八〇年代以前的事物——这种思维停滞支配着一众批评家。

我也对2003年《浮士德》创刊时东浩纪的主张颇有微词，但这并不意味着我支持受困于八〇年代情怀的上一代御宅族与保守知识分子。持有八〇年代情绪的他们惧怕早期《浮士德》的“新”,而我反过来对《浮士德》的“旧”感到厌烦。我从早期《浮士德》中感受到的并非敏感，而是钝感。

> 关于文学，比起芥川奖，我现在更关心《浮士德》的动向。西尾维新、佐藤友哉与本届获奖作家同岁。就像过去把平野启一郎称为天才那样，媒体现在又把同样的名号送给了芥川奖获奖者。但我认为，西尾、佐藤，以及略微年长一些的舞城王太郎等《浮士德》

核心成员才是承担未来文学重任的作家。纯文学和娱乐之间的区别毫不重要。实际上，就在这一两年，佐藤和舞城也开始在文艺杂志发表作品了。或许，拥有才华的作家获得正确评价的时代终于到来了。

——东浩纪个人网站“涡状言论”，

2004 年 1 月 21 日

这段话摘自 2004 年绵矢莉莎和金原瞳一同摘得芥川奖时东浩纪发表在自己网站的文章。我确信，就是从这一刻开始，东浩纪被时代抛弃了。我完全不觉得东浩纪拥护的早期《浮士德》风格是什么新事物。

确实，如东浩纪所说，以绵矢、金原获得芥川奖为开端的〇〇年代前期的年轻作家潮，只不过是出版行业廉价的宣传策略，并不具有持久性。然而，这种批评不也适用于早期的《浮士德》吗？在前文的摘录中，东浩纪列举的舞城王太郎、佐藤友哉、西尾维新，再加上泷本龙彦，这些早期《浮士德》的招牌年轻作家，如今只有西尾维新还留在一线创作。舞城在 2005 年以后开始与他人合著漫画，但谁都能看出来，他已经迷失了创作方向；泷本除了自己在 2002 年出版的第二部作品《欢迎加入 NHK！》的漫画版中负责脚本以外，再无其他活动，作品的故事内容也毫不掩饰地重复自己。佐藤则是获得了三岛由纪夫奖，逐渐作为纯文学作家得到承认，但正如东浩纪所指出的那样，这是纯文学领域廉价宣传策略的结果罢了。借用东浩纪自己的观点，佐藤近年来的作品只能算对八〇年代后现代小说的拙劣模仿。

而且，早期《浮士德》作品群的单个作品完成度与写作技巧都具有压倒性的优势。它们没能打败绵矢、金原及其拙劣模仿者的原因，仅仅在于早期《浮士德》所依托的感性极其陈旧。

早期《浮士德》的作家们，比如佐藤友哉和舞城王太郎表达的都是“绝望”。在无法应对（1995 年以后的）社会图景的变化，迷茫徘徊，即便倾尽全力最后也只落得家里蹲的后团块*青年世代（即“失落的一代”）中，这种绝望非常具有代表性，那是如表演一般被诉说的绝望（过家家）。

然而，前文已经论述，在 2003 年让他们倍感绝望的社会变化——过剩的流动性不断扩散也好，后现代状况完全实现也罢，怎么形容都好——已经作为前提被接受下来。不再绝望，而是要在新时代努力活下去的想象力已经萌芽。可以说，虽然暴露在同样的状况之下，但作为畏惧“这个世界无法带来生存的意义”“搞不清真正的自己究竟是什么”而自闭起来的佐藤–泷本式态度的替代品，新的想象力已然发端，是更年轻一代的绵矢、金原等新作家的态度所带来的对旧想象力的克服。前者

* 指团块世代，即在第二次世界大战结束后日本婴儿潮时期（1947—1949）出生的一代人，他们支撑起日本经济的高速发展。

是起源于《新世纪福音战士》的旧有想象力的继承者，后者则是《死亡笔记》《诈欺游戏》表现出的崭新想象力的先行者。

早期《浮士德》催熟了九〇年代后期培育出的情绪，量产了完成度颇高的作品群，收获了追不上〇〇年代新情绪的保守群体的支持。《浮士德》获得的不过是这种层次的成功。催生这些作品的想象力已经成为历史。这些作品无法形成一场运动，也无法超越在作品完成度上远远不及自己却拥有崭新感性的、以绵矢和金原为代表的年轻作家潮。

东浩纪在评价《浮士德》时犯了两个错误。第一是在该刊从世界系转向新传奇路线时将其斥为保守反动，第二是错判了该刊在〇〇年代前期所处的位置。

西尾维新的“转向”与世界系的本质

答案已经很明显了。“世界系为什么败给新传奇？”原因只有一个，〇〇年代前期的世界系作品已经无法追上时代，只能作为固守九〇年代后期感性与想象力的容器发挥作用。论身为作家的技艺，如果将佐藤友哉、泷本龙彦、舞城王太郎，与绵矢及其追随者还有奈须蘑菇加以比较，前者拥有压倒性的优势。然而，时代变化令前者抱有的问题意识瞬间失效。世界系败给新传奇，仅仅是时代的必然。

写到这里，一个我一直刻意没有提及的作家名字在脑海中浮现。那就是横跨《浮士德》路线转换前后期的招牌作家，也是唯一顺利从世界系转向新传奇的作家——西尾维新。

西尾维新的代表作“戏言系列”（2002—2005），一言以蔽之，就是以世界系开局，后将其否定，最后以新传奇结尾的作品。主人公阿伊被描绘为持有世界系伦理的角色，他沉浸在九〇年代后期的厌世观中，从不积极地与他人进行决定性接触。然而，小说一开始以推理对战来表现世界系价值观，进入后半段却风格大变，与想要毁灭世界的阴谋组织展开了对决。

在最终卷中，阿伊舍弃了一直以来的世界系伦理，说出了“想要为了谁，试着去做点什么”。从中可以看出九〇年代后期世界系向〇〇年代前期决断主义的转变。这种转向在西尾结束“戏言系列”的连载前，自《浮士德》创刊号就开始连载的《新本格魔法少女莉丝佳》中表现得更为显著。

《新本格魔法少女莉丝佳》的主人公供牺创贵简单说来就是《死亡笔记》中夜神月那样的角色。他对现有的社会和成人完全没有信任，想要用自己的胜利建立价值观和规则。他与搭档魔法少女莉丝佳一起投身于堪比大逃杀的残酷战斗，与敌对的魔法使对抗。

重要的是，主人公供牺创贵自己就是决断的主体，负起了相应的责任，与此相对，仍然延续世界系构造的“戏言系列”，直到故事结束都只有阿伊身边的女性角色（即战斗美少女）手上沾血。在《新本格魔法少女莉丝佳》中，供牺创贵与女主角莉丝佳的关系是（相对比较）平等的。主人公用智慧，莉丝佳用魔法，共同对抗敌人，共同背负杀人的罪恶。《浮士德》的路线转向是西尾维新必然地，恐怕也是无意识地解读了市场需求之后的转向。

如果还要加以补充，那么，过往的世界系作品的临界点就在此处。第四章中，我分析了《新世纪福音战士》代表的“九五年思想”与其在〇〇年代的堕落形态“世界系”之间的区别。前者以“不行动伦理”为基础，放弃了对超越性、核心价值的追求。后者的这种放弃心态以非常低幼的形式（战斗美少女、遭遇创伤的美少女对主人公的全面肯定）被复活了。这就是临界点。

如果“九五年思想”是“承受着绝望而生（被明日香甩了的真嗣）”，那么在世界系中，绝望则被“（战斗美少女与创伤少女等）受伤的少女无条件地需要自己”的感觉救赎了。在后现代状况下，为了尽快获得生存的意义、确切的价值，人们就希望有一个“先天”需要被治愈、背负着创伤的少女无条件地需要自己——“世界系”表达的无非就是这种愿望。因此，“戏言系列”中染指罪恶、做出决断的始终都是阿伊周围的美少女。在泷本龙彦的小说中，女主角们也都预先背负着需要主人公来治愈的伤痛。

高桥真的《最终兵器彼女》和秋山瑞人的《伊里野的天空，UFO之夏》也一样，女主角代替作为主人公的少年做出了决断，“弄脏了双手”。世界系这种东西，无非表达了这样一种态度：为了将主人公持有的九〇年代后期的“不行动伦理”贯彻到底，就让他人（战斗美少女）而不是主人公自己做出决断，主人公仅仅享受被少女们无条件需要的成果。这与渡边淳一的《爱的流放地》如出一辙，女主角主动请求主人公“杀了自己”，于是，将女性杀掉的主人公就在精神上被赦免了。

尽管支持者们主张世界系贯彻了（九〇年代后期的）“不行动伦理”，但实际上，它不过是“自己绝不负责，单单享受利益的决断主义”罢了。

世界系堪称“九五年思想”的堕落形态，讽刺性地完成了从“九五年思想”到〇〇年代决断主义的过渡。因为对社会性自我实现信任度低而感到绝望的少年（《新世纪福音战士》中的碇真嗣），将决断与责任完全交给战斗美少女，以自己只享受成果的方式尝试治愈少女（世界系），最终反省其中的谎言与自私，背负起了决断和责任（决断主义）。

从结果来看，西尾维新这种嗅觉敏锐的创作者身上发生的变化，非常明确地反映了这十年的想象力变迁。可以说，西尾维新是早期《浮士德》作家中唯一抵达了后“9 · 11”世界想象力的作家。《死亡笔记》的衍生小说选由西尾维新执笔，也就完全是“时代的必然”了。

如今，我们身在何处？

九〇年代后期，以奥姆真理教策动的地铁沙林事件和阪神大地震两大事件为象征，社会图景发生了变化。这大大促进了日本国内后现代状况的发展。

结果就是，这片土地上的人们对社会性自我实现的信任大幅度降低，再加上平成时代的经济萧条，惧怕混沌社会氛围的情绪占据了主流。

结果产生了这样一种思维方式：人们不再将“做什么/做了什么”（行动）与身份认同相联结（交流），而将“是什么/不是什么”，更进一步说就是将“自身缺失什么”（设定）与身份认同相联结（角色）。

由此，从美国舶来的心理惊悚片大行其道；从八〇年代开始，通俗心理学浪潮持续火热；从登场人物被设定为“以前遭遇过精神创伤”的《新世纪福音战士》到《永远是孩子》，心理主义作品不断登场；椎名林檎也成为社会现象——这些都是上述状况产生的结果。这些作品描绘了一种绝望：身处无法知晓何为正确、无人告知何为正确的混沌世界，一旦与他人连接、希图成就什么，就必然（相对地）会犯错，会伤害他人，自己也会受伤。这种“因为不知何为正确所以选择家里蹲”的心理，是在宣扬“不行动（不伤害他人）的伦理”。

然而，这种家里蹲模式在2001年美国发生恐怖袭击及小泉纯一郎内阁结构改革前后，渐渐被冲散了。以决断主义式暴力（恐怖袭击）不断发生、格差社会的脚步越来越近的〇〇年代前期的政治状况为背景，畏惧后现代社会发展而自闭起来已经无法生存下去，一无所有的幸存感蔓延开来，在孕育叙事的想象力之上投下了暗影。

结果就是这样一种思想风潮开始盛行：人们将混沌的社会与混乱多样的价值观当作前提接受、消化，“为了存活（接受犯错并负起连带责任）做出决断”。在旧左翼的排外论和皇国史观这两种意识形态中，我们也可以窥见这种思维。这种早应被克服的腐朽事物，重新拥有了当下（在地化）的动员能力。在文化层面，怀旧情绪超越世代差异（新人类世代对八〇年代前期，后团块世代青年则对九〇年代后期），拥有了支配地位。

然而，这并非倒退到了旧有模式之中，毋宁说，是在不自觉地回应当下。战前右翼与新历史教科书编写会难道是一回事？过去的工会与“自由的自由职业*”难道是一回事？答案当然是否定的。与前者相比，后者是复

---

* 自由的自由职业（Freeter's Free）是关注劳动者权益的非营利组织，出版有以“寻找不剥削生命的工作”为宗旨的同名杂志，关注年轻派遣劳工、女性劳动者、不稳定就业等问题，已于2012年解散。

归性的，毋宁说是因为需要一项核心价值才被补救式地召唤出来的，那是在知晓其毫无根据后强行选择的价值。如果不这样做，人们在物理层面就不能政治地、经济地存活，在心理层面则无法获得生存意义。

这样一来，无法承受过度流动性的软弱人类——不，不论什么样的人都抱有的软弱部分——就会孕育出一个封闭的交流空间来填补空虚。这个空间以左右二元式意识形态和渡边淳一式 / 带有世界系女性歧视（萌系）色彩的浪漫故事为媒介。这种填补空虚的行为属于当代，而非昔日社会图景的复活，它彰显了崭新社会图景的萌芽。同样地，《死亡笔记》不同于过去的革命漫画《野望之国》，《无限的未知》不同于《银河漂流华尔分》。不将这种复归性纳入视野，就无法正确地捕捉当代，更无法追上时代。

让我们暂且做个总结：1995—2000 年这段时间是宏大叙事持续失效、人们感受到社会图景的变化并感到恐惧的家里蹲的时代。2001 年后则是林立的小型社会群体之间互相对抗（大逃杀）的“乱世”。在这里，占据支配地位的是决断主义的态度——人们在自行选择的小叙事中植入了宏大叙事的超越性，利用其正当性排挤其他小叙事，还会排除异己来获得自己的生存空间。

在此处，重要的是，对决断主义的批判与对幸存系作品想象力的批判是毫无关系的。从《无限的未知》和

《大逃杀》等幸存系早期作品，到《龙骑》和《不适合少女的职业》等发展期作品，再到《野猪大改造》《死亡笔记》《反叛的鲁路修》等后期作品，都贯彻着“决断主义是为了活下去而选择的必要之恶”的价值观。后期作品以暴露问题的恶棍罗曼司形式展开，决断主义者作为主人公既有魅力（这是必须存在的）也有局限（夜神月和鲁路修都被描绘为幼稚的恶）。

更为进步的《野猪大改造》（电视剧版）和《诈欺游戏》更直接地提出了克服决断主义式大逃杀的主题。没错，幸存系常常同时以决断主义的必然性及对决断主义的克服为主题。

当下，我们正在直面决断主义，它在一定程度上是有效的，而其（巨大的）副作用也显露出局限和问题。我们应该探索的，既不是从家里蹲脱身，也不是后世界系。这些本身都已经沦为决断主义。我们的课题是如何对抗以下这种态度，即真心认为“反正这个世界只有赢家才是正义”，因而肯定思维停滞和暴力。

眼下，重要的是不要再为自己的罪行开脱。我虽已反复重申，但决断主义确实已经是任谁都多多少少无法逃脱的“条件”。在宏大叙事的能量已经衰退的今天，选择某物、主张某物就会立刻催生决断主义的态度。正如世界系也不过是一种让少女进行决断、自己享受利益的渡边淳一式女性歧视的决断主义。哪怕选择“不主张”

这种态度，它也只能作为一种主张发挥作用。我们已经无法避免成为一个决断主义者。

因此，小林善纪的《脱正义论》会堕落为新历史教科书编写会，宫台真司（早期）无法有效评价文化研究和“自由的自由职业”，碇真嗣也无法阻止夜神月。世界范围内的暴力连锁无法被阻止，日本则充斥着仅仅追求“直白”和“刺激”的决断主义者。他们为了享受思维停滞带来的快乐，只相信想相信之物并寻欢作乐——他们是信仰夜神月的基拉信众，是新历史教科书编写会的支持者，甚至是下北泽再开发反对运动的参与者，是秋叶原解放游行的策动者。

利用从吉本隆明到《脱正义论》的谱系，对他们做出的“将运动本身作为目的”的批评，已完全丧失了批判的力量。这些决断主义者就是要把运动（决断）本身作为目的来接受、消化，他们的运动是为了在后现代状况下获得意义而强行选择的事物。然而，决断主义式选取的小叙事们，只要仍然建立在同一个系统架构之上，它们之间就必然会发生冲突。这便是○○年代的大逃杀。

祝福时代，克服时代

直面时代之际，人们总是容易采取两种极端的反应——要么认为“世界错了”，否定一切，背过身去；要么认为“随波逐流更轻松自在”，委身于时代。两种选择都是愚蠢的。不论选择哪一种状况，都配套般同时具备“可以利用的可能性”和“精巧的陷阱”，时代也一样。世界既不坏，也不好。对我们来说，必要的做法是看破不同时代及其想象力的长处与短处、成本与收益，巧妙地加以利用，走入下一阶段。我们可以从社会学家稻叶振一郎的观点中找到提示，他在《现代的冷却》(2006)中精准验证了东浩纪的一系列论述。

> 标榜人民权力能够对抗统治权力的宏大叙事已经暴露了自身的局限。从那以后，产生了这样一种氛围：要想在批评中站在正义一方，就要贯彻反权力，至少也得主张权力最小化。但是福柯的权力论提出了另一种思路——不是“权力 vs. 反权力”，而是“谦逊优雅地使用权力 vs. 傲慢野蛮地使用权力”。近来我也如此认为。在行使权力时，自然会产生来自无意识与身体层面的他者的抵抗。面对这种抵抗时的谦逊态度所包含的意义，应根据不同的处境具体思考。
>
> ——稻叶振一郎：《日本言论入门 15 册 + α——福柯〈规训与惩罚〉》，载于《论座》6 月号，朝日新闻社，2006

在这里，稻叶并没有批判权力本身，就像他提倡“谦逊优雅地使用权力”一样，我也想试着思考“谦逊优雅地参与大逃杀（决断主义态度）”。当世界系被决断主义战胜，世界系存在的前提——因为社会图景的变化，确定的价值与正义已无从获得，如果做出选择就会伤害他人，也令自己受伤——并没有被否定，甚至还被肯定了，被作为前提共享了。正是因为彻底将世界系的前提接受下来，为了生存（即便毫无根据也）必须做出选择、做出决断、负起责任的想象力才会萌生。

同样，为了结束决断主义者的动员游戏/大逃杀，不止如此，也是为了更彻底地向新事物进化，我们的行动就必须始于接受而非批判。

我们必须从无数的选项中（当然，这些到头来也都是收束于同一系统架构下的选项）毫无根据地做出选择，进行决断，伤害他人，存活下去。将这个过于露骨的现实彻底作为前提接受下来，通过在大逃杀中摸索更加自由而优雅的战斗方法，我们就可以让决断主义进化并将其消解。

跨越一个时代所需要的，不是朝它背过身去，而是祝福，是一边满怀期待、一边将其克服。

代表〇〇年代想象力的，就是决断主义式的动员游戏/大逃杀。思考发挥时代长处、克服时代短处的方法，我想试着探索能够将其超越的想象力。

从〇〇年代前期至今，其实已经出现了大量能够带来深刻启示的想象力。我所宣扬的〇〇年代的想象力，就是日后或许会被称作“后决断主义”的崭新想象力。

07

宫藤官九郎为何执着于“地名”

——（郊区型）中间共同体的重构

○○年代想象力的三种可能性

前文论述了 2001 年前后发生的范式转换。

自 1995 年起的五年间，是接受 1995 年前后社会图景出现巨大变化的时期，诉说“无法信任旧有社会图景”的想象力占据支配地位。

与此相对，自 2000 年起的五年间则是重构期。这一时期占据支配地位的想象力是将旧有社会图景的失效作为前提接受，并且“摸索新的社会图景”的想象力，即“用政治性（游戏）胜利暂时将毫无根据的事物正当化”的想象力。这种状况就是弥漫于○○年代的决断主义式动员游戏 / 大逃杀。当代的课题只有一个，就是克服这种已成定局的状况。

本章到第九章，将考察可以被称为“后决断主义”的想象力，也就是在克服当代课题“决断主义的困难”上展现出有效路径的几种想象力。

我姑且将其可能性分为三类。这三种类型分别由三位作家代表，他们都在〇〇年代前期留下了极为优秀的作品。第一位是大人计划剧团的作者，同时作为电视剧编剧活跃于业界的宫藤官九郎；第二位同样也是电视剧编剧，男女双人“合二为一”的组合木皿泉；最后一位则是少女漫画家吉永史。

这三位作者分别用“重构（郊区型）中间共同体”“探索摆脱动员游戏/大逃杀的可能性”“解体决断主义问题意识”等不尽相同（但也有相当一部分重合）的方法，试着为决断主义状况提供对策，但之后又各自遭遇了新的问题。

本章将首先考察宫藤官九郎这位〇〇年代前期最重要的创作者。宫藤官九郎的演艺起点是在松尾铃木率领的大人计划剧团里当演员，之后，他很快就成为与松尾并肩的剧团人气作家，受到关注。

以2000年的《池袋西口公园》为开端，接着是《木更津猫眼》（2002）和《曼哈顿爱情故事》（2003），这位代表了〇〇年代的电视剧编剧与TBS电视台的制作人矶山晶合作，以一系列在标题中加入特定地名的作品（“地名系列”）收获了极高人气。

从宫藤对“地名”的执着可以看出，这些作品的共同主题，既不是你和我这样的自我意识世界，也不是国家和社会这样的宏大世界，而是重构的中间共同体。

宫藤作品的共同点是诞生了“并没有历史和社会结构背书，乍看之下显得脆弱的共同体”，这样的共同体虽然短暂却依然真切地为人们提供了支持，并在最后彻底消失。在宫藤的作品中，“历史和社会无法为共同体提供支持的世界”等同于“后现代状况下的郊区空间”，人们拥有了自己积极选择的共同体——这些作品令人意外地反复描绘了这样的剧情。它们既不永恒，也不具备超越性，由司空见惯的日常堆叠而成，并将在瞬间终结。但正是在“终会结束的日常”之“中”，支撑人们的事物才会产生——宫藤的作品中充满这种确信。本章将追随宫藤的轨迹，探讨其中的内容。

一切始于“池袋”

2000 年 4 月 14 日，那是一个既不存在《动物化的后现代》也不存在《浮士德》的世界，〇〇年代最重要的想象力之一，降生了。在一个谁都没有注意到的地方，革命静悄悄地发生了。

《池袋西口公园》是根据石田衣良的冷硬派小说改编的电视剧。原著小说是系列短篇的形式，讲述在池袋西口公园经营水果店的青年真岛诚，利用自己敏锐的头脑和行动力解决了发生在街区的各种麻烦。宫藤官九郎执笔的电视剧版巧妙地重构了原作的结构，又加入了大量原创要素，以至于已经成为完全不同的作品。

下面先介绍本作的内容。开水果店的诚、大学生正弘、女高中生光子和理香，以及御宅少年俊，“不知怎么地”，就在池袋西口公园相识了。几人组成了意气相投的小团体，但相识没多久，理香就被人杀掉了。在当地不良少年团体中人脉颇广的诚独自展开了调查，在这个过程中解决了一系列相关事件。于是，各种各样的麻烦接二连三找上了以“池袋话事人”之名为人所知的诚。

我在前文讨论过从九〇年代到〇〇年代发生的从家里蹲到决断主义的转变。这种变化完全包含在这部作品之中。光子是这一系列事件的实施者，她因为青春期遭遇了父亲的性虐待所以想从“伤害–被伤害”的人际关系中逃脱，作为感情替代而追求对自己的存在给予全面肯定的恋人诚（家里蹲—世界系）。

但是被诚拒绝后，光子杀死了情敌理香，又为了守护自己和诚之间“只有你我的世界”而挑起了诚身边不良少年团体之间的争斗。最后，接近真相的俊也被杀掉了（决断主义式的动员游戏 / 大逃杀）。

没错，这个故事简直就像是在描绘“家里蹲–世界系”必然转向“决断主义”的时代发展脉络。但同时，这也是一个围绕主人公诚如何阻止大逃杀（不良少年团体的争斗、光子的杀人）的故事。

那么，宫藤赋予诚克服动员游戏 / 大逃杀的手段究竟是什么呢？故事的舞台既不是涩谷，也不是新宿，而是池袋——线索就隐藏在这一设定之中。

聚集在故事舞台池袋西口的年轻人，全都生存于1995 年以后的世界。所谓 1995 年以后的世界，在思想史层面，可以被理解为七〇年代后不断发展的后现代状况彻底实现的世界，在都市理论的层面，则可以被理解为“郊区化”得到决定性发展的世界。这里的“郊区化”具体指什么呢？其实就是后现代状况的推进在城市规划层面也成为现实。打个比方，在这一时期，日本地方城市被一连串大型全国连锁购物中心构成的风景统一，它们无不开设在郊区铁路主干道沿线。优衣库、麦当劳、茑屋、BOOK OFF、JUSCO*，这样的城市规划大幅度弥合了阶层流动的地域差距，决定性地丰富了人们的消费（共同体层的多样化），另一方面，也决定性地将作为硬件的街区风景统一化了（系统架构层的统一化）。

将这种现象与互联网普及带来的“共同体多样化，以及支撑共同体的基础设施的均质化”联系在一起思考，应该就能明白这一时期到底发生了什么。

评论家三浦展（暗中沿袭了前期宫台真司的郊区论）

* 茑屋是租赁和售卖影碟、唱片的连锁店，BOOK OFF 是二手书店连锁店，JUSCO 是大型综合性商场。

将这种现象称为“JUSCO 化”和“快餐风土化”。他在《快餐风土化的日本》(2004)中将这视为“地方的历史性与旧有共同体的解体”，予以痛彻批判。在这一空间中，以历史为支撑的共同体和价值观为个人提供生存意义的现代性模式失效了。试着分析的话，可以说从九○年代家里蹲最终抵达世界系的想象力脉络，就是在宣扬“生存于郊区的我们已经失去了叙事（无人能够给予）”的绝望。

与此相对，○○年代前期的决断主义想象力，无非是一种“在怀抱郊区的空虚活下去的前提下，追求自己选择和设定的生存意义”的想象力。它是“生存于郊区的我们唯有（自己）创造叙事”这一顿悟的产物。

然而，宫藤并没有将“从家里蹲发展为决断主义的必然结果”的“光子模式”作为结论，而是将作为反命题的诚设定成了主人公。

让我们试着思考 2000 年的“池袋”是一个什么样的街区，不，应该说是在这个故事中被描绘为一个什么样的街区。答案很明确。池袋不像涩谷、新宿那样拥有历史和语境，而是面向以埼玉县为代表的关东北部各大都市发挥着的“市街”。可以说，池袋是一个身在都市同时具有强烈郊区特性的奇妙街区，也即所谓的郊区型都市。

在这个空间中，郊区式的高流动性与都市式的高聚合性混存，这在当时被称为“Street”。从原作小说阶段开始，这种气质就作为重要元素支撑着整个故事。借由选择不论在历史维度还是在都市论维度都堪称郊区型街区的池袋为舞台，这部作品成了郊区型想象力的先驱。

借由从世界系到幸存系的脉络，叙事的想象力与历史割席了。故事的舞台大多被描绘为消除具体“地名”、无法生成意义的符号性布景。但在《池袋西口公园》中，一度已经消失的地名复活了。池袋并非作为都市，而是作为郊区被选择；也并非作为以高聚合性催生交流的空间而被选择，相反，它是因自身的低聚合性、高流动性，反倒令以“连接”本身为目的的交流得以实现的空间。[1]

在这部作品中，诚的武器正是以这一街区为舞台的交流。

剧中，诚等人的小团体，由“不知怎么”就聚在池袋的、年龄住所各异的成员组成。也就是说，真正的“池袋人”只有诚一个。

丰富的人际关系网络作为诚的根基与底气解决了不良少年团体之间的争斗。这一人际关系网，上有从中央派遣下来的警察官僚，下有非法滞留的伊朗人，被描绘为由一定程度上偏离出池袋这条街区的历史和在地关系的人物所混杂交汇而成的网络。将交流作为媒介的，既不是经济层面的关联，也不是村落式的共同体，而是被四散在剧中的“梗”代表的八〇年代亚文化社群。这种共同体网络正因为身处后现代状况而与郊区化共同发展的都市才得以成立，它赋予了诚力量，终结了不良少年团体的争斗。

在最后一集，调停了争斗的诚大喊着“池袋最棒”。没错，诚从未将池袋（约等于“郊区”）视为绝望的空间。这是对九〇年代家里蹲–世界系至〇〇年代决断主义／幸存系共有的“有物却没有物语”这一前提的否定。宫藤采取的立场是，期待着奇妙地混杂了郊区高流动性和都市高聚合性的街区——池袋，能够出现通向自由、具备强大向心力、为人们提供支撑的崭新共同体。

宫藤将这种因为1995年以降的后现代状况才得以成立的新中间共同体（郊区）所具有的可能性，视为一种有希望的、对抗决断主义的处方。[2]

《池袋西口公园》这部作品展示了宫藤对当代的理解。另外重要的一点是，这部作品的导演是堤幸彦。他在《继续》（1999）中就已经将小剧场浪潮的趣味与《新世纪福音战士》等御宅系文化趣味引入电视剧领域。

可以说，经历过1995年的《新世纪福音战士》之后，在其脉络上的文化，大部分都结束于《新世纪福音战士》所主张的（准确说来，应该是在九〇年代前期冈崎京子等作家和作品中孕育、在《新世纪福音战士》中成型的）郊区型“有物却没有物语”式的绝望之中。

然而，在同属于《新世纪福音战士》延长线的作品中，有些作品完全超越了之后的美少女游戏、《浮士德》杂志，以及以东浩纪为中心的文艺运动的问题意识，甚至将其消解。而且，它们绝没有停留在小众文化的阶段，而是获得了大众的支持。这一点非常重要。

两年后的2002年，很巧合的是，也即“世界系”一词出现在互联网动画论坛上的那一年，宫藤官九郎又推出了一部新作。这部作品将彻底消解继承自冈崎京子、《新世纪福音战士》等的郊区式绝望（即九〇年代的厌世观和问题意识）。

故事的舞台必然性地走向了更远的郊区。那就是千叶县的木更津市——一个即使在日本国内也因很早就开始了郊区化而为人所知的街区。在这里，〇〇年代后期最重要的作品诞生了。

接着，朝向“木更津”

偶尔，我也聊聊个人体验吧。如果被问到“什么时候切实感觉到九〇年代结束了”，我一定会这样回答:“看完《木更津猫眼》第一集的瞬间。”

宫藤官九郎“地名系列”的第二弹《木更津猫眼》首次播出时，收视率堪称凄惨。然而，这部作品与前作一样，以影碟化和重播为契机迎来了人气大爆发。2004年和2006年分别上映的续作电影也双双创下票房纪录。

作为代表〇〇年代的系列电视剧,《木更津猫眼》同时收获了十岁到三十岁的男女两性观众的广泛支持。但是,这部作品在批评领域完全绝迹,只得到了大塚英志在《角色小说的写法》(2003)中的盛赞。

下面还是先做内容介绍。主人公是二十岁的青年田渊公平,绰号“小渊”,在木更津商业街的理发店打下手。他没有固定职业,整天和高中棒球部的伙伴一起打棒球、搞聚餐。某天,他突然心血来潮,成立了怪盗团“木更津猫眼”。这群愉快犯*不断重复着无聊的盗窃。原本以为剧情会这样开展,结果在第一集的结尾,小渊告诉伙伴们自己得了癌症。

故事以分不清“戏谑”还是“真诚”的纤细、成熟,将怪盗团喜剧式的活力与小渊直面“死亡”现实的内心纠葛混杂在一起加以表现,最后以小渊的死落下帷幕。

在这个故事中,宫藤践行的是彻底的价值观翻转。从家里蹲–世界系到决断主义/幸存系的诸多作品,基本将郊区空间,也即单一的系统架构上林立着多样但能被替代的共同体的空间,作为“有物却没有物语”和“社会与历史不再提供生存意义”的绝望世界加以描写。如果借用冈崎京子和宫台真司的话,那么,这里存在的就是“平坦的战场”和“永无止境的日常”。耽溺于这种绝望和自恋的就是九〇年代后期的家里蹲式想象力(碇真

* 愉快犯,指借由犯罪行为引发人们或社会的恐慌,暗中观察人们的反应(害怕、窘迫、不快、不幸),以取乐为目的犯罪者。

嗣），作为其反面，如信仰犯[*]一般实施行动的就是决断主义式想象力（夜神月）。

然而，木更津是彻底的“郊区”。池袋街区中勉强存在的高聚合性，在这里已经遍寻不到。这是一个将自己的无聊人生怪罪于世界的绝佳场所。小渊既没有选择家里蹲，也没有选择决断主义。为什么？因为对于小渊来说，郊区绝不是绝望的空间。

没错，宫藤彻底推翻了“郊区 / 永无止境（所以满是绝望）的日常”的图式。宫藤描绘的是“拥有终结（所以充满可能）的日常”这一崭新的“郊区”图景。

在这个故事中，那个让冈崎京子绝望、让庵野秀明绝望、让佐藤友哉和泷本龙彦认为“生机勃勃却溢满绝望”的郊区，那个“有物却没有物语”的郊区，反过来被描绘成物语多到溢出的空间。

在故事一开头就宣布自己“余命半年”的小渊，选择将剩下的日子“普通”地过下去。

所谓普通，并非消极地接受无聊的日常，毋宁说是充分享用日常的丰富性。实际上，小渊之外的怪盗团成员和周边人物也都极具魅力。同伴们在朝阳下愉快地打棒球，在日常基地搞聚餐，到了晚上就变身怪盗团刺激地活动！就连追着小渊的饰演者冈田准一的女粉丝看完电视剧都感叹“我也想当男孩子”。这样的木更津简直就

---

* 信仰犯，指以道德、宗教、政治信念为动机，确信自己的行为属于正当并犯下罪行的罪犯，如奥姆真理教地铁沙林事件的实施者。

是乌托邦。

宫藤究竟为“绝望”的郊区施加了何等魔法，以至于能令其重生？答案很明确。因为宫藤比任何人都更准确地把握了“郊区”这一崭新空间的两面性，催生了足以弥补缺点的优点。

宫藤描绘的郊区的可能性，就是将《池袋西口公园》描绘的新中间共同体变成现实的可能性。怪盗团成员的关系在本质上很自由。他们反过来利用与历史的割裂，形成了乌托邦（中间共同体）。在这里，他们能够自由自在地连接，这是过去封闭的村落式共同体无法达成的关系。他们从代替历史的亚文化数据库之海中巧妙地进行引用，将日常装点得丰富多彩。怪盗团的魅力很大一部分取决于这种“似乎谁都可以参加”的共同体力量。看到这里，估计别扭的人就要说了："这种共同体是脆弱的，无法永远存在，不过是转瞬就会结束的东西。"

在此，本作的主题——死，也即小渊是一位只剩半年生命的癌症患者的事实，就具备了重要的意义。宫藤为了克服郊区型新共同体的脆弱性，导入了“死”这一要素。不，准确来说应该是通过直面“死”这一要素，宫藤得以重新积极地把握郊区。因为从冈崎京子到《新世纪福音战士》，再从世界系到决断主义，它们始终共享着一种认知，即我们伫立在对郊区的绝望（“永无止境的日常”）面前。这种认知只有当我们把目光从时间的流逝及其终结形态“死”上移开才能成立。

确实，现代性成长模式已经失效。既然历史和社会都无法提供方法，那么，我们只能像《海螺小姐》与《福星小子》中的角色一样，生活在与历史割裂的日常之中。以“永无止境的日常”这一世界观为根基的想象力，过于强调现代性成长模式的失效，而忽视了郊区型后现代状况的两面性。

从第四章讨论的宫台真司的转向中，我们能够明显看出，一方面，郊区化/后现代状况的发展令共同体层多样化，令其可以被替代，从而被相对化；另一方面，它也令系统架构层统一化、绝对化。“永无止境的日常”这一认知是一种仅仅注目前者而忽视后者的思想。即便像角色一样生存（与历史割裂着生存），我们也必须经历现实的时间，无法从“死”中逃脱。

宫藤注目于此而改写了“郊区”。小渊只剩下半年生命的设定，就是为了让这种现实显形。

而且，宫藤为小渊赋予的“死”，已经不是冈崎京子等人的作品中为了让“永无止境的日常”激起涟漪而导入的虚拟外部性（作为非日常的“死”）。宫藤的“死”完全存在于平凡的日常之中，作为终点，谁都必须切实地与之对峙。

小渊，以及生存于后现代状况/郊区空间之中的我们当下所面对的，并非“（与历史割裂，如角色一般生活着的）永无止境的日常”，而是“（即便与历史割裂，即便如角色一般生活着也依旧）拥有终结的日常”。

对这样的小渊（以及我们）来说，与怪盗团伙伴一起创造的记忆，是日常之中自主选择的共同体，即便它与历史割裂,也依然能够作为“无法替代之物（即物语）”发挥作用。因此，怪盗团的活动和恶作剧能够让人由衷地感到无比的快乐。只有直面“死”，郊区空间才能为自由选择的共同体赋予极高的强度。

也就是说，宫藤让“死”露骨地降临到了“如角色一般”生存的小渊身上，也让“终结”切实地降临到了看似生存于“永无止境的日常”的怪盗团成员身上。这样一来，始终与历史割裂而无法通向物语的郊区空间/后现代状况，其被旧有想象力忽略的两面性被重新捕捉到了。由此，优秀的“郊区小说”诞生了。

其中，到此为止都作为“永无止境（所以满是绝望）的日常”被把握的郊区型中间共同体创造的叙事，变成了“拥有终结（所以充满可能）的日常”。这种决定性的成就恐怕是〇〇年代前期亚文化史中最重要的事件。以九〇年代前期延续下来的“平坦的战场/永无止境的日常”这种郊区式绝望为基础的一系列想象力，因为宫藤的这部作品而完全成为过去式。如果世界让你感到无聊，最好思考一番这是否真的是世界的错。日常之中明明运转着无数物语，就看我们有没有握住它们的觉悟和意志。

作为临界点的“曼哈顿”

随后在 2003 年放映的《曼哈顿爱情故事》对宫藤来说恐怕是一部临界点式的作品。虽然标题中有“曼哈顿”，但故事舞台并不是纽约。如前所见，宫藤的“地名系列”重要的是具体地名要能够成为日常空间，至于故事是不是真的发生在池袋或木更津，并不重要。

这部作品的舞台是位于东京某个开业不到两年的咖啡馆。在附近的电视台工作人员经常聚集的咖啡馆“曼哈顿”，从常客到店员的八名男女（A：赤羽伸子，B：别所秀树，C：千仓真纪，D：土井垣智，E：江本诗织，F:船越英一郎,G:蒲生忍,以及主人公兼旁白的“店长”）展开了错综复杂的恋爱关系（大逃杀）。这部作品与宫藤的前两部作品一样，也以八〇年代亚文化为坐标系，加入了相当多的梗。

换言之，这里被描绘成了“不依靠历史而依靠亚文化的郊区共同体”。以这样的空间为舞台，A（赤羽）喜欢上了 B（别所），B（别所）一直单恋着 C（千仓），这位 C（千仓）又与 D（土井垣）维持着长达十年的婚外情，至于 D（土井垣）则迷上了最近约会的 E（江本）……故事的前半段讲述店长为了调解这样的恋爱关系而如何在暗中行动。

在这里运作的是一种相对化的超越性。聚集在曼哈顿的众人，一边孩子气地认真投入恋爱，一边又很容易变心喜欢上其他人。所谓“恋爱”,就是惧怕过剩流动性、惧怕郊区化的绝望人类，无比急躁地想要投入其中（做出决断）的事物。举例而言，以〇〇年代初期片山恭一的《在世界中心呼唤爱》为代表的纯爱浪潮和以渡边淳一的《爱的流放地》与美少女游戏《AIR》等从歧视女性的“占有”关系中解读出超越性的一系列作品，不就很流行吗?

然而，宫藤在本作中并未将“恋爱”处理为“无法替代之物”，而是彻底处理成“能够替代之物”。同样，身为主人公的店长拥有的“上帝视角”也被降格成“能够替代之物”。一直保持着上帝视角、作为登场人物的同时享有旁白者特权的店长,一开始作为客人恋爱关系（大逃杀）的调停者而行动。但到故事中段，他也被赋予了“H”的符号，卷入了恋爱关系网。没错，谁都无法从决断主义式的动员游戏 / 大逃杀中脱身。

这时，作品世界中导入了新的规则：上帝（玩家视角）/ 侦探角色也成了能够替代之物,随着故事的行进，F（船越）等其他人物也可以担当这一角色。

即便如此,宫藤也并未否定这种“能够替代的恋爱”。正如《木更津猫眼》中描绘的,“并非永恒的共同体”和“拥有终结的日常”正是因为有限性才得以确保自身的强度，宫藤描绘的恋爱也正因其有限性，才积极地呈现出了可能性。

这里的恋爱绝不拥有超越性。它是内在于日常，并且能够被替代的事物。即便如此，聚集在曼哈顿的众人（不论如何保持上帝视角）依然会恋爱。他们全力投入恋爱，为变心而困惑，被嫉妒搅动心绪。正是借由大量对这些小叙事兴致勃勃的消费，剧中人物的日常才显得丰富多彩、魅力十足，以一种肯定的方式被描写。

就像《木更津猫眼》中的（郊区型）共同体一样，宫藤将“恋爱”作为“即便能够被替代也依然能俘获人心的事物”和“即便不通往超越性，也依然能够赋予人类物语（令日常变得丰富）的事物”重新提出。宫藤在这部作品中所做的，是将恋爱从非日常放回到日常。

不过，作为补充，我也必须说明，《曼哈顿爱情故事》是宫藤的“地名系列”开始在商业上陷入困境的作品。尽管同一时期的人气作品《白色巨塔》（2003）的影响被认为是《曼哈顿爱情故事》陷入收视率泥沼的最大原因，但挑战将恋爱当作“能够替代之物”这种激进主题，实际上，引起了观众近乎生理性的抗拒，电视剧画面萌生出近乎带有强烈恶意的压迫感。

我当然对这种挑战抱有正面积极的评价，但显而易见，这种激进性限制了本作获得共鸣的可能。

然后，朝向传统共同体

接下来的《虎与龙》（2005）虽然从标题中抹掉了

地名（作品的标题来自 Crazy Ken Band 的同名曲），实际上却是最依赖“街区”舞台的作品。

这次的舞台是浅草，黑道成员山崎虎儿突然被落语的魅力吸引，拜入古典落语泰斗林屋亭屯兵卫门下当弟子。本作的每一集都是从古典落语的剧目开启故事，高潮段落则为虎儿坐上高台以落语的形式讲述充满谜题的事件。这种凝练的结构掀起了热议，使本作成为平均收视率 12.8% 的热门作品。

然而，本作削弱了《木更津猫眼》与《曼哈顿爱情故事》中展现出的郊区化，以及紧扣过剩流动性的创作野心。舞台也设定在浅草这一拥有浓厚历史与文化底蕴背景的街区。剧中，主人公虎儿被描写成孤独的孤儿，依靠落语这种古典教养与残留在浅草下町的深厚人际关系，组成了模拟家庭关系，渐渐被治愈。

前两部作品由亚文化及高流动性共同体支撑。与此对照，本作意外地描绘了现存的反郊区空间中横纲相扑式的竞技赛（即淘汰晋级模式）。《虎与龙》恐怕也是宫藤“地名系列”中完成度最高的作品。本作不像《池袋西口公园》《木更津猫眼》及《曼哈顿爱情故事》那样结构混乱，而是一部无懈可击的作品。但反过来，本作也没有像《木更津猫眼》那样得到粉丝的狂热支持，也没有产生《曼哈顿爱情故事》那样的压迫感。

我从中看出了宫藤的局限。从克服决断主义的观点来考察，宫藤提出的建议就是积极地捕捉《木更津猫眼》

和《曼哈顿爱情故事》中的过剩流动性，兴致勃勃地享受“拥有终结的日常”，并止步于这一模式。

宫藤在接下来的故事中之所以以浅草为舞台，是因为关于“郊区”这个话题，无法再得出超出前两部作品的结论，对此，已经不存在更多可供言说的观点。这种“转向”之后，宫藤接连将舞台设定在《吾辈是主妇》（2006）中的西早稻田与《舞妓哈哈哈》（2007）中的京都，两者都是拥有厚重历史的传统街区。这些作品全都取得了商业成功。

《木更津猫眼》的续作电影《木更津猫眼·日本篇》（2003）和《木更津猫眼·世界篇》（2004）也出现了朝传统共同体的转向，这在后者中展现得尤为明显。

但在宫藤转向后，并未出现超越《木更津猫眼》和《曼哈顿爱情故事》这两部作品的“郊区小说”。宫藤官九郎仍可以被视为〇〇年代前期最重要的作者。

可是，宫藤的问题意识依然将大逃杀视作背景，处理着后现代状况的发展和郊区化。如此说来，这是一种“不要成为”碇真嗣及夜神月的想象力。也就是说，这并不是能让已经变成真嗣和月的人们恢复正常的想象力（虽说这也是它的本质所在）。

那么，在当下，怎么做才能阻止夜神月呢？

下一章，我们将考察另一位坚持真诚面对当代课题的作者——木皿泉。

注 释

1 针对“为了减少发信人与收信人之间的误会而产生交流的社会性（即秩序的社会性）”，社会学家北田晓大提倡“以交流的事实为交流本身，产生（以交流这个动作本身为目的的）交流的社会性（即连接的社会性）”。在连接的社会性中，受重视的并非“交流的意义、内容和信息”，而是“感性的充沛度及形式上的做法”。具体而言，用手机发送信息时，不论交流的内容多么稀松平常、毫无特色，“发送信息的事实”都可以作为计算亲密度的指标；在社交网络系统中，某用户在自己的日记下留言，本身就可以被解读为“得到了对方的注意”，所以留言本身就已经是目的。

2 过去的 J 文学，形象地说，是由并不受涩谷这种“郊区化”浪潮影响的强大历史性和凝聚力所支撑起来的“都市”文学。因为 1995 年以后郊区化逐渐彻底化，都市文学必然一步步走向衰退——结合上述现实来看则更容易理解这种说法。可以说，石田衣良和宫藤官九郎是最早端出“郊区文学”的作家。这种对“郊区”的积极解读，或者说对“都市”进行“郊区化”的解读，也在 2004 年前后的绵矢莉莎和金原瞳热潮中有所体现，被岳本野蔷薇的《下妻物语》（2002），古川日出男的《LOVE》（2006）以及《Haru、Haru、Haru》（2007）等许多年轻作家的作品所共享。批评家仲俣晓生将这种“都市小说”和“郊区小说”统称为“流行文学”。然而，如上文所述，这两者依托于完全不同的背景。可以说，他的分类方法忽视了都市与郊外之间的本质对立。

08

两个“野猪”之间

——木皿泉与脱离动员游戏的可能性

解剖决断主义式动员游戏 / 大逃杀

本书将决断主义设定为关键词，考察了形塑○○年代作品的想象力之变化。位于这一语境中的决断主义，究竟是什么呢？决断主义，即针对七○年代后阶段性发展的后现代状况，尤其是针对日本在1995年和2001年实现了巨大进展的后现代状况进行回应的想象力，也即将“后现代价值观的悬置在原理上无法成立（如此将无法存活，无法获得意义）”作为前提接受，采取“即便毫无道理，也要选出特定价值（做出决断）”的态度。这已经成为无法避免的条件，是身处后现代状况的我们如要持有主张就必然会选择的态度。因为“什么都不主张”本身，对于人类的存在来说是不可能的。

如果要保证“即便毫无道理也会被选择的价值”具有正当性,就需要取得政治性的胜利。因此,在当代社会,林立着决断主义者之间的对抗游戏。这便是决断主义式的动员游戏 / 大逃杀。

在这种情况下，弱者会不自觉地逃入其中，强者会为了动员他人而以信仰犯的姿态选择核心价值并参与游戏，他们有时作为玩家，有时则成为设计者构建游戏规则。既然“什么都不主张”对于人类的存在来说不可能，那么，这场游戏就不可避免。

如前所述，以日本的小泉结构改革与美国多地同时爆发的恐怖事件为契机，很多叙事都选择将这种决断主义式状况设定为主题。当代想象力直面的课题，除了克服决断主义之外，别无其他。

在第一章中，我将《死亡笔记》视为〇〇年代决断主义的代表作。这部作品的主人公夜神月，将 1995 年之后过剩的流动性，也即将“生存于不知究竟何为正确的世界中”作为前提,认为真正的价值是由大逃杀（游戏）的赢家通过政治性支配来暂时决定的。换言之，夜神月抱持着“取得政治性胜利的人来决定何为正确”的价值观展开行动。

然而，信奉夜神月的大众（基拉信众）又如何呢?确实，他们惧怕“不知究竟何为正确的世界（过剩的流动性）”，强行选择了名为“基拉 / 夜神月”的核心价值。

从这一点来看，他们是决断主义者。但他们对于“取得政治性胜利的人来决定何为正确”的游戏结构相对缺乏自觉。

从小泉纯一郎的媒体战略和汲取文化研究源流的社会运动逻辑中，我们也可以看到相同的结构，从中不免解读出决断主义式大逃杀的基本特征——在这里，对游戏结构抱有自觉的强力玩家 / 元决断主义者，通过动员无自觉的弱小玩家 / 决断主义者，构建出共同体（岛宇宙），对自己岛宇宙的动员游戏则促成了大逃杀。

此处的重点在于，并不存在明确区分元决断主义者与决断主义者的标准。区分两者的关键在于是否对游戏结构抱有自觉,但这种自觉的有无,即判断“反讽或正统”本身就不可能，两者的界限是互渗的。譬如历史教科书运动，尤其是早期的小林善纪，又在多大程度上对游戏结构抱有自觉呢？恐怕连他本人也无从知晓。就连夜神月也是，即便他顽固地信奉着自己的意识形态，也只是因为将一种冷酷的信念（为了让自己的意识形态适用于世界就必须取得政治性胜利）当作了前提。

既然无法在原理上明确区分“反讽或正统”，那么，我们可以这样理解：越是优秀的决断主义者，就越是对游戏结构抱有自觉。

前文已经论证，不论何种类型的〇〇年代想象力，都描绘了这种决断主义式的动员游戏 / 大逃杀。但是它们对决断主义式大逃杀的描绘，大体来说都并非肯定性的，反而将其刻画为应该克服的对象。

可称滥觞之作的《无限的未知》和《大逃杀》，以及后来的《真实魔鬼游戏》和《龙骑》等作品，虽然全都展示了决断主义式的世界景观，但也蕴含着对强化了暴力连锁之系统的批判。这一点尤为重要，《死亡笔记》和《反叛的鲁路修》等作品也是如此。

这些后期作品一边将主人公设定为强有力的决断主义者，一边让故事在恶棍罗曼司的结构下展开，作品本身就以克服主人公 / 决断主义者为志向。幸存系的历史，可以说是将决断主义作为前提接受下来并谋求克服的叙事所构成的历史。

如此思考就会明白一个重要问题。较为早期的作品，如《无限的未知》《大逃杀》的主人公都是为了应对状况，为了“活下去”而不得不做出决断的（正统）决断主义者。与此相对，诸如《死亡笔记》的夜神月、《反叛的鲁路修》的鲁路修、《诈欺游戏》的秋山等作品中的角色则是对游戏结构本身抱有自觉的（元）决断主义者。

如果想调停决断主义式的动员游戏 / 大逃杀，（无自觉）的决断主义者就连对强化对抗的系统唱反调都不可能。因为他们对游戏的结构缺乏理解，无法对抗（元）决断主义者的动员。打个比方，〇〇年代前期，谁都无法战胜小泉纯一郎的主要原因就在于此。如果不考虑“夜神月、鲁路修等自觉的强力玩家动员了无自觉的玩家进行对抗”这一模式，对决断主义的理解就算不上充分。

因此，后期幸存系作品《死亡笔记》《反叛的鲁路修》与《诈欺游戏》都将游戏的关键人物设定为（元）决断主义者。这种理解可以被视为幸存系在“克服决断主义”主题上的发展成果。将大逃杀理解为“同时具备游戏强力玩家与规则设计者身份的（元）决断主义者的动员游戏”，是跨越决断主义的前提之一。

本章将准确地表现出“（元）决断主义者的动员游戏”结构，并以在〇〇年代前期的年轻受众中获得了巨大支持的作品为素材展开论述。

那就是白岩玄于 2004 年出版的青春小说《野猪大改造》，以及由编剧木皿泉根据该作改编的电视剧版。

能被改写的“小世界”
——《野猪大改造》所描绘的事物

第二章中也有论及“角色”（character）一词，在当代，这个词语以一种非常奇妙的方式被使用着。

日本进入〇〇年代以后，开始固定将在教室、办公室或家庭等特定共同体之中形成的对某人的共识印象称为“角色”。这里的“character”当然源自称呼故事登场人物的“角色”。这种“和制英语”能够成为固定用法，表明了如下思考方式开始在社会中广泛渗透：小共同体

（家庭、学校、朋友关系等）度过日常时间的场所被解释为某种类似“故事”的东西，在其中被赋予的相对位置则被解释为“角色”一样的东西。

为什么这种意识能够渗透呢？一言以蔽之，是因为社会流动在这十年间加速了。以网络社群为例，我们就很容易理解。在职场一直都不怎么有人气的女性，在男性众多的兴趣圈被捧为唯一的“公主”；在学校班级一本正经的优等生，在私塾的伙伴面前却能随便开玩笑——这种事早已见怪不怪。可以说，过去村落式、商店街式共同体的崩溃（郊区化），以及通过网络和手机的普及表现出来的交流选择多样化，决定性地巩固了一种思维方式——将至今为止都被视为“无法抹去的个性”的那部分东西解释为“所属共同体赋予的位置/角色”的思维方式。

如果将上述说明中的“角色”置换为“核心价值”，那几乎就是决断主义了。这样说不够清晰，其实我们在直面决断主义式动员游戏/大逃杀时，更为切身的情况是置身于日常场所的“小共同体”之中，围绕“角色”展开斗争。

《野猪大改造》就是对任何人或许都曾体验过的学校这一“小共同体”中的大逃杀进行描绘的作品。

主人公是男高中生桐谷修二。他作为班里的明星，在教室中享有君临天下的权力。身为班里的中心人物，他能够轻松愉快地生活，自然有他的理由。虽然只是一名高中生，但他已经洞察了当代交流模式的本质特征：在决断主义式动员游戏 / 大逃杀中，他既是自觉的玩家又是设计者。

当代的学校是强行将信奉不同事物的人塞进同一个箱子的场所。学生在教室这一共同体内根据相对位置被赋予“角色”，就像故事中的主角与配角、正面人物与反面人物，被赋予的位置 / 角色决定了一切。

大部分学生都毫无自觉地接受了这种结构，为了守住自己的身份而做出回应（决断主义）。但角色其实只是教室这种小共同体内的相对位置罢了，这也意味着它可以被改写（替代）。没错，修二作为（元）决断主义者，可以在一定程度上控制（创造）这个以教室为舞台上演的游戏（状况）。

于是，这样的修二在故事中为了确认自己的能力，而将被霸凌的转校生信太（被称为“野猪”）改造成了受欢迎的明星学生。修二活用了作为（元）决断主义者的能力，让信太这个角色不断做出有魅力的表演。但在故事结尾，修二因为一些小失误而失去同学的信任，即使拥有实力却依然被逼到无法“收复失地”的地步，这导致他最终自行离开了学校。

在这部作品中，白岩玄同时给出了决断主义的可能性与危险性。小世界被改写的可能中，既存在着世界的可能性（信太被改造成功），也不乏危险性（修二的没落）。

白岩是在通过自觉的决断主义者承受自身暴力性报复的结局，向读者传达了上述现实认知。

这部作品既是优秀的现实性故事，同时也承认了在克服决断主义课题上的某种失败。这一点，在同样以“霸凌”为主题的末延景子的《人生》和夜神月虽已失败但连锁暴力并未停止的《死亡笔记》中也可以看到。围绕决断主义的想象力，在将主题设置为“克服”的同时，越是对游戏结构抱有自觉的后期作品，就越容易放弃提出替代方案。仅此一点，就说明要克服决断主义是极其困难的。描绘无自觉决断主义者生存竞争状况的《无限的未知》和《大逃杀》，维持着对动员游戏的不理解状态，仅仅展示了完全不对系统进行打击的决断主义厌恶。与此相对，越是对游戏结构抱有自觉的后期作品，就越是落脚在现实认知和提出问题上。

然而，真的不存在能够克服决断主义式动员游戏/大逃杀的方法吗？当然不是。我至少可以举出一位，不，两位，准确说来应该是“合二为一”的一组作家，他们对这个课题发起了正面挑战，并且提出了极具魅力的模式。他们同样描绘了桐谷修二这位主人公，却成功给出了与上述原作完全不同的答案。

冗长的导论结束了，我终于可以进入本章的正题了。这位作家就是在2005年播放后引发热潮的电视剧版《野猪大改造》的编剧组合——木皿泉。

《西瓜》与木皿泉

“木皿泉”是由一名男性（1952— ）和一名女性（1957— ）组成的双人编剧组合。出道初期，两人主要活跃于关西，通过《果然还是喜欢猫》等作品成为情景喜剧界的名写手，当时只在一部分粉丝中拥有知名度。不过，2003 年在日本电视系列中放送的电视剧《西瓜》，尽管收视率惨淡，却在电视剧迷中收获了很高评价，最终夺得第二十二届向田邦子奖。

这部《西瓜》同样是〇〇年代亚文化史上极为重要的作品。九〇年代后期的“家里蹲 / 心理主义≈世界系”向〇〇年代前期“决断主义 / 幸存系”过渡的时期，严格说来，还出现过治愈系作品流行的现象。

坂本龙一的《URA BTTB》（1999）、冈田惠和的《她们的时代》（1999）与《水姑娘》（2001）、高桥奈月的《水果篮子》（2001）都是例证，《西瓜》也可以视为这一脉络上的作品。

故事的舞台是一幢小出租公寓“幸福三茶”。女主角早川基子是“得过且过”的单身女职员，在信用金库上班，也就是所谓的“败者组”女白领。她抱有“永无止境（所以满是绝望）的日常”式的价值观，丧失生存意义，毫无活力。

以职场唯一的朋友“马场酱”挪用公款事件和与母

亲的冲突为契机，基子离家出走，成了幸福三茶的租客。基子与漫画家龟山绊、大学教授崎谷夏子等充满个性的各类人物产生了友情，通过与她们之间的无聊互动，重新发现了日常的丰富多彩。

> “知道吗？1999 年，地球就会毁灭。”
>
> “不知道，怎么会有这种事。”
>
> “诺查丹玛斯说的啊，都初中生了还不知道。”
>
> “肯定是假的啊。”
>
> “才不是假的，大人们也这么说。（莫名一口赢了的语气）听说，大家都会死掉哦。”
>
> “大家？这家伙也，那家伙也，所有人？”
>
> “这家伙，那家伙——所有人！”
>
> （中略）
>
> 二十年后的 2003 年，夏天，地球还活着。
>
> ——《西瓜》第一集《逃跑的女人，煮干的女人》

《西瓜》描绘的是大审判没有到来的世界，也就是冈崎京子“平坦的战场”和宫台真司“永无止境的日常”。世界永远不会迎来末日，只有“有物却没有物语”、遍寻不到“生存意义”和“生存价值”的枯燥无味的每一天——基子厌倦了这样的日子。

然而，木皿泉写出了令这样的基子察觉到世界绝不无聊的故事。

基子被榨干并不是因为世界无聊，而是她无法从世界、日常，以及人与人的交往中感受到意义与物语，她自己也不想主动行动。

但搬入幸福三茶后，基子在日常生活之中，平静、淡然、不知不觉地确定了一件事。是什么呢？那就是日常生活本身就是与死亡的对峙，就是一种物语。乍看之下，《西瓜》是个什么都没有发生的日常故事。然而，她们在这样的日常中，时而面对死亡，时而思考爱。对，这里既不是平坦的战场，也不是永无止境的日常，这里是“拥有终结”的日常，是满溢着物语的空间——幸福三茶是一个从社会和历史中脱离的封闭世界。正因如此，在这里，人们才能与宏大叙事已经隐没的日常叙事及其延长线上的生死对峙。

对，正如上一章我论述的《木更津猫眼》所描绘的“木更津”，《西瓜》中的幸福三茶也是“拥有终结（所以充满可能）的日常”的舞台。

只要我们活着，就会接触叙事。只不过，习惯了从世界那里得到叙事的我们，已经忘了自己寻找叙事的方法。毋宁说，或许正因为失去了宏大叙事，我们才想起来要在小叙事中生存。

《西瓜》最后一集的标题是“她们告别的原因”。这一集描写了基子与马场酱短暂的再会与告别。

马场酱是无法忍受“永无止境的日常”的另一个基子。故事的开头，为了从毫无变化的平坦的战场，从世界无法给予叙事的日常中逃离，马场酱从公司卷走三亿日元后消失了。

厌倦了逃亡生活的马场酱，出现在了唯一的朋友基子面前。

她向基子发出邀请。“我们两个人，到没有人认识的地方一起生活吧。”马场酱催促基子做出选择。一只手拿着飞往遥远异国的机票，一只手拿着准备晚饭的购物小条——基子选择了后者。马场酱对基子说，在逃亡生活中，自己很长时间都没见过梅干核，一看到就哭了出来。

> 吃完早饭，碗里剩了一颗梅干核——什么嘛，这就是所谓的爱，所谓的质朴吗？啊，生活就是这么回事啊。想到这里，我就哭了出来。
>
> ——《西瓜》第十集《她们告别的原因》

看到梅干核，马场酱想到的是，如果自己也能拥有这种心情，就能从普通日常中拽出无数“物语”吧。

重要的是，木皿泉明确刻画了这样的乌托邦所拥有的“终结”。

故事淡然地描写了教授崎谷夏子离开幸福三茶的那天，宣告了终结。

故事最后的台词，安排的是基子和马场酱的对话。没有被基子选择的马场酱深深叹了口气说道：“又要开始差不多的一天了。”基子回道：“马场酱，是虽然差不多，却完全不同的一天。”[1]

木皿泉的挑战——向着另一个“野猪”

接下来，我们将讨论的是电视剧版《野猪大改造》，这是木皿泉表现〇〇年代决断主义的作品，也是以日常中的小叙事为路径与白岩玄的原作对峙的作品。

宫藤官九郎已经通过在日常内部放入（或重拾）“死亡”，令“平坦的战场/永无止境的日常”这一价值观失效了。和他一样，木皿泉也是选择在日常内部建构叙事的作家。

但交到两位编剧手上的少年桐谷修二，要直面“死亡”还太早。他既不能像小渊一样遭遇生老病死，又没有像基子一样枯竭，相反，他是个强力决断主义者，是享受着动员游戏/大逃杀的少年。

木皿泉在电视剧版中肩负的使命，就是拯救这位在原作小说那永无止境的大逃杀中被耗尽、即便遭遇失败也无法脱离游戏的少年。

沉迷于小聪明，陶醉于自我权力，渺小又足够优秀的（元）决断主义者，究竟会如何着陆呢？让我们循着电视剧剧情加以说明。

电视剧版的修二依然作为班里的中心人物君临天下，

作为控制状况的优秀（元）决断主义者登场。与原作一样，修二为了验证自己的改造能力，为了“充实青春”，而向转学第一天开始就被严重霸凌的信子（被称作“野猪”，在电视剧版中被设定为少女）伸出援手。但与原作不同的是，电视剧版为修二添加了一名在游戏中共同战斗的伙伴。巧的是，木皿泉本身也是“合二为一”的作者，他们给电视剧版的修二塑造了一个名为“彰”的伙伴。这样一来，原作中的“解救与被救”的二人关系，就被描绘成了修二–彰–信子三人的“改造”小组 / 共同体。

随着故事的推进，这个共同体因其有限性而开启了可能性，进化为《木更津猫眼》式的共同体。

在第一、二集中，故事展现了修二发挥才智对信子进行“改造”的过程，但在接下来的第三、四集中，修二开始对自己的存在方式产生疑问。在相当早的阶段，木皿就在故事中挑明了决断主义的问题。在描绘文化祭的第三集，修二意识到，比起改造信子、控制游戏，在游戏中与彰、信子共同度过的时间（正因其有限）才是支撑自己的事物。接下来的第四集则描写了修二的变化，不惜舍弃自己的人气地位也要将信子救出困境。随着故事进行到中段，修二作为强有力的决断主义者，就算顺利地推进游戏也无法获得满足，于是，他察觉到了自己的空虚。

此处，木皿泉提出要克服决断主义，就要提供即便赢得游戏也无法获得的东西。要让玩家在赢得动员游戏、成为小叙事支配者的同时，意识到这一叙事可以被替代的空虚。如果原本就是对“将毫无道理的事物消化、接受、选择”的决断主义抱有自觉的玩家，就更会如此。

这并非让某个随着小叙事 / 共同体的终结一并消散的“角色”获得认可就能够实现的，而是要让只要自己的生命仍然存续就必须面对的“存在”浮出水面。为此，木皿采取的方法论，不是去否定修二的决断主义，而是将其更坚决地贯彻到底，从而暴露出其中的局限。

在电视剧版《野猪大改造》的前半段，修二是个彻底的决断主义者。与在一定程度上相信自己意识形态正确性的夜神月相比，修二恐怕是个更彻底的决断主义者，在他看来，世界上的一切事物（价值观）都可以被替代、被改写。以这样的世界观为基础，他已经不满足于只控制自己，甚至要控制他人的人生。结果，他察觉到了自己即便拥有力量也无法改写、无法替换的存在。这部作品的结构就是如此。

第五集的“恋爱”和第六集的“货币”等考察对象，迫使修二一一辨认哪些是取得游戏胜利就可以替换的事物，哪些又是即便取得游戏胜利也无法得手的事物。这就是迟早会步入死亡的日常，是我们绝对无法从中逃离的、最终也是最大的叙事。

第七集，修二自己明白了：“我是个寂寞的人。”

在动员游戏 / 大逃杀中得到的认可，是对“是什么/不是什么”这一自我形象/角色的认可。修二的实践证明了,这种“角色”不论有多少都能被改写、被替代。

然而,通过“做什么/做了什么”这样的行动构建的交流,能够催生无法替代的关系性。修二在参与动员游戏/大逃杀战斗时察觉到:这个改造小组正是自己第一次获得的关系性共同体/不可替代之物。

身处公共性已经无法给予个人生存意义的当代社会,这种关系性的构建场所绝不是以历史或社会为根基的事物,而是日常。它实实在在地延续至死亡,是最大且最终的叙事。我们终会衰老,在以死亡为终点的人生中,我们将无数次不可避免地参与动员游戏/大逃杀,但是当一场游戏结束,哪怕我们在其中扮演的角色会消散,我们的生命也不会消散。

彻底对游戏抱有自觉的修二,明白了存在着仅靠赢得动员游戏/大逃杀无法获得的“不可替代之物”,或者说,因为在“改造”作战中与一起战斗的彰等人建立关系,修二开始想要获得“不可替代之物”。

木皿泉没有否定决断主义是无法避免的。因为这是将后现代状况(郊区)的高流动性理解为可能性和希望时不可或缺的条件。电视剧版的桐谷修二,正因为是一名彻底的(元)决断主义者,才能够(通过这种身份)明白世界上存在着即便赢得胜利也无法得到的事物。

这部作品是决断主义者修二的成长故事。不过,修二的成长并非提高了作为决断主义者的能力。正如打败夜神月的尼亚没能阻止暴力的延续，批判新历史教科书编写会的自由主义者到头来也只能把其他伪史强加给孩子们，这些方法都无法克服决断主义。

木皿泉赋予第二个修二的可能性，不是改变角色、赢得游戏，而是改变操纵角色的自己，将目光投向在底部支撑着无数林立游戏的根基性事物。那是绝对无法摆脱的生殖关系，是家庭，其终极形态就是自身的"死亡"。

也就是说，电视剧版的《野猪大改造》提出了另一种可能性，即通过参与"无限且能被替代"的决断主义游戏，获得即便在这样的游戏中获胜也换不来的（有限却无可替代的）关系性共同体。

摆脱大逃杀的可能性

故事的结尾与原作一样，修二被永无止境的游戏耗尽，出现了失误，失去了同学的信赖。但与原作不同的是，修二被彰和信子两位同伴的存在拯救了。最后，三人一起，与一系列信子霸凌事件的幕后黑手、修二改造计划的妨碍者——少女苍井霞——展开了对决。

苍井霞简直就是"另一个桐谷修二"。正如《西瓜》最后一集让基子与具有同样缺陷却没有得到幸福三茶式共同体的马场酱对峙，在《野猪大改造》中，木泉皿也安排了修二与具有同等能力的决断主义者、能够控制教室状况的苍井进行对决。修二三人组与苍井的对决以后者的失败告终。或者说，苍井坦白了自己嫉妒拥有相同能力、抱有相同决断主义世界观的修二能够与彰、信子构建起丰富的关系，所以她自暴自弃、自我毁灭了。

苍井虽然能够杀死修二的“角色”，却无法摧毁不因角色承认而因对关系的信赖所构筑起的改造小组。

苍井霞抱有的失落，既不高深，也不特别。无非就是《伊索寓言》里的“吃不到葡萄说葡萄酸”。苍井之所以会憎恨修二三人组，完全是出于“羡慕”。

就像《西瓜》中的马场酱一样，本来，在谋求与日常这种向“死”而立的、最大且最终的叙事对峙时，只有胆怯者才会因为被无法得到的事物伤害，转而宣布（尽管毫无根据）“自己是只满足于非日常的浪漫主义的特别人类”。他们借此保护自己的自尊。但是，他们需要的绝不是“非日常的浪漫主义”，也不是“超越”，而只是舍弃臃肿的自我评价，以及坦率面对自我欲望的谦逊。这绝非不幸，甚至可以说是我们被赋予的最大可能性之一。

在电视剧的最后一集，修二来到了下一个舞台。

木皿泉描绘的共同体绝非永恒不变。不以对角色的认可，而以关系性和由此积累的信赖建构的新共同体，其中也必定包含误配及终结。正因包含误配及终结，这样的共同体才能确保不被替代。

与原作不同，修二转学是因为父亲的工作状况。站在新游戏的舞台（学校）前，修二笃定地说："不论在哪里，我都能活下去。"这当然不意味着，修二成了不论在怎样的游戏中都能够取得胜利的最强大的元玩家。正因修二理解了游戏的局限，他才能在游戏之外获得存在价值。这才是"不论在哪里，我都能活下去"的方法。

最终，原作者白岩玄指出，木皿泉用"做得到"的方法讲述了自己只能用"做不到"的形式叙述的故事，给予了新作最大的褒奖。《野猪大改造》正面迎战了"克服决断主义大逃杀"这一各种领域的作者都不断挑战的课题，并提供了极具魅力的解决模式，值得与《木更津猫眼》并列为〇〇年代最重要的作品。

然后，为了软弱的我们——《七彩音和若波》

木皿泉在《野猪大改造》中提出的决断主义克服方式，是修二这样的（元）决断主义者，也就是能够积极参与游戏的人物拥有的逃脱模式。正如将家里蹲–世界系不加否定地作为前提接受的做法，孕育了通过前提化来克服家里蹲–世界系的决断主义 / 幸存系，木皿泉的模式也近乎是"通过彻底践行决断主义（元叙事化）而力图克服决断主义"的极端正面对决法。

不过，这可以说是为夜神月（自觉的玩家）开出的处方，并不是为基拉信众（无自觉的玩家）开出的处方。像《野猪大改造》的修二那样，通过贯彻决断主义而察觉到其局限（外部）的模式，最终必须以玩家的谦逊所开拓出的知性为前提才能发挥作用。

打个比方，同样是《野猪大改造》，苍井霞就只为了保全自身和发泄怨恨而使用作为决断主义者所拥有的强大能力，最终只能凄惨地自我毁灭。太过依赖玩家的自发性，是电视剧版《野猪大改造》提供的决断主义克服模式的弱点。

因此，《七彩音和若波》（2007）便可以视为木皿泉挑战这一“遗留课题”的作品。这部电视剧的主人公少女二湖不具备修二那样的才能，只是一个平凡的决断主义动员游戏玩家。

故事开头，厌倦了教室的大逃杀，为了掌握自己与世界的距离，为了寻找容身之所，看起来像初中生的少女二湖徘徊于街头，突然开始环视周围的小路。她的右手边是新型宗教设施，左手边是约见应召女郎的电话俱乐部。将本书读到这里的读者，应该很容易察觉两者分别象征了什么。

前者让人联想起奥姆真理教，它提供的是自我形象 / 角色被认可的路径，象征的是从世界系延续到决断主义的路径；后者象征着力求建构交流和关系性的路径。就像早川基子没有选择飞往国外的机票，而是选择了晚饭的购物小条，二湖也选择了后者。结果，她邂逅了御宅族青年若波与神秘组织“地藏堂”的成员。随后，二湖作为组织的间谍展开活动，踏入了教室（大逃杀）的外部世界。二湖经历的冒险和麻烦，归根结底，都是在普通日常与人际关系中开展的“小冒险”。不论多么着眼于“外部”，都无法将叙事从日常中拽出。正是因为深入内部，叙事才得以成立。

修二从故事开端就作为强力决断主义者活用自己的能力参与游戏，最后在游戏外部获得了支撑自己的强力共同体。与他不同，只能作为平庸的决断主义者生存于世的二湖，极为迟缓、愚钝。她的某些错误选择，甚至会害死重要的人。然而，二湖承受着这份愚钝和罪恶，活了下去。只能作为平庸的决断主义者而生存的我们，只能承受决断主义蕴藏的暴力和罪恶，承受这份责任带来的伤害，一点点从中捡拾起掉落的碎片，朝向无法被游戏回收的关系性而生。虽说这一模式并不如《野猪大改造》那样强而有力，但可以说是软弱的人类（比如苍井霞）也很容易接受的模式。

理所当然，故事最后描写了二湖与若波的离别。正因其并非永恒，所以才携带着无法替代的价值。这是充满木皿泉信心的美学所结出的硕果。可以说，这是名为可能性的离别，是名为希望的断绝。

只要还在追求对“是什么”这一自我形象 / 角色的认可，我们就永远无法寻求这样的共同体 / 叙事。对角色的认可，会在解除的瞬间消散。因为，我们为了将有限的共同体变为永恒之物，而选择了名为决断主义的暴力。

然而，对“做什么”这一关系性的信赖，在共同体消散后仍将存续。

二湖与若波的离别，绝不是被过度渲染的戏剧性时刻。当地藏堂的间谍活动结束，总觉得没有了见面必要的两个人，渐渐也就不见面了，最后彻底断了联系。

或许，二湖与若波对彼此而言，也都是平凡无奇的存在。或者恰恰相反，正因为两人信赖强韧的关系，才会“不知不觉不再见面了”。

为什么？因为二湖和若波并不处于相互认可对方角色的状态（相互依存），而是建构了其他连接。他们之间完全不存在每天见面、互相确认、认可角色从而“占有”对方的必要。

两人拥有的是一种“没什么”的关系。如果要发生恋爱关系，他们的年龄差太大，恐怕更接近一种模拟性的父女关系。作为兄妹，一起生活的时间又不够。木皿在剧中将两人间这种暧昧而灰色的关系，表现为“友情”。这样的关系绝无可能通过承认“是什么 / 不是什么”式的自我形象 / 角色而获得。它是“做什么 / 做了什么”的交流结果，会定型为对两个人来说都合适的状态。

友情，一种位于暧昧的灰色地带，同时毫无参照、异常精彩的关系。试着这样理解吧。怎么样，这难道不是最棒的结局吗？

注 释

1 佐藤友哉在《灰色健怡可乐》(2007)中有过如下叙述:“再过6个小时,今天就结束了,毫无变化的明天又会如约而至。”这种思维就是等待世界赋予叙事这种天真想法的产物。这种思考路径无法理解已经被破坏的现实,是感受力低下的产物,所以,我也想如此回应:“友哉酱,是虽然差不多,却完全不同的一天。”

09

作为解构者的吉永史

——远离二十四年组

决断主义孕育出的共同性暴力 / 为了对抗暴力

通常，在决断主义时代，围绕着复归性选择的核心价值会形成小叙事 / 共同体。在这种情况下，“因为自己是 × × 样的人，所以肯定（否定）× ×”的思维模式被正当化，排他性也被正当化了。

比如，为保护九〇年代前期的清高系亚文化*氛围而形成的下北泽再开发反对运动，以及 2007 年 6 月举行的、因对批判势力有组织地制裁而引发议论的“秋

* 清高系亚文化原文为“スナップ系サブ・カルチャー”（snob 系 sub-culture）。“snob”是东浩纪在《动物化的后现代》中引用的概念，源头为科耶夫的《黑格尔导读》中的“snobbism”。“snobbism”原本用来形容对精致文化和优雅格调的追求，是科耶夫用来与美国消费文化形成对立的概念，在东浩纪的挪用中增加了“自命清高”的意义。此处宇野使用的是东浩纪意义上的“snob”，我们可以理解为自命不凡和清高。

叶原解放游行”骚乱，都是决断主义时代的典型产物。

下北泽文化左翼们创造出“乡愁的权利”这个新词，称不同文化圈的人们所共同居住的街区最适合某个特定文化群体的居住者，还毫不忌惮地将此种做法视为“权利”；一部分势力面对不赞同自己逆向歧视式自恋的人，不惜掀起直接冲突，展开解放游行。从他们的行为之中，我们能解读出对“因为自己是 ×× 样的人,所以肯定（否定）××”这种复归性共同体的强烈依赖。由此，他们陷入了绝望的视野局限，转而支持排他性理论。

新历史教科书编写会也好，前文列举的各种运动也罢，参与其中的都是不自觉的决断主义者。他们在以下主张上达成了一致：无关左右意识形态，他们都将自己视为受害方，因此，为了保护自己的共同体而将排他性理论（改造成自由的理论）正当化。这种状况就是我已经批判性验证过的〇〇年代决断主义式动员游戏 / 大逃杀。

谁都认为自己才是受害者，是边缘文化，因而具有正当性。保守也好，自由也罢，御宅族还是庸俗的清高主义者都无关紧要，其精神内核都与支持夜神月的基拉信众，以及不自觉赞同小泉纯一郎动员的新保守阶层别无二致。

面对我的指责深感愤怒，叫嚣着“我们才不一样”的你，尤为如此。这个“我们才不一样”，正是从数据库输出的决断主义产物。

在虚构领域，决断主义也得到了热烈支持。例如，2007年放送的电视剧《天元突破红莲螺岩》的主题就是超越《新世纪福音战士》后的家里蹲-世界系潮流。它以充满野心的剧本，追溯并且概括七〇年代至今的动画（主题设定）历史，引发了巨大热议。但不得不说，这种尝试极其不充分。本作的剧情推进追随相对主义在七〇年代到八〇年代的扩散，经过九〇年代的心理主义厌世观（家里蹲），抵达了〇〇年代前期决断主义式回归的必然性。其中虽然蕴含着去九〇年代化的问题意识，却没有产生批判当代的问题意识。

因此，复归地选择了共同体的登场人物，在故事的结尾怀着“想做就做”的想法，自发地作为共同体的活祭品献上了生命。而且，他们此时暴力相向的对手被设定成名为“反螺旋族”的超越性存在。这种设定遗忘了决断主义不可避免的暴力性和伤害性，它们曾是〇〇年代幸存系作品一以贯之的主题，表现为“进行决断（选择）就会伤害某人”的思想。极端一些来说，这部作品满足于停留在决断主义（克服九〇年代），而失去了直面当代课题的想象力。

然而，〇〇年代前期，宫藤官九郎和木皿泉已经克服了决断主义式的共同性，开始摸索新的共同体模式。这是从〇〇年代必然选择的复归性共同体中排除决断主义暴力的做法。在将自我视为永恒的瞬间，复归性共同体就背负了将暴力性（“不战斗就无法存活”）正当化的宿命。然而，《池袋西口公园》的主人公诚的态度是彻底否定这种暴力性，正如《木更津猫眼》五人组随着小渊的死而解散，桐谷修二的改造小组也只存在了几个月。这些作品的作者通过在作品中织入作为希望的离别与断绝，以及终极的“死”，回避了蕴含在决断主义中的暴力性，让我们看到了流动性的共同体模式。

在此，我将于本章介绍一位看似脱离该问题脉络，实则是优秀的探索决断主义克服论的作家——吉永史。吉永的作品受到萩尾望都、山岸凉子等“二十四年组”* 作家的影响，她的问题意识被视为对这些作者的继承。在整个日本战后亚文化历史中，她们组成的“二十四年组”作家群对交流中蕴含的“暴力”这一主题进行了堪称最前卫的探索。作为继承者的吉永史的作品，必然能够接续到决断主义的问题脉络上。

接下来，我将先论及“二十四年组”的代表作家山岸凉子，再讨论其继承者、“后二十四年组”代表作家吉田秋生，最终关联到吉永史。这一问题脉络仅仅是少女漫画庞大世界的一个部分和一个侧面，却能为一系列讨论提供非常有效的参考。

---

* 二十四年组，指以萩尾望都、山岸凉子、竹宫惠子、大岛弓子等昭和二十四年（1949）前后出生的女性漫画家为代表的群体，她们在七〇年代引领了少女漫画的革新。

山岸凉子与厩户皇子的诅咒

《日出处天子》（1980—1984）既是山岸凉子的中期代表作，同时，在“二十四年组”作家的作品中，不，在整个日本战后亚文化史上，恐怕也是受众最广的杰作之一。仅用这一部作品阐释山岸凉子无疑是极其危险的，不过，我必须在知晓这一前提的基础上提出:《日出处天子》背负着深重的诅咒。尽管这是家喻户晓的名作，但还是先从内容介绍开始吧。

本作以日本的飞鸟时代为舞台，描绘了当时以“圣德太子”之名称誉于世的皇族重臣厩户王的半生。厩户是推古天皇的摄政王，推行改革，被视为手段老辣、才智过人的政治家。然而，本作改写了这种教科书般的厩户形象。

在这部作品中，厩户被描写为拥有天才头脑与高超灵力的超人。他驱动着这种压倒性的力量，摧毁政敌，掌控权力，内心却无法满足。为什么？因为厩户是超人，不论做什么都手到擒来，所以更加孤独。

没错，这个物语既是精彩的历史罗曼司，也是绝佳的当代社会寓言。厩户拥有超越性的力量，也因为这种自由而倍感孤独。这简直如同生存在“有物却没有物语”的当代社会一般，厩户因为能够自由地拥有一切，反而陷入了虚无主义。

也就是说，厩户因其天才，早在6世纪就已经活在了“不知何物具有价值的世界”。无法忍受这个世界的他似乎找到了出口。这个出口，就是属于同盟者一族的苏我毛人(即苏我虾夷)。在本作中被描写为同性恋的厩户，认为“只要被这个人理解就好”，只从“获得毛人的爱”一事中发现了超越性，只将毛人视为活下去的希望。没错，这完全就是世界系的主人公和女主角——通过占有对方，建立依存性关系而获得超越性，同样，厩户也希望占有毛人。因此，为了得到毛人的爱，厩户伤害了周围很多人，有时不惜痛下杀手。事实上，世界系会将为了自身成立所必需的排他性暴力的罪恶与责任全都推给女主角，同时又让主人公被对方无条件地需要，只享受最终的成果。如果世界系能被定义为“最无自觉的决断主义类型”,那么,本作中的厩户就体现了“从世界系（必然性地）朝向决断主义”的一体两面式结构。

然而，本作之所以能成为杰作，就是因为厩户的“世界系 / 决断主义”迎来了决定性的挫败。在故事的最后，毛人得知厩户的真心之后拒绝了厩户。

> （厩户）皇子所谓的爱，是要占有对方的一切，要对方与自己毫无偏差。（中略）您虽然自称爱我，其实不过是爱您自己。如果走不出这样的想法，人就无法逃离孤独。

此处，作者将“只要你能理解我”的双人依存性浪漫主义和“世界系/决断主义”式浪漫主义本质中隐藏的暴力揭露了出来。毛人的话，让厩户坠入了前所未有的虚无之中，过上了以白痴少女为妻（占有白痴少女）的孤独人生。这不就是东浩纪拥护的世界系美少女游戏的女主角吗？她们不就常常被描绘为“白痴”式的人物吗？

权力已经被厩户握在手中，一切都已经被他握在手中。但他没有得到自己真正欲求之物。对于这样的结局，评论家山形浩生的评论尤其精彩。

> 自那以后，日本史教科书中登场的种种事件，都成了附件：法隆寺也好，奈良朝、平安朝的世界也罢，以及平成时代的当代日本。皇子最后坠入的深邃虚无与孤独，是一种原封不动浓重涂抹在当下日本的疾病。（如果你要说自己对这一切毫无察觉，那你得活得多么令人羡慕、多么幸福啊。好了，不多讽刺了。）……厩户皇子最后与白痴少女（！）共同踏上的“黄泉之路”，正原封不动地铺展在你我脚下。
>
> ——山形浩生：《虚无主义、孤独与另一条路》，载于《新教养主义宣言》，晶文社，1999

山形最为准确地阐释了一点：《日出处天子》彻底追求依存性浪漫主义这种在后现代状况下最容易被选择的（世界系/决断主义式）可能性。这是一部在八〇年代就已经暴露出局限的杰作。[1]

之后，“厩户皇子的诅咒”被后续作家不断继承，至今依然束缚着一部分少女漫画。

作为继承者的吉田秋生

接下来提到的吉田秋生，是在整个八〇年代到九〇年代间最忠实地继承了“厩户皇子的诅咒”这一主题的作家。在《香蕉鱼》（1985—1994）之前，吉田的作品世界往往描写失去（对厩户而言的）毛人，也即失去依存关系中“成对的存在”，并通过承受这份丧失而走向成熟的过程。也就是说，吉田描绘的是“放弃占有毛人，从而走向成熟的厩户”。

因此，在第一部长篇漫画《加州物语》（1978—1982）中，对主人公希兹抱有同性爱恋的室友伊夫在故事后半被杀掉了；随后的《吉祥天女》（1983—1984）中，厩户那般“被伤害的天才”式的少女小夜子，亲手杀死了唯一承认与自己拥有同质性的少年凉，并承受着这份罪过，得到了净化。

与《吉祥天女》同时期连载的中篇作品《比河更长更舒缓》（1983—1985），是吉田秋生前期作品世界的典型代表，其中设定了这样的情节：主人公季邦与友人深雪在河边聊天。现在，流过我们眼前的这条河，在上游部分河道更窄，水流更急，同时，水质也更清澈。相反，越是接近河口，水质就越浑浊，河道变宽，水流也变舒缓。“哪种更好呢？”深雪问季邦。虽然季邦没有回答，但只消看《比河更长更舒缓》的书名，就能明白答案是什么了。接受放弃，会令人成熟，这绝非不幸——这一时期的吉田秋生作品中充满了这样的确信。但是，这种确信最后被吉田自己背叛了。

《香蕉鱼》在1985年到1994年长期连载，是奠定吉田秋生地位的代表作。面对围绕神秘毒品“香蕉鱼”而将黑手党与美国政府都卷入其中的巨大阴谋，纽约街头帮派的头目、能够匹敌厩户的天才少年亚修·林克斯挺身而出，这仿佛大河剧般的故事，牵动了无数读者的心。

另一方面，吉田秋生在这部作品中完成了一次转向。一言以蔽之，吉田经由这部作品抵达了一种态度——她不再认为（至少在过去的意义上）“比河更长更舒缓”是优美的。本作的主人公亚修毫无疑问属于“清澈的上游”。希斯、小夜子与季邦这些吉田笔下的主人公无不具备早慧的天才气质，也总是为其所伤。他们是“厩户的孩子”，同属于“清澈的上游”。然而，他们早早就接受了“浑浊”（即罪恶、断念），前往深沉、舒缓的下游，进而变得成熟。亚修却没有抵达下游。

对《香蕉鱼》中的“厩户”亚修来说，“毛人”是名叫奥村英二的日本少年。亚修在庇护偶然卷进纷争的英二期间，开始将其视为独一无二的理解者因而无法割舍。在故事的后程，英二也作为天才少年唯一的弱点，成了敌对势力瞄准的目标，于是，亚修决定倾尽全力保护他。也就是说，本作采取了某种少年漫画的结构，是为了强化亚修对英二的占有结构。如果是在吉田的早期作品里，作者应该会通过让亚修失去英二，把他从厩户的诅咒中解放出来，最终抵达成熟。但是，这次吉田没有这样做。在亚修和英二的故事结尾是亚修的死亡。

亚修·林克斯的死意味着什么呢？意味着亚修完成了对英二的占有。吉田通过毁灭亚修这一主体，回避了在占有某人时必然会产生的暴力，令这种关系走向永恒。为什么？因为死人的时间会停驻，再也不会发生变化。就这样，吉田也从下游的“宽阔而浑浊”转向了上游的“狭窄而清澈”。

吉田为什么会转向呢？亚修的死亡（自我毁灭）这种方法最终能解除厩户的诅咒吗？恐怕连吉田自己也不知道为何会转向。我个人推测，或许是因为吉田无法忍受“悠长而舒缓的河流”承受着“浑浊”，最终依然孕育出《吉祥天女》的小夜子所展现的暴力性。用我的话说就是，或许，她无法忍受必须通过贯彻决断主义才能够最终抵达对它的克服？

但是准确地说，选择了最终成全“占有”的吉田，并未设定拒绝厩户的毛人，而是设定了没有拒绝亚修的英二，恐怕，她在此处也陷入了某种思维停滞。

证据就是吉田后来的作品如《夜叉》（1996—2002）、《沉睡的夏娃》（2003—2005）中不断塑造出的、由基因工程技术造就（也被其所伤）的天才主人公。就像“基因工程”设定本身所象征的那样，吉田后期作品中的主人公一出场就是完成体，故事的推进、与其他角色的交流都只能被描写成将其沉睡的才能发挥出来的催化剂。吉田后期作品基本上不存在“成熟”，一切都由基因预先设定的价值观决定，陷入了空洞且扁平的世界观。

亚修·林克斯自我毁灭般结束了自己年轻的生命，完成了与英二的同一化（终极的依存关系），在悲剧中化为永恒的瞬间，吉田的世界观就丧失了“成熟”。那些将先天程序与童年创伤决定一切的世界作为舞台的剧作，既无法通往生，也无法通往死，只能在表面滑行。

作为解构者的吉永史

厩户皇子的诅咒，过于强力地束缚着生存于当代的我们。正因为很软弱，生存于与历史断裂的混沌世界之中，所以人类才想要（世界系 / 决断主义地）占有某人，想通过与之同一化而将某种绝对性、超越性握在手中。但讽刺的是，正是想要占有谁的欲望，催生出无垠的暴力与深不见底的虚无，会让时间停滞，将人逼入寸步难行、动弹不得的困境。

在思考如何才能解开诅咒时，最成功的作家恐怕就是吉永史。因为吉永是虽然继承了厩户皇子的诅咒，却明确选择不用“占有”来破除诅咒的决定性作家。没错，吉永史描绘的是不通过占有毛人来克服虚无主义的厩户。

《西洋古董洋果子店》是吉永史的代表作，连载于1999—2002年，并被改编为电视剧和动画。故事的舞台是一家小蛋糕坊，作者淡雅而细腻地描绘了店主橘、西点师小野、工作人员英司和千影这四位男性的日常故事，其中蕴藏着非常暧昧而温柔的关系之网。

相当于主角的橘，就像厩户和亚修一样，正因为什么都能得到，反而活得不自由。他先是以法律业界为目标求学，后来成为顶级商社的上班族，最后又当上了蛋糕坊的男主人，踏着飘忽不定的人生之路，其实是被曾经遭受诱拐的精神创伤所困。

同样，西点师小野是同志，高中时曾被橘狠狠拒绝过，出柜之后就疏远了家庭。英司则是孤儿，内心怀抱着因视网膜脱落而无法继续拳击手生涯的挫败感。

本作最大的看点就在于，尽管怀着创伤生存于混沌的世界，但他们中没有人将获得某个特定之人的全面肯定视为人生的出口。不，从根本上，他们就没有指望通过“治愈创伤”来解决问题，没有要寻找答案。比如，碰巧与橘重逢而开始在店里工作的小野，对橘已经没有留恋，甚至感谢橘给了自己确认同志身份的契机。

他们四人与周围人物之间的连接都很轻柔，既不是友人，也不是单纯的同事，很难用确切的语言形容。这个空间反而能够避免“占有”对方的恋爱关系。当然，也不存在痛哭流涕、剖白过去创伤的剧情。他们被这种轻柔的连接确切地支撑着，构筑起了丰富的日常，故事最后暗示他们终将轻柔地四散而走，静静宣告了结束。

这个物语采用了不设定明确“主角”的群像剧形式。有时让橘，有时让小野，有时则让其他登场人物作为章节的主体人物发挥作用。因此，本作得以彻底避免“我”与“世界”的对峙，以及为了弥合缺憾而占有某人的路径。

吉田秋生让某个人承担一切、最终因为不堪重负而放弃的“悠长而舒缓的河流”，在吉永那里，被导入了由复数人物散点连接、断片式背负的结构，从而成功保存了下来。[2]

吉永史决定性的做法是放弃了吉田秋生等大部分作家无论如何都无法舍弃的对“占有”的正当化，转而探索完全不同的成熟模式。

当从复杂世界推算出“只要你能理解就好”这一单纯答案的瞬间,人类就被困在了“厩户皇子的诅咒”之中。但在〇〇年代的今天，这一诅咒终于开始缓慢而切实地被“分解”于群像剧之中，从而得到了解除。

2006年完结的《花漾人生》可以视为吉永史在《西洋古董洋果子店》中成功解体了“厩户皇子的诅咒”后，望向更远风景的作品。

虽然这部作品也采取了群像剧的手法，但与《西洋古董洋果子店》相比，特殊性在于对相当于主角的花园春太郎进行了特写。高一学生春太郎患有白血病，接受了姐姐的骨髓移植后重返学校。在这里，春太郎因天生的开朗与魅力而融入班级同伴之中，他所在的一年级B组也像是被春太郎牵引着，成长为充满愉悦的、对少数群体宽容的“理想班级”。社团活动、文化祭、班级聚会与升学问题，这些以往会被当作“学校问题”的各种情节，由作者以《西洋古董洋果子店》中的轻柔网状“连接”模式所解释的共同体为舞台，进行了新颖而充满魅力的言说。这一过程值得人脱帽致敬。

所谓“新颖”，就是在很长一段时间——至少是整个九〇年代，作为围绕角色认可的动员游戏场地而被描绘的学校，通过“二十四年组”问题意识的“解体”，而被重新定义为能够获得各种关系的交流试验场。

乍一看，《花漾人生》仿佛是在模拟理想化的学校生活，实际上却是一部相当前卫的作品，旨在构筑这样一种社会（教室）图景：它基本上能够克服令世界系恐惧自闭、令决断主义自暴自弃的消费社会式虚无主义，以及后现代主义式厌世观。

当然，吉永史在将这种轻柔的“连接”描绘得魅力十足的同时，也并未轻易就将其与超越性相联系。作品也描写了青春期特有的平凡烦恼、创伤、将老师卷入其中的三角关系，最终也缓慢（但切实）地迎来了破绽和结局。

尤其是结尾部分，在与家人的冲突中，春太郎得知自己的白血病并未完全治愈。但最后，春太郎选择不向友人坦白。

> 就这样，
> 我第一次，
> 有了一个，
> 不能对朋友说的秘密。
>
> 高中二年级学生春

与其说他是为了得到“连接”，不如说他放弃了与某人共享自身创伤这一想法本身。故事的最后一幕极具象征意味，上一页还与朋友三国并肩而行的春太郎，变成了孤零零一个人。他的侧颜，露出了能够承受一切的笑容，这已经接近《吉祥天女》中的小夜子承受所有罪行后得到的净化了。

故事结构虽有几分套路化，但本作满怀热情地展示了厩户式（世界系式）占有模式的替代方案，即吉永在《西洋古董洋果子店》中开创的新成熟模式和群像型成熟模式。正是为了得到《西洋古董洋果子店》式的舒缓连接，人才必须在某些时刻独自上路。倘若如此理解，这部作品赋予其标题的意义便会显得格外沉重。

花漾人生（Flower of life）——花的生命，转瞬即逝。

曾经由山岸凉子构筑，随后被山岸自己暴露出局限的“受伤的天才通过占有纯洁的存在而被治愈”的路径，换句话说，其实就是“在流动性不断上升的社会，通过（暴力性地）占有某人而找到特殊性”的想法。

但在进入〇〇年代后，以吉永史为代表的新人作家，成功宣告了与过往的诀别，也就是说与“在高流动性的混沌社会中寻找自身特殊性”这种思维停滞式的逃避方法诀别。

她们所展示的网络是一种轻柔连接、无限扩展的模式。正如春太郎所呈现的，这是不同以往的强大和宽容所必须经历的窄路。即便如此，接受了独自上路，同时也能向他人伸出双手的春太郎的态度，依然是〇〇年代的想象力中最具魅力的模式之一。

注释

1 在此种意义上，通过轻易肯定依存性浪漫主义而得以成立的一系列世界系作品（如泷本龙彦的作品），或以《Kanon》《AIR》为代表的、援助交际式占有“白痴”女主角（只是那些以自我毁灭达到同一化类型式作品的替代品）以确保超越性的美少女游戏，全都没有超出曾被大塚英志高度评价的八〇年代“二十四人组”的问题意识，毫无进步。就连其中最具有自觉性的作品《AIR》，也只是为实现父女乱伦式的男性沙文主义温存，而将《香蕉鱼》式的自我毁灭进行了变奏而已。

2 近年来，吉田秋生在《爱之吻》（1995）、《海街日记》（2007）等中篇作品中，通过引入吉永史式的群像剧，尝试回溯曾被自己放弃的“悠长而舒缓的河流”。

10

臃肿的母性敌托邦

——空转的男性沙文主义与高桥留美子的“重力”

为什么要处理性别意识的问题?

上一章讨论了“二十四年组”，尤其是通过对山岸凉子问题意识的继承讨论了决断主义问题。其中列举的吉永史是正面继承山岸的主题（厩户皇子的诅咒），最终向〇〇年代的决断主义状况提出优秀反命题的作者。这究竟意味着什么呢?

这意味着，现代成熟社会越趋近完成，“在后现代状况下，强行选择某核心价值观”的决断主义问题就暴露得越显著，这是现代成熟社会的基本属性。可以说，曾经只有山岸凉子那样的“天才”作家才能洞察到的成熟社会的临界点，在〇〇年代的日本，在强有力的市场营销推广下，通过《死亡笔记》这样的现象级作品而被全社会共同感知到了。也就是说，〇〇年代是“暴露出决断主义这一成熟社会本质问题的时代”。

曾经，陷入虚无主义的敏感青年所钟情的文学才会采用的欲望结构——“为了忍受价值观混沌的世界，只想获得你一个人（特定共同体）的认可（占有）”——在近十年间，已经作为“家里蹲/世界系（必然决断主义化）=决断主义/幸存系（必须以世界系为前提）”式的问题意识而蔓延到全社会。通过九〇年代与〇〇年代的对比而浮现出来的“决断主义”问题系，其实不是五年、十年这样短暂地，而是更加漫长地诅咒着我们的生存世界。

此处，重要的是，从山岸凉子到吉永史的谱系作者，都将决断主义式的占有问题描绘成一种性别意识问题。

这些作家之所以用男性间的同性情感为基础描绘占有问题，自然有作为核心读者的女性的性癖好的原因。但是，至少同等重要的原因还有对（尤其是在日本）社会性自我实现的批判意识，这种自我实现与男性沙文主义和父权制相互纠缠、渗透。因此，这些作家不得不面对“通过占有某人来确保在过剩流动性中的特异点”时所出现的暴力问题。

在自我反省中再度强化的男性沙文主义

这种模式并非仅仅被少女漫画采用，而是战后亚文化中的诸多作品类型的共同倾向。广义上，从八〇年代后期一直延续到当代的恋爱至上主义产品——从偶像剧到本书反复提到的片山恭一的《在世界中心呼唤爱》所代表的纯爱浪潮作品——就很符合这一模式，后期渡边淳一的大热也不外乎采用了这种模式。然而，近年来最具此种倾向的就是东浩纪、佐佐木果等评论者在〇〇年代前期提出的美少女色情游戏论。

东浩纪创作的一系列世界系、美少女游戏论，为吉田秋生、吉永史等作者挑战过的占有式交流结构，搭建起了极其朴素的保护阵地。这被读者当成某种免罪符加以消费，不加批判地接受了。

东浩纪的一系列美少女色情游戏拥护论始终主张，对于“占有”的反思为作品赋予了批判性视角与强度。这种着眼点本身不就在证明东浩纪其实非常准确地把握住了战后亚文化的关键吗?

但是另一方面，东浩纪的美少女色情游戏拥护论又包含着极其危险的因子。直截了当地说，东浩纪举出的《Kanon》《AIR》等美少女游戏中展现的自我反省逻辑，究竟是否如他所说,发挥了批判男性沙文主义的作用呢?我想，这里是存疑的。我的主张是，从结果来看，恐怕恰恰相反。

首先简单介绍《AIR》的内容。这部作品采取了三部式的视觉小说形式。第一部描写了旅行中的青年国崎往人与在海边村落遇到的少女观铃之间的交往。体弱多病且常常做出白痴般言行的孤独少女观铃被父亲抛弃了，只能依靠母亲一样的姑姑生活。出现在这里的主人公往人，作为填补观铃孤独的存在获得了全面认可，两人得以结合。但在这之后，往人就立刻消散了。第二部描绘往人和观铃的前世姻缘（平安时代）。最后的第三部则描绘转世为乌鸦的往人（与玩家共享着无力感）目睹了观铃的死亡。

东浩纪将这一物语评价为，满溢着父权家长制式的男性沙文主义欲望，同时兼具厌恶这种欲望的自我反省。他认为正是这种分裂的态度赋予了作品强度，令其成为“文学”青年的容身之地。

> 《AIR》的游戏过程会令我们经历两次挫折。第一次是“成为父亲”，也就是在角色层面想拯救观铃、与观铃进行交流的朴素欲望（第一部）。第二次是“虽然无法成为父亲，但想获得自由”，即（中略）想占有永恒少女观铃，是一种玩家层面的否定神学欲望（第三部）。第一部的故事扭转了“落寞的男性沙文主义”（父权家长制补全式的想象力），而第三部的系统解体了“不成器”的自我欺骗（这是一种在反

父权家长制想象力中隐秘地植入超父权家长制想象力的结构）。

——东浩纪:《萌的本事，止于无能性——论〈AIR〉》，载于《游戏性现实主义的诞生》讲谈社，2007

但，果真如此吗？

东浩纪所谓男性沙文主义及其自我反省的共存，为什么能够成立呢？为什么乍看之下完全相反的两个要素能够在同一作品中共存呢？因为内在于这些作品的自我反省，其实根本无法起到“反省”的作用。毋宁说，它们不过是强化、维持了男性沙文主义“安全而疼痛的自我反省表演”。

我们依然以《AIR》为例说明。本作的第一部忠诚地设定了占有弱小而白痴的病弱少女并进行性行为的父权家长制欲望。相对第一部，第三部则使用了主人公消亡（自我毁灭）的路径，描绘了只能旁观少女死亡的无力感。

然而，这条路径与吉田秋生在《香蕉鱼》的结尾通过让亚修·林克斯死亡而令暴力性的“占有”脱罪的结构是相同的。自我毁灭的路径，反过来作为已经实现的悲剧,将“占有”强化并保存为永恒之物。因为通过“在占有的瞬间消亡”，占有欲望本身就能在未被否定的状态下（对使用者来说）隐藏暴力性。

如果真的包含自我反省，那么，《AIR》第一部的剧情从一开始就不会成立。这种“自我反省”的重点在于，“少女无条件地需要男主人公”这一铺陈在占有结构根底的部分，绝不会成为反省的对象。如果要将“真正带来痛苦”并发挥作用的自我反省包含在作品中，往人就必须被观铃拒绝。为了填补九〇年代后期式的厌世观（预先就持有应该被填补的缺陷）而占有孤独病弱少女，这一态度本身就必须被拒绝。

但是第三部的作用，毋宁说，只是从第一部中永远剥夺了“拒绝”，剥夺了这种“真正带来痛苦”的自我反省。第三部的系统所带来的，不是扭转第一部作品而是对其进行再次强化。这之中，只存在对男性沙文主义进行强化和维持的路径。

举个不恰当的例子。在援助交际中与女高中生做完爱，为了消解愧疚感而温柔地对少女说出“不应该做这种事喔”的男性，难道还要被称为“纤细而充满文学性”不成？他们那句“不应该做这种事喔”，不过是为了消除自己内心的抗拒，好安心地占有少女的性。因为他们绝不会选择放弃援助交际（即消费萌元素）这一占有路径本身。[1]

除了持有臃肿男性沙文主义的人类，其他人才不会对“无法成为父亲”感到绝望。毕竟，这个世界上还有很多自我实现的路径。当下，“人生目标 / 成为父亲”“无法成为父亲 / 立马绝望”这一路径的想象力，实际上是战后亚文化中最无自觉地膨胀和被强化、维持的男性沙文主义。

这种“安全而疼痛”的自我反省表演，在《欢迎加入NHK！》《神枪少女》等继承九〇年代后期厌世观的〇〇年代御宅系文化作品群（世界系作品群）中被广泛共享。通过对东浩纪具有两面性的评论进行自我中心主义式的阐释，〇〇年代前期的亚文化批评界迎来了一个时代，一个更加男性沙文主义的时代，一个将这种无自觉且迟钝的想象力解读为“文学”“内省”的时代。这个荒凉的时代该结束了。倒不如说前文已经论证过的自我反省表演，剥夺了文学的可能性，将人们引向了更为简单化的思维停滞。[2]

“母性”暴力所规定的世界

不过，话题并未就此结束。东浩纪当时拥护的美少女色情游戏群和世界系作品群，对强奸幻想言听计从，终究很难说是带有纤细特质的商品。从引用的部分我们可以看出，东浩纪也对其理论的两面性有某种程度的自觉，但其中仍然存在很大的破绽。

比如，东浩纪常常谈及自己少年时代曾经沉迷堪称萌系文化滥觞的作品——高桥留美子的划时代杰作《福星小子》，尤其是动画版导演押井守采用元虚构手法对该作进行批判性表达的电影《福星小子 2:绮丽梦中人》(以下简称《绮丽梦中人》)(1984)的相关细节。

在谈论该作时，东浩纪注意到押井守同时描绘了回归现实的愿望及其不可能性。东浩纪的这一观点，作为他一系列主张（在亚文化中才能看到日本后现代状况的发展）的旁证，极具说服力。

但是另一方面，东浩纪几乎不自然地完全回避了一个问题。那就是在这部作品中，原作者高桥留美子和导演押井守形成了决定性的对立。

《福星小子》是在八〇年代斩获爆炸性人气的高桥留美子的成名作。主人公诸星当与作为未婚妻出现的外星人美少女拉姆开始同居生活时，幻想爱情喜剧的模式就被构建起来了，并且一直延续至今。诸星当的周围，除了拉姆还配置了多位不同类型的美少女，故事描绘了一座“乐园”，不论经历多少圣诞和年关，角色们都不会增加年龄，他们在无限循环运转的“乐园”中，始终快乐度日。

这种形式在日后的御宅系恋爱喜剧中，作为面向单身男性的爱情故事而被消费，最终成了固定模式。然而，TV 版及剧场版动画的导演押井守，却在第二部剧场版《绮丽梦中人》中对原作的世界观进行了批判性的描绘。

《绮丽梦中人》的故事发生在拉姆和当的高中举行文化祭的前一天。在妖怪梦邪鬼的妖力下，登场人物的意识不知不觉间在睡眠中被重置，永远困在文化祭前一天。显然，这种“永远重复的文化祭前一天”就是《福星小子》这部作品本身的隐喻。主人公当不久就发现了异样，尝试从“文化祭前一天”逃出。这就是大致的故事。

在这部作品中，梦邪鬼为了满足女主角拉姆“永远和朋友们过着愉快的校园生活”的愿望，将她的情敌与期望回归现实的登场人物逐一消灭。他们变成了石像，变成了支撑梦邪鬼手中梦境的祭品。

押井守在此处想要揭示的，姑且可以称为“臃肿的母性”携带的暴力。乍一看，高桥留美子描绘的世界是没有缺憾的乐园，这里不存在父权式的压抑，取而代之的是将内与外隔绝开来的母性暴力。排除敌人、制成祭品，伙伴则被纳入子宫、不许逃离，这种共同体的暴力恐怕就是高桥式母性重力的产物。

押井守揭示的并非沉溺于高桥留美子世界观的年轻粉丝逃避现实的态度。这一点当然也是批判性的视角，但在此之上，押井守的矛头指向的更是名为高桥留美子的母性暴力。[3]

东浩纪经常提到,《绮丽梦中人》是对青春期的自己具有决定性影响的重要作品，但他完全没有谈及押井守对母性暴力的揭露。毫无疑问，这部作品的主题就是高桥式“乐园”所潜藏的暴力。由押井守批判性指出的母性暴力催生的排他性共同体，全然就是从数据库之海打捞出角色并分栖共存的排他性共同体。

梦邪鬼用大量祭品支撑的世界认可了拉姆这个角色，排除了误配与噪声，最终得以独自运转。同样，从数据库之海中读取角色，并由对角色的占有欲所联结、生成的空间，也是一个为了认同该角色而排除误配与噪声的共同体。

比如，由角色 A 的消费者在视频分享网站结成的共同体中，对于角色 A“厌倦无聊的日常，相信外星人和超能力者的存在”这一设定，不论进行多么过激的戏仿、改编，都是在表达对 A 的认可，甚至改变得越离奇，认可就越强烈。二次创作的改编操作本身就是再度强化对原作所设定角色的认可。

但如果消费者并未对 A 移情，那么，他对 A 发出的“好无语”的评价，就会被视为对角色 A 认可的障碍而被彻底排除。没错，这与梦邪鬼接连排除对拉姆不利的人如出一辙！

超越高桥留美子的“重力”

对于这种母性暴力，东浩纪表现得过于满不在乎。

例如，在东浩纪高度评价的《新世纪福音战士》中，这种“吞噬一切的臃肿母性”就以人类补完计划的形式直接化作主题。《AIR》也是如此，暂且不论肯定还是否定，在这个几乎不存在成年男性的诡异村庄，女主角与养母的关系被描绘为一种无比纯粹的事物。也就是说，明明有某种异样的敌托邦（或乌托邦）被呈现出来，却完全没有引起东浩纪的注意。如果要进一步说明，那么，富野由悠季的作品作为《新世纪福音战士》“母性敌托邦”主题的原型也完全被东浩纪无视了。[4]

对父性压抑如此敏感，以具有说服力的理论模型对上一代的男性沙文主义进行批判，收获了年轻一代热烈支持的东浩纪，为什么面对母性压抑时竟然没有丝毫不适地接受下来了呢？这已经不是“好坏”这个层面的问题了。这个时代登场的拥有决定性影响力的批评家，一边分析父性压抑，一边对母性压抑毫无防备——不如说，我们应该从这一事实入手，开始全新的分析。

批评界出现东浩纪及他的大量蹩脚复制品，就好比软弱的食肉恐龙（尽管对食肉之外一概没有兴趣）用简陋的表演一边宣称“我是草食恐龙”，一边吞噬着比自己更弱小的少女（白痴、病弱、改造人等）的腐肉。这种奇妙的讨论空间就这样在亚文化批评界形成了。“软弱的食肉恐龙”将援助交际正当化的行为之所以能够成立，难道不就是依赖臃肿母性所拥有的强大力量吗？

当下，最接近这种母性敌托邦主题的作家，别无他人，就是高桥留美子。

高桥作品的底色是臃肿到残暴的母性。她的所有作品都贯彻着相同的结构，仿佛在嘶吼着“休想从我的子宫逃出去”，女主角将令自己母性膨胀并对其产生欲望的男性，以及热闹上演着两人故事的共同体尽数吞下。

就连乍看似乎描绘了青年成长故事的《相聚一刻》（1980—1987）也不例外。本作的主线是在廉价公寓“一刻馆”度过成长过渡期的学生五代裕作与公寓管理人女主角音无响子间的纯爱故事。最初作为落榜生登场的五代最后考上大学，找到工作，努力成长为配得上响子的男人。值得注意的是，这部作品中对五代成长过程的描写,几乎被限定在“让响子幸福”等于自我实现的逻辑中。故事最后，修成正果的五代与响子，即便已经有了小孩，也仍然住在一刻馆。大塚英志将这一结尾总结为“御宅系文化逃避成熟的倾向”。不过,仅仅如此评价并不全面。[5]

在一开始理应作为过渡期象征登场的公寓（一刻馆）经历了“成熟”，但二人却依然半永久地居于其中——这个结局意味着男性的自我实现路径只能在一步也未踏出女性领地（子宫）的范围内实现。这个故事，既是充满欢笑与温情的暖心纯爱故事，又是臃肿的母性利己主义将一切吞没、实现全面胜利的故事。

这一结构在长期连载作品《乱马 ½》（1987—1996）中也得到了再生产。这部作品经常被视作对《福星小子》的提炼，乍一看，故事始于喜闻乐见的爱情喜剧模式，爱慕着姐姐恋人的女主角天道茜，这位“高桥式女主人公”所特有的情感已经显出端倪。

但在故事的开头，这种三角关系就被消解了，茜剪去了长发（实际的角色变更），令这一主题完全消散了。就这样，作为几乎将母性暴力完美隐藏起来的“乐园”，《乱马 ½》实现了超越《福星小子》的长期连载。

在另一边，同一时期的高桥陆续发表了一系列被称为“人鱼系列”的短篇作品，在其中铺展了自我指涉的叙事。

“人鱼系列”讲述食用人鱼肉而获得不死之身的青年涌太，为了寻回原本的“向死之身”而历经百年、不断游历的故事。当然，其中的“不死者”就是高桥在隐喻自己其他作品中的登场人物。也就是困于母性敌托邦，被按下了时间暂停键，被剥夺成熟路径的人们——他们既是高桥作品中的登场人物，又是耽溺于作品世界的粉丝——究竟如何才能从这种重力中得到解放呢？该系列展示的就是这种极度自我指涉的叙事。

一边在《乱马 ½》中描绘终极乐园，一边又在“人鱼系列”中描绘解脱（及其困难）。这一时期的高桥，一边抱着强烈信念而利用伟大的母性不断提供主题乐园，一边若隐若现地表达了对强大副作用已不能毫无自觉的道德感。

接下来的《犬夜叉》（1996—2008）是高桥留美子篇幅最长的作品，也是对于高桥留美子这位作家来说具有决定性意义的作品。因为，这部作品恐怕是高桥留美子自己将主题设定为“从臃肿的母性重力中解放”的作品。

我们将试着从本作庞大的内容中总结重点。《犬夜叉》最根本的结构就是女主角戈薇、主人公犬夜叉，以及犬夜叉过去的恋人桔梗之间的三角关系。

桔梗占据的是传统“高桥式女主角”谱系，一度死亡却又借助妖术复活，并且获得了不会老去的身体（也即“不死之身”），与之相对，戈薇是从当代（平成时代）穿越到作为故事舞台的战国时代的少女。前者可以说是传统高桥式主题乐园 / 奇想世界的居民，是母性敌托邦中的不老存在，后者则宛如来到主题乐园游玩的高桥作品消费者。实际上，戈薇在剧中也时不时返回平成时代，最低限度地过一过不被父母和学校怀疑的日常生活。这就像沉迷于高桥作品的笨拙粉丝，应付完日常生活再“回到”虚构世界。没错，《犬夜叉》比高桥以往的任何作品都更具备自我指涉的结构。

故事的后半，桔梗再次被敌人杀死，三角关系迎来了结局。至少，当时的高桥留美子，已经无法不加批判地选择让少年按照臃肿的母性所要求的那样，始终保持少年的姿态而困于主题乐园。

故事的结尾，结束冒险的戈薇面临一个选择——回到现代（舍弃主题乐园，回归现实），还是留在战国时代（强行留在主题乐园，但如此选择之后的场所还能是主题乐园吗？）。

不过，《犬夜叉》结尾的剧情，非常错综复杂。打败了宿敌奈落的戈薇被困在其力量之源“四魂之玉”中。

四魂之玉由妖怪的怨念集成，戈薇被其意念询问：是否要回到原来的世界？这恰恰是奈落在生前设下的最后一个陷阱。如果戈薇回答“想回到原来的世界”，反倒会被困于四魂之玉，永远与妖怪们战斗下去。

我们可以将奈落最后的陷阱，视为无法放手肯定“该回去的现实”的高桥的最后抵抗。但是，至少当时的高桥已经并非对“获得不再长大（老去）的身体 / 在母性敌托邦（主题乐园）中囚禁他者”的暴力性毫无自觉了。对于“该回去的现实”和“主题乐园”，她都无法放手肯定——结果，戈薇对四魂之玉许下了愿望。“四魂之玉，消失吧。”

随后，四魂之玉消失，戈薇回到了现代。三年后，高中毕业的戈薇选择回到在这期间日思夜想的犬夜叉身边，也即“嫁给”主题乐园，生活在战国时代。这时被描绘的战国时代，已经不再是四魂之玉的妖力（即臃肿的母性）塑造的无限轮回的乌托邦（敌托邦）那样的奇想世界了。其中还描绘了戈薇与以前的伙伴一起辛勤劳作、生儿育女的模样。被再次选择的主题乐园，已经被描绘为拥有生老病死的场所。

此处，高桥留美子选择的结局其实很危险。批判它模棱两可是完全合理的，我对此毫无异议。但是，在主题乐园中“活在现实”的奇妙形式，从某种意义上看简直怪诞，但又坚定地迈出了新的步伐。

如果考虑到近年来的高桥在青年杂志陆续发表的系

列短篇《高桥留美子剧场》积极探索了几乎被自己封印的“衰老”主题，那应该可以指出某种类似转向的变化。因为以前的高桥作品只把老人描写为吉祥物，非常体面地回避谈论“衰老”。如今的高桥已经不能再用将其吉祥物化的逻辑来无视“衰老”。

不过，高桥的自我指涉完全没有成为批评的对象。如今，高桥过去所构筑的世界观已经以“萌”文化的形态独当一面，而造成这种状况的男性评论家却沉默不语，这正是高桥式母性重力将战后亚文化本身困于其中的证据。日本这个国家的少年一边同类憎恶般批判男性沙文主义，一边不断占有少女。束缚他们的或许不是父亲，而是母亲。真正应该被谈论的本质问题，不正存在于这十年间完全没有被谈论过的领域吗？

“母性”亚文化史的必要性

此外，在回应“性别意识及其压抑”这一主题的作者中，富野由悠季的继承人庵野秀明也不能被忽视。臃肿的母性重力这一问题，最初由押井守提出，后被富野在《机动战士高达·逆袭的夏亚》(1988)、《机动战士V高达》(1993)中全面展开。八〇年代后期到九〇年代，富野执拗地描绘着强迫少年成熟的父亲退场、母亲的膨胀相对变得强势的主题。庵野秀明的《新世纪福音战士》全面继承了富野的问题意识，在主人公碇真嗣的身边配置了“强迫他成熟（驾驶机器人）的父亲”与寄居在机器之中的母亲灵魂（也即阻止成熟、将其困于子宫的母亲）。作品将后者最终压制前者的过程描绘为“人类补完计划”。

《AIR》描绘的则是人类补完计划成功后的世界，也即父性完全败给母性的世界。因此，剧情中才几乎没有成年男子登场。正因身处这样的世界（母性的摇篮），玩家才能饱尝被“安全而疼痛”的自我反省表演强化、维持的男性沙文主义。《AIR》中显而易见的保存男性沙文主义的方式之所以能够运作，就是因为有极其强大的母性守护着这种价值观，而自称批评家的那帮人并未发现这种结构。

然而，所谓批评，原本就不是要追认那些为了周到地满足玩家的欲望而设立的装置，而是要暴露出欲望背后存在的诸如强大的母性重力那样的元结构，这不才是批评的魅力所在吗？

如果不将父性压抑和母性重力看作一个整体，批评就会出现严重的疏漏。实际上，这一时期开展的亚文化批评，特别是关于美少女色情游戏和男性向动画、轻小说等作品的批评，除了近年来更科修一郎基于性别意识的批评，都无一例外踏入了该陷阱。可以说，众人普遍对（实际上只是被自我反省表演强化并维持的）父性压抑进行了流于表面的批评，而对以压倒性的力量包藏着这种欺瞒的母性重力极度迟钝。[6]

当代，束缚我们的已经不是被阉割的父亲。这种东西随着宏大叙事的失效而彻底退场。此刻，束缚我们的恐怕是将一切困于子宫的母亲。[7]

从这个意义上来说，这十年中在亚文化批评界，“男性沙文主义批评”都被过于随便地使用了。事到如今，对东浩纪的观点不断进行拙劣模仿，认同“女性气质”文化、自称是“纤细的文学性角色”的家伙恐怕仍会源源不断地出现。

然而，他们恐怕是日本国内最富有男性沙文主义感受性的人。因为他们不会享受世界的复杂性（因复杂而丰富），视野里只有“成为父亲”这一暴力性的自我实现之路，是经由“安全而疼痛”的空洞表演，完全满足自己中年男性欲望的一群人。

但必须指出，这种赞扬强奸幻想的言论大行其道的背后，藏有母性重力的问题。[8]

注释

1 松浦理英子的《犬身》（2007）在采用与《AIR》相同的主题和思想的同时，又是一部怪作，逼近了《AIR》回避的本质问题。在这部作品中，变成“犬”的主人公，变成的是自己倾慕对象的“家犬”，守护着对方的生活，因而多次目睹了饲主与其亲兄弟的乱伦。

那么，在东浩纪的图式中，耽溺于《AIR》的消费者是否能忍受变成乌鸦目睹观铃与其他男性做爱呢？《犬身》是果敢的想象力（逼近“生存于当代的我们时而直面、时而回避的孕育了爱的原理性暴力”）创造出的杰作。

2 《愿此刻永恒》（2001）、《日在校园》（2005）等作品，从正面描写了多情的主人公从多位女性中选择了一个，从而触发美少女角色脆弱性的剧情。它们依然回避了主人公被“拒绝”而带来“真正痛苦的自我反省”，到头来依然是用“安全而疼痛的自我反省表演”强化并维持了男性沙文主义。《日在校园》的伊藤诚之所以被美少女伤害，并非源于被少女们拒绝，而是源于（自我中心主义地）被少女们欲求。这种自我反省论连同如今的“乙女男子”浪潮，基本都没有脱离猥琐表演的范围。

对广义色情媒体的批判，基本都集中在这种隐藏着男性沙文主义并对其加以强化的意识形态上。因此，这种充满矛盾的讨论没有得到批判，反倒在闭塞的市场中得以保存。

3 押井守在后来的《攻壳机动队》（1995）中将草薙素子设定成“拥有男性肉体、能力、思考模式的女性”，并投入崇拜式的倾倒。作为一名从反对高桥式母性出发的作者，这种回溯耐人寻味。

4 在《机动战士高达》等初期作品，尤其是在“高达系列”中，富野一以贯之地选择将“臃肿的母性敌托邦”作为主题。《机动战士高达·逆袭的夏亚》的故事，就是夏亚和阿姆罗无法从“拉拉·辛”这一“母亲”的子宫中逃出而最终死去的故事。《机动战士 V 高达》的故事，则在少年主人公胡索的青梅竹马莎蒂与他一边憧憬一边对抗的少女卡蒂珍娜的对比之中展开。莎蒂厌恶胡索驾驶“社会性自我实现（周围的大人对自己的期待）/ 机动战士”，希望其“不要从自己的领域逃出”并将其困在自身之中。莎蒂是母性的象征，卡蒂珍娜则是不被母性束缚的女性，她是“面对男性的浪漫情怀，质问为何非要与我交往不可”从而拒绝了胡索的“终极他者”。

5 评论家、编辑大塚英志将安达充和高桥留美子列举为八〇年代《周刊少年 Sunday》的代表性作家。大塚将同样以爱情喜剧形式描绘消费社会成长过渡期的两位作家进行比较，安达充被视为通过“关键仪式”达到成熟的作者，高桥被视为永远逗留在成长过渡期、对成熟充满忌惮的作者。

6 评论家更科修一郎将男性向御宅系作品中散见的性别混乱称为“落寞的男性沙文主义”。同样的倾向，在大塚英志、佐佐木果、东浩纪的观点中，被评价为“为了不伤害他人而采取的伦理态度”。更科修一郎在承袭该理论脉络的同时，指出了这种逻辑的欺骗性（通过毫无自觉地为美少女角色赋予脆弱性而得到免罪符，获得对父权家长制式占有欲的满足），与之划清界限。正如更科指出的，这种理论并非对男性沙文主义的厌恶，而是以“落寞的男性沙文主义”的形式，对男性沙文主义进行了强化和维持。

7 电影导演青山真治绝对算不上敏锐的作者。正如他执着于中上健次、轻率接近莲实重彦式语境等行为所象征的那样，他的创作明确存在如下面向：使用只能被称为“时代错位”的技巧让年轻消费者敬而远之，反过来得到了小圈子的高估。

虽然步伐迟缓，但青山真治是最后一个手握超越时代的想象力的作者。这一点同样值得明确说明。

在戛纳国际电影节获得费比西奖（国际影评人奖）的青山真治的成名作《人造天堂》（2000），可以视为对九〇年代进行总结的故事。卷入公交劫持事件的司机与一对十多岁的兄妹，因为事件造成的精神创伤而远离社会。于是，互相作为支撑的三人组成了模拟家庭式的共同体，开始旅行。在此过程中，司机的患病暗示着这个模拟家庭共同体不久将会消失。哥哥在恢复的过程中受挫，犯下杀人罪，患上失语症的妹妹则在旅途的终点恢复了语言能力。

九〇年代的家里蹲 / 心理主义、作为其结果的决断主义式攻击，通过终会消散的模拟家庭式共同体获得的治愈——2000 年问世的《人造天堂》是一部迟来的九〇年代电影，极为明确地包藏了九〇年代的结构，又对其进行了超越。

然而，不断重复自身的青山真治绝对算不上敏锐的作者，之后，他依然逗留在“迟来的九〇年代”，陷入了漫长的停滞期。也就是说，陷入了“〇〇年代的九〇年代怀旧 / 作为无自觉的决断主义的世界系”。

其中的典型恐怕就是《神呀神！你为何离弃我？》（2005）。少女患上了堪称九〇年代厌世观隐喻的“自杀病”，被主人公的噪声音乐包含的超越性拯救。在这样的作品中，真正被拯救的恐怕是浅野忠信饰演的主人公，也就是音乐家本人。为了满足男性的男性沙文主义，为了在后现代状况下被简单地赋予意义，而消费了“受伤的少女”——片中采用的就是这种在世界系作品中频繁使用的强奸幻想。

但青山这位作者的厉害之处就在于，虽然步伐缓慢，但是最终极为正确地把握了这一主题，彻底地逼近了问题所在。

完美体现出青山价值的作品就是《人造天堂》的续作，在绝佳时机中出现的《悲伤假期》(2007)。

一家小运输公司作为脱离社会人士的接纳机构发挥作用，本片就是以此舞台铺展开的群像剧。故事描绘了这个模拟家庭式共同体的中心——“母亲”，以及无法从其重力中逃出的男性的形象。

在这个故事中，母亲能够宽容一切，但作为代价，她绝不允许有人从自己的子宫中逃脱。男性被这种巨大的重力拉扯，有人委身于此、思维停滞，有人为了摆脱重力，试图从共同体内部将其击破。但这种内部破坏运动也被母亲宽容了，再次将其困于其中。故事以双重性彻底展现出母性在当代的强韧与畸形，将真相对准了消费者。

没错，无法摆脱九○年代，在《神呀神！你为何离弃我？》中陷入世界系的青山真治，极为准确地把握住了潜藏在底部的母性重力，以母性敌托邦的形式，描绘了男性安全落地的不可能性。

8 详见《EUREKA》2007 年 9 月号刊载的拙文《强奸幻想的成立条件——作为少女幻想的安彦良和论》。

11

关于“成熟”

——新教养主义的可能与局限

“要成为大人”派与“当孩子也不错”派

本章中，我们将探讨“成熟”。在上一章，我回顾了起源于高桥留美子的爱情喜剧到世界系的脉络，指出它陷入了回避成熟的母性敌托邦，是一种思维停滞。

关键在于，“成熟”这种东西，经常被理解为与“社会”这种含糊不清的东西（比如政治地、经济地、文化地生成的各种状况）相对而立的概念。也就是说，在社会图景稳定的时代，成熟的样貌也相对稳定；在社会图景变动的时代，成熟的样貌也无法确定；当再次被新的社会图景支配时，新的成熟样貌就会出现。

本书第五章借由《周刊少年 JUMP》从“淘汰晋级模式”到“卡牌游戏模式”的变化，阐释了从平成经济萧条到小泉改革的社会图景变化。平成萧条期（约等于九〇年代后期）的想象力（家里蹲、心理主义、世界系）不外乎就是，从萧条到改革的变动期内，社会图景“难以把握”，这导致了“社会背景化”现象；小泉改革后的〇〇年代的想象力（决断主义、幸存系）则将社会理解为岛宇宙之间的动员游戏，也是对这一全新社会图景的回应。

这十年中，评论家忽视了卡牌游戏模式的全新社会图景，甚至主张社会已经无法成立。既然社会图景无法稳定，那么，回避成熟的九〇年代后期想象力（世界系）就是敏锐把握当代世界图景的想象力。

然而，无法成立的，仅仅是现代早期的、淘汰晋级模式的、树形结构式的社会图景的整体性。卡牌游戏模式在岛宇宙之间进行动员游戏的社会图景，经历〇〇年代之后基本已经定型。这就产生了一个问题：在岛宇宙间进行动员游戏的社会图景之中，“成熟”意味着什么？

让我们追溯一下历史。日本批评界对当代社会下的“成熟”问题最关心的年代是1995年后的数年，直接原因就是同年发生的奥姆真理教地铁沙林事件和动画《新世纪福音战士》的大热。

奥姆真理教，作为对八〇年代相对主义的反动，也是作为相对主义暗面而兴起的神秘主义所产下的恶童。生存于不知何为正确的世界（后现代状况）中的年轻人，强行选择了麻原彰晃[*]这位“父亲”，最终成为恐怖主义者。《新世纪福音战士》则批判性地描绘了同样找寻不到生存意义的年轻人希望永远封闭于全知全能“母亲”子宫之中的愿望。

二者都体现了作为根基的社会和历史（父亲和母亲）已无法指导我们所产生的绝望。为不稳定的社会图景烦恼的年轻人，为了逃离这种不稳定，要么急躁地依赖错误的父亲，要么委身于臃肿的母性意识，停止思考——如此贫瘠的两个选项，在当时的社会氛围中被广泛共享。旧有社会图景的失效，导致“父亲”功能失调，使得“母亲”的角色膨胀。这就是旧有“成熟”模式崩溃的机制。

那么，当时的评论家们，又是如何回答这个问题的呢？他们准备了两种答案。

一种立场是对以往淘汰晋级模式社会图景下的“成熟”进行微调以适应新的情况。评论家浅羽通明和民俗学者大月隆宽就在此列。

另一种立场则是，既然社会图景已经变化，无法走向成熟也是无可奈何的事。代表人物是社会学家宫台真司（前期）。

前者的代表浅羽通明主张将对自己职业的“专业意识”作为判断成熟的标准。开肉铺的、酒店员工、评论家，承担着各自社会分工的“职能”，只要对此心怀敬意、认

* 麻原彰晃（1955—2018），本名松本智津夫，在 1987 年创建奥姆真理教，发动了包括东京地铁沙林事件在内的一系列恐怖事件，2018 年被执行死刑。

真履行相应的职责，就有了重构社会图景的契机，也就是成熟的表现。既然“为了皇国日本”或者“为了更好的物质生活”等宏大（直白）叙事已经失效，那么就从个人职业意识这种接地气的叙事中找到可能性。

与此相对，后一种立场的代表宫台真司则认为，既然旧有的社会图景崩溃了，社会和历史都无法提供生存意义及价值观，那么，无法走向成熟也无可奈何。由此，宫台提供的具体处方就是利用流动的交流，度过没有“意义”的每一天，实践“躺平革命”（参照第四章）。

让我们简单检验一下这两种立场。

前者的浅羽通明式“要成为大人论”，显然仍对社会流动性的上升抱有天真的看法。例如，“对自己职业的专业意识”的处方只是浅羽丰富论点中的一项，但这一思考的前提依然是以终身雇佣制为代表的高速发展时代的社会结构。

随着社会流动性加强，非正式雇佣成为“普遍情况”，职业从根本上成了“能被替代”之物。只有少部分人尚能从社会分工中找到尊严，将之视为生存意义。从这种层面来说，浅羽的处方有一种挥散不去的过时气质。

那么，宫台真司又如何呢？过去，成熟首先需要历史、国家与社会提供一个基础价值观，通过顺应或反抗它来把握距离感。然而，在历史、国家与社会统统无法提供基础价值观的今天，（传统意义的）成熟从根本上已经不可能存在。事实上，宫台真司体现的是当时，也就是九〇年代后期的思想。

正如精神科医生、文艺批评家斋藤环在《心理学化的社会》中指出的，九〇年代后期，虚构世界中占据支配地位的通俗心理学式人生观将一切都归结于“童年创伤”。这非常明确地体现出当时责任转嫁式的天真情绪，即“都是社会（父母）的错，我才无法成熟”。比如，当时流行的美式心理惊悚片、以村上龙（后期）为代表的幻冬舍文学、野岛伸司，以及《新世纪福音战士》，例子简直不可胜数。

但问题是，正如我再三指出的，如果没有俗世价值观、生存意义或者成熟模式这样的东西，人就无法生存。宫台自己在〇〇年代的转向就说明了一切。

总的来说，当时，被称为“要成为大人”派的前者是对社会流动性的加强持有天真看法的结果，他们想对旧有模式进行微调以适应当下，但是失败了；被称为“当孩子也不错”派的后者则仅仅满足于宣告旧有成熟模式的失效，没有提出替代方案，最终自然崩溃了。前者对时代保持着钝感却急于逞能，后者则满足于“社会（父母）不引导就什么都干不了”的幼儿式撒娇。无论哪一种模式都无法发挥作用。

就这样，九〇年代结束了，时代迎来了“9 · 11”后的决断主义式动员游戏 / 大逃杀的世界，决定性地促成了这种情况的小泉纯一郎结构改革的风暴呼啸而过。在这个时代，复述着“我无法理解混乱的世界，所以什么

都不做 / 不成熟”，是无法生存下去的。对，我想试着回到“成熟是活下去的基础”的立场进行思考。

如前所见，虚构作品的世界也频繁将主题设定为“AUM[*]/EVA”，即在父亲缺席的时代如何“成熟”的问题。当然，此前论及的“家里蹲（世界系）到决断主义（幸存系）”的脉络也符合这一主题，但本章将更直接地聚焦于“成熟”问题来分析各部作品。

例如，2005 年放映的《响鬼》，讲述了作为“完成体的成年人”登场的主人公响，开导苦恼于未来的少年明日梦的故事。这部作品试图强行复活现代早期的、高速发展时代的父亲，吸引了很多年纪较长的特摄片[†]粉丝的支持，他们往往对将“正义”相对化的平成时代的“假面骑士系列”持有批判立场。另一方面，《响鬼》也失去了大批原初男性观众层的支持，作品的制作现场一度发生混乱，剧集中段还更换了制作公司和编剧，做了实质上的方向变更，在网上引起了巨大争议。这就是无视时代变化，将旧有的成熟模式强加于生存于当代的孩子，以致最终失败的典例。

动画《交响诗篇》（2004）与《响鬼》一样，也是以重构“成熟”为目标的作品，结果用错方法，彻底迷失。

---

* AUM，即奥姆真理教的“奥姆”，取自梵文的种子字“唵”。

† 特摄片，指采用特殊摄影技术（SFX）拍摄的影片，通常以科幻、奇幻为题材，代表作有《假面骑士》《哥斯拉》《奥特曼》等系列。

在这部作品中，作为空贼[*]一员参加反政府运动的少年，最终通过与政府军的战斗揭示世界的真相。本作的基调是以“没有反抗对象所带来的绝望”为主题的九〇年代摇滚式的反主流文化价值观。然而，主人公少年兰顿将父亲和姐姐视为历史上的英雄，又被掌握着创世秘钥的少女无条件需要。这种世界系式的全能感填补了上述缺失。“世界”将主人公无条件地判定为特殊的存在——这部作品因为导入了这一自我中心主义的路径，令自身成为与《响鬼》一样，以回归“历史 / 社会 / 父亲给予生存意义”这一世界观为目标的作品，严重丧失了说服力。

而且，这两部作品都催生了一批以自我陶醉模式对“强行在这样的时代追寻成长故事”的剧情产生共情的中高龄粉丝。两部作品表面上自我标榜为“为孩子们制作的成长故事”，其实只能作为“没有自信的中高龄安慰剂”被消费。

可以说，〇〇年代中期之所以出现这类作品，是因为在九〇年代后期的家里蹲落后于时代、〇〇年代前期的决断主义飞扬跋扈的状况下，对能够提出反命题的期望，最终还是因为无视时代变化、回归旧有模式而迎来了破产。

新的成熟模式（成长故事）必须是契合新社会图景且与过去完全不同的事物。其中，现代早期形态的父亲

---

* 空贼是科幻类作品中出现的职业，概念近似于海盗，指驾驶装备有武器的飞行器的空中强盗。

早已不存在，我们必须以此为前提进行思考。以前流行一句俗谚:“没有父母，照样长大。”如果旧有的成熟模式是“有了父母,儿女成才”,新的成熟模式就应该是“没有父母，照样长大”，不在这种观念上思考恐怕是行不通的。以此种观念为基础的新型成熟模式和成长故事其实已经崭露头角。

从家庭到模拟家庭——《多罗罗》的谱系

“没有父母，照样长大”——这种新成长故事的源流，姑且可以追溯到九〇年代后期的反 EVA 语境。针对《新世纪福音战士》的“没有父亲的指导就什么都做不到”的家里蹲情绪，迟钝的想象力是前述自称“自己成为指导善恶的父亲”的反命题，敏感的想象力则是以“没有父母，照样长大”这一新世界观为基础建立的反命题。

“活着就是赚到”“不用你说，我也会活下去”——试问有多少人还记得这些流行于九〇年代后期的口号呢？前者是由大地丙太郎导演改编自小花美穗的少女漫画《玩偶游戏》(1996)的动画中频繁出现的台词，后者是以“机动战士高达系列”为人所知的富野由悠季导演的动画《灵魂力量》(1998)的核心口号。前者是反映了当时童星风潮的少女成长故事，后者则是科幻机器人动画，描述了在奥姆真理教式狂热信徒与联合国军队抗争的过程中，宇宙意志对人类发出了信号。

这些作品作为《新世纪福音战士》浪潮的替代方案被制作出来，它们的主人公恐怕与碇真嗣一样，都是实际上已经“被父母抛弃”的孩子。但是，仓田纱南、伊佐未勇这些主人公，没有因为被父母抛弃，因为未被历史和社会赋予生存意义，就像真嗣一样畏缩不前、甘愿自闭。纱南在养母的教育下，从小就在舞台上为自己开辟了立足之地，勇则是离开了仅仅将自己视为道具的双亲，投身战场。两人都在片中获得了虽无血缘却密度极高的崭新共同体——模拟家庭，从而得到治愈。同样被双亲抛弃却拒绝走上碇真嗣之路的孩子们，从九〇年代后期开始，就已经尝试在严酷的现实下谋求生存。

“从家庭到模拟家庭”的主旨在盐田明彦导演的电影《金丝雀》（2005）中得到了全面的展现，该片是以引发一连串讨论的奥姆真理教作为主题而创作的。主人公少年光一的母亲是新兴宗教“涅槃”（明显以奥姆真理教为原型）的高层。教团因为实施毒气恐怖事件而被剿灭，于是，光一与家人分离，生活在政府设施中。然而，光一为了再次与母亲、妹妹一起生活，逃出了设施。也就是说，这部电影将奥姆真理教问题呈现为“被双亲抛弃的”孩子的成长故事，是极具批判色彩的真诚故事。在故事后段，母亲没能等到与光一相逢就自杀了，光一一度陷入了绝望。但是最终，光一选择与旅途中结识的少女由希所象征的新同伴一起建立模拟家庭式的共同体，选择活下去。

盐田明彦虽然是凭借《黄泉归来》(2002)、《溢满胸口的爱》(2005)等阖家团圆式催泪作品而成名，却是对成熟模式的重构问题最敏锐的作者之一。可以说，《金丝雀》是在地铁沙林事件十年后，对奥姆真理教问题(成熟模式的重构问题)给出答案的作品。接着，盐田的问题意识在新作《多罗罗》(2007)中也得到了充分发挥。《多罗罗》是改编自手塚治虫著名漫画的真人电影。表面上，这部电影以人气漫画为基础，加上了妻夫木聪、柴崎幸等人气演员，是一部话题优先的作品。尽管不能否认这一面向，但实际上从内容来说，这是将《金丝雀》的主题放在更大的舞台上再现的作品。

《多罗罗》电影对原作有很多设定上的改动，但内容大体一致。群雄割据的时代，作为乱世武将的儿子降生于世的主人公百鬼丸，成了父亲与妖怪交易的祭品，失去了体内的所有器官。失去四肢的百鬼丸就这样被生父抛弃，却被养父捡回，利用不可思议的技术接回了四肢，长大成人。于是，为了打倒夺取自己四肢的妖怪，取回原本的身体，百鬼丸踏上了旅途。读者应该已经注意到了，这种情节酷似《金丝雀》。这当然并非偶然。恐怕从一开始，盐田明彦就想将早在七〇年代便挑战了“没有父母，照样长大”这一前卫成熟观的手塚的《多罗罗》，作为超越“AUM/EVA”式成熟回避模式的全新成长故事重新加以利用。

《多罗罗》原作中，百鬼丸在旅途中与血亲重逢，随后再次诀别，这一时刻就是故事的结局，并未描写百鬼丸旅途的终点。《金丝雀》是在手塚的《多罗罗》原作之上，续写了模拟家庭这一当代落脚点（结局）的故事。比起手塚的原作，由盐田操刀的真人电影版《多罗罗》更接近《金丝雀》。盐田镜头下的百鬼丸与原作相同的地方，是都在旅途中与血亲重逢并诀别，然而与手塚原作中此后孤独离去的百鬼丸不同，盐田版百鬼丸的视线则转向了后来获得的新（模拟）家人——盗贼伙伴少女多罗罗。盐田版《多罗罗》是续写“从家庭到模拟家庭”的新希望而得以成立的作品。

手塚治虫的《多罗罗》是过早与“家人”诀别的故事。这种“被双亲抛弃的孩子的再生之旅”的普遍主题，实际上并未完成，因而强有力地持续束缚着日本亚文化的历史与现在。

比如，著名批评家大塚英志以漫画原作者身份创作的成名作《魍魉战记 MADARA》（1987—1990）也被大塚本人视为当代版《多罗罗》。

在日本，评论家大塚从最早的阶段开始，就敏锐地意识到，社会流动性加强（即后现代状况的进展）将旧有的成熟模式逼入功能残缺的境地，急需建立新的模式。这样的大塚从八〇年代开始到当下一直持续创作的“MADARA 系列”，将目标直指当代版《多罗罗》可以说是自然而然的结果。天才的手塚预见了旧有成长模式终将失效，他通过《多罗罗》提示着建立面向未来的新模式的必要性。《多罗罗》也持续成为众多作者的参照。作为《多罗罗》的当代孩子，最受瞩目、获得最大支持的或许是荒川弘的少年漫画《钢之炼金术师》（2001—2010）。

《钢之炼金术师》的主人公是拥有天才炼金术的爱力克兄弟。幼时被父亲抛弃的两人对自己的能力盲目自信，为了将死去的母亲复活，挑战禁忌的人体炼成术，失败后，哥哥失去了右臂和左腿，弟弟失去了全部身体。用机械代替残缺的身体后，兄弟俩为寻回原本的身体而踏上旅途。不用分析也知道，这部作品依然被设定为当代版《多罗罗》。本作开场不久就放弃了对母亲的复活，这是将“与家人诀别”和“从家庭到模拟家庭”这种态度视作一切的前提。理所当然，与失踪的父亲重逢也不是目的。兄弟俩完全是为了用自己的力量找回自己的身体才踏上旅途。使用义肢的哥哥因为“身材矮小”（不再长高）而格外自卑，失去了全部身体、利用特殊技术将灵魂安置在铠甲中的弟弟则经常陷入消失的不安之中。他们想要取回的身体，就是“成长的身体”。

故事在走向结局的过程中，深入探讨了如何面对（无法像过去一样成为生存意义与价值基准的）“历史”和如何面对已经失效的“父亲”等核心主题。如果要夹杂个人喜好地预测剧情，我想，最终呈现在我们面前的结局，应该会是“长高了的”（成长了的）两兄弟。我非常想知道，在“历史”和“父亲”都失效的世界，他们将如何依靠自己的努力获得成长。

新教养主义的可能性

本书的读者中，有孩子的人应该不少吧。虽然我提出“没有父母,照样长大”的态度才是新时代的成长故事，但为人父、为人母的群体，恐怕会脱口而出“那父母还能干什么”。

新成长故事中的“父母”，也即大人的职能究竟是什么？或许，我们可以换个问法：如果孩子们获得自行选择的“模拟家庭”式共同体是一种新成熟，那么，为了使其成立的必要条件是什么？

社会伦理学家稻叶振一郎的回答是：大人要为孩子的试错准备必要的“环境”。

> 我并不想具体地说什么“朝这个方向走更好”，我只想“通风”和“打地基”。（中略）要不断提供内容。同时，这些内容并不需要真的被接受，这样一来，才能像浅羽通明提出的那样，将喜欢的东西作为道具使用即可。所谓准备环境就是这个意思。
>
> ——《稻叶振一郎访谈》，载于《PLANETS》vol.2，第二次行星开发委员会，2006

稻叶与山形浩生等理论家生于六〇年代，受浅羽通明影响，都采取相同的教养主义立场。

这种立场并不展示特定的价值观，并不是陈旧的“父亲”。其实，这种父亲不论招致顺从或反抗，都扮演着提供基准的角色。作为代替，他们希望成为专注于为孩子准备环境的新“父亲”。事实上，作为批评家的他们所进行的活动，也不像宫台真司或大塚英志那样是为了展示特定价值观或生存方式的“动员型”。他们积极选择了相对朴素的工作，比如，翻译海外的优秀作品，为基础教育进行直白幽默的解说。但是作为这些做法的背景，我们也不能忽视上述提及的坚定思想和战略瞄准的目标。

我决定用从山形主编的《新教养主义宣言》(1999)中提取的“新教养主义”一词来称呼稻叶、山形的立场。[1]这种新教养主义的态度是让孩子斩断对原生家庭的期待，通过自己试错，找到模拟家庭式的共同体。大人并不指导孩子，而是为试错准备环境。在此基础上，优质的青年作品潮已经出现。

例如，2000年放映的电视剧《鬼魅小夜子》便是如此。原作是小说家恩田陆的出道作。故事的舞台是地方城市的高中，这里一直流传着名为“小夜子传说”的学校怪谈。听说，每几年就会有一名学生被小夜子选中，秘密进行一种规定的仪式(游戏)。原作小说极富魅力地描绘了流动性依旧很低的地方世界，并以相当高的完成度实现了常常不够完善的青春小说。与此相对，电视剧版着眼于“学校”这一环境，大大偏离原作构建的独立世界。

电视剧《鬼魅小夜子》的舞台与原作不同，设定在初中。与原作相同的是，这里也流传着小夜子传说。传说本身只不过是某位老师作为幕后人物操纵的简单游戏。老师会从自己负责的年级中选出一人，送出游戏必需的道具，也即旧校区的柜子钥匙。其余一概不去干涉。然而，传说在孩子们心中兀自发展、膨胀、改写，已经脱离最初策划者老师的控制，引起了一系列连锁事件。少年少女通过学校这个自律性地上演“传说”的场所，获得了成长。

《鬼魅小夜子》的编剧宫村优子也参与了矶光雄导演的动画《电脑线圈》(2007—2008)，前者的结构几乎原封不动地被复制到后者中。这部作品以大人们提供的环境——通过电脑眼镜观看到的发达赛博空间——为舞台，让孩子们在自己的世界展开冒险。换言之，《鬼魅小夜子》中的“学校”在《电脑线圈》中变成赛博空间。为了满足中高龄消费者的欲望，这部作品的最后更多地描写了少女间的虚拟恋爱关系，也因此削弱了这部青年作品的说服力，但作为继承了杰作《鬼魅小夜子》的血脉、展示出创作繁荣度的作品，它依然重要。

尽管算不上流行，在轻小说领域，大西科学的《约翰平和我》系列（2006）也表现出同样的创作态度。作品贯彻着这样的思想：对于自律地进行膨胀的孩子世界，成年人表示信任，并专注于准备出这样的环境。另外，第八章列举的木皿泉电视剧版《野猪大改造》中登场的大人们，同样也保持了新教养主义式的距离感。

这样一来，虽然谈不上是多么宏大的潮流，但新教养主义式的青年作品重构，在〇〇年代虚构作品的发展过程中应该作为不容忽视的要素得到重视。

最后，我想提一提东清彦的漫画《四叶妹妹》（2003—）。东清彦的成名作《阿滋漫画大王》（1999—2002）以四格漫画的形式，描绘了女高中生间平淡而不带挫折的“舒适”学校生活。这部作品采用了对日常无意义的连续交流进行描写的形式（即所谓的“空气系”），将高桥留美子的母性敌托邦变为更忠于男性消费者欲望的形态。但同时，东清彦也是对其成熟回避的面向（母性重力）最为敏锐的作家。证据之一就是，他在当时大热的《阿滋漫画大王》中让登场人物平静地增长年岁（毕业），早早结束了故事。他拒绝了高桥式非成熟的无限循环结构。

近来开始连载的《四叶妹妹》一改前作的风格，变成了广义的育儿漫画，令粉丝惊讶不已。这部作品串联起日常而平凡的小情节，描绘了身为孤儿的幼女四叶被一个青年翻译家捡到，在周围人的环绕下（模拟家庭！）

一点点长大的过程，颇为暖心。这类作品很容易沾染说教气息，《四叶妹妹》却几乎没有展现出任何类似的具体信息。取而代之的是对孩子的自律力量抱有的强大信任，并全力维持着能够实现这种信赖的环境。养父完全不向四叶传达自己的价值观，而是将其带入各种各样的环境，这种立场完全可以视作新教养主义的态度吧。

如果作为对当代成熟模式的重构，东清彦从空气系向新教养主义的转变可以说是一种必然的结果。

新教养主义的局限

作为对过剩流动性下的新成熟模式的探索，新教养主义式的构想或许是最具说服力的方法论之一。在必须选择某一种价值观的决断主义时代，大人能为孩子做的，就是不灌输、不选择特定的价值（这恰恰是决断主义式的），而是去构筑能让孩子的选择保留更多谦逊和柔软的环境，让他们从很早的阶段就开始试错。

然而，新教养主义当然有其局限。新教养主义的态度只通行于一个不用承担自我决断（隐藏着暴力与自我伤害）带来的责任的儿童世界。面对互相伤害或需要负起责任的性爱，新教养主义式的想象力就会无能为力。为什么？因为哪怕在赛博空间，性与死也不允许试错。它们不可逆，无法重置，会带来决定性的影响。因此，当代的成长故事会希望只将新教养主义式试错当作一种预先准备。

新教养主义无法处理性与死。《电脑线圈》结尾部分的描写也仅仅流于表面，无法对其内在进行展示。新教养主义在优秀的青年作品中发挥着作用，拥有重构成熟社会教养小说的可能性，但作为代价，它也在言说“更进一步”的主题时选择了放弃。

例如，长谷川裕一的《机动战士海盗高达》（1994—1997）是“高达系列”漫画的外传，却隐藏着对原作者富野由悠季的尖锐批评。一言以蔽之，长谷川选择从新教养主义的立场出发对富野进行批判，因为后者在《机动战士 V 高达》中描绘了高桥留美子式母性敌托邦的胜利和放弃成长，而且在《灵魂力量》中尚未寻回对模拟家庭式共同体的信赖。[2]

但在这部作品中，长谷川完全无法处理在富野由悠季作品中占据极大魅力的决定性支撑元素——性与死。比如《机动战士高达 · 逆袭的夏亚》中夏亚的绝望和《机动战士高达 F91》（1991）中铁假面卡洛佐·罗纳的扭曲，这些难道能在新教养主义式的价值观中得到描绘吗？

小说版《电脑线圈》（作者是宫村优子）的孩子们，佩戴电脑眼镜的时间是有限的（仅在儿童期）。这意味着，新教养主义只能被尚未触及决定性事物的世界支撑，也即只能被在儿童世界才存在的幸福环境支撑。

尽管如此，新教养主义作为在新的时代令新的教养小说成为可能的态度，蕴藏着作为前提被广泛共享的潜力，从家庭到模拟家庭，从父母到准备环境的建筑师。我们能做的，只有赠送钥匙、递上眼镜。至于在这之后扩展、膨胀的世界（如性爱与死亡），只能（就像我们曾经那样）依靠孩子自己的力量去面对。余下的，唯有祝福——我们生存在祝福的时代。

注释

1 山形浩生对自己挑战的“启蒙”立场做出过如下说明：“这应该是我力所能及的事。孤立的发言，自然是该领域的专家在一定程度上认真提出的。那么，如果在生活上、工作上，或者单纯的兴趣上都这么做，大家关心的话题就会如烟花般扩散到四处。我们要做的就是将这些都串联起来。”（《新教养主义宣言》）

山形的想法并非宣扬特定的价值或伦理，并将其普及后进行劝导。他始终致力于创造让人们的智识生活成为可能的“环境”。比如在欣赏电影时，普及“如果知道会理解更透彻”的背景知识，或者告诉我们宏观经济与日常生活见闻的关联。

2 《机动战士海盗高达》以充满活力的少年托比亚为主人公。托比亚驾驶着属于宇宙海盗的机器人（高达），在前辈驾驶员金凯度的指导下，从邪恶帝国手中救出了女主角，实现了自我价值。作品以这种典型的教养小说形式拉开帷幕，很快就变更到托比亚脱离金凯度的路线开始自立的逻辑上，展现了向新教养主义图式的变化。但不如说，新教养主义式的孩子们信仰一种相当幼稚的正义感，延续着父权家长制的男性沙文主义（强大的男性保护柔弱的女性），简陋地发挥作用。富野的作品描绘了新范式的不可能性，也即描绘了在“审判的父亲”和“封闭的母亲”的象征秩序下无路可走的男性绝望。与之相比，长谷川却支持利用新教养主义完成对父权家长制男性沙文主义的回归，并立足于这样的立场对富野进行了批判。长谷川的立场需要忽视在根本上支撑富野作品的母性敌托邦问题才得以成立。基于对孩子们的“信任”才得以成立的新教养主义，也经常伴随着令不加批判的幼儿式失控成为现实的危险性。

12

“变身”对假面骑士而言意味着什么？

——“正义”与“成熟”的问题谱系

何谓当代的“成熟”？

上一章，我们从新教养主义的观点出发考察了当代的“成熟”问题。在新教养主义看来，成熟并不是由他人给予的，而要通过自己选择、决断、承担责任，以及在失败中不断尝试和纠正来获得。剩下的，就只能通过孩子们，以及我们自己去获得。如果用第一章中“政治与文学”的比喻说明,那么,世界的“政治”问题只是“环境”而已。

但仅仅如此还不够。新教养主义是以当代已经不可能实现启蒙为前提展开的社会设计思想。但是，如果将其视为个人成熟的条件，那它只不过是确保了个人在动员游戏时代生存的前提动机。

基于新教养主义，（比喻来说）从家庭到模拟家庭的转变已经是一种必然和前提，问题已经进入下一阶段，即我们个人——就“政治与文学”比喻中的“文学”问题而言——应该如何面对和运用这种模拟家庭式的共同体。

当代的“成熟”究竟是什么？对此，新教养主义可以回答“政治”的问题。那么，“文学”的问题，也即个人生存方式的问题，又该以什么为目标呢？本章就将处理这一问题。使用的素材则是足以代表日本特摄片的“假面骑士系列”。

支撑着日本少年漫画草创期的作者石森章太郎，在七〇年代几乎独自包揽了特摄英雄片的策划与创作，可以被称为“英雄之父”。

尤其是 1971 年开始放映的“假面骑士系列”，创下了堪称社会现象的大热纪录，之后也一直在制作。

或许，六〇年代之前出生的读者会很意外，实际上，“假面骑士系列”一半以上的作品都制作、放映于〇〇年代。从 2000 年放映的《假面骑士空我》（以下简称《空我》）开始，连续九年，电视台每周周日早上八点时段都在放映“假面骑士”。〇〇年代其实是一个与假面骑士并行的时代。

本书在考察〇〇年代日本虚构作品想象力的变迁时，选取的最佳样本就是《周刊少年 JUMP》。如果要在这之外同时举出一例，那就是平成时代的“假面骑士系列”。

这两组作品都将儿童，也即“物语”最年轻的消费者作为目标受众，而且在商业和内容上都必须争取成年与女性消费者的支持。也就是说，它们都是“必须同时攻略多个文化圈的岛宇宙”的作品群。在文化圈的岛宇宙化愈演愈烈的今天，生产忠实于特定文化圈/岛宇宙欲望的作品更简单也更容易，但要产出同时获得多个岛宇宙支持的作品则很困难。考虑到这一状况，在当代通用的物语必然是具有普遍性的、能够适用于多个岛宇宙的作品。作为满足这一条件的作品群，我认为《周刊少年 JUMP》和“假面骑士系列”是值得评论的。

随着后现代状况的必然发展，作为无法避免的选择纠缠着我们的“决断主义”态度是本书论述〇〇年代想象力变迁的出发点。从原理上，人类无法忍受后现代状况下生存价值的悬置，不，价值观悬置这种态度本身在逻辑上就无法成立。因此，我们最终都必须在承认它毫无道理的基础上选择某种立场——这就是当代的决断主义。

那么，以“假面骑士系列”为代表的特摄英雄片，出于商业需求就会被要求执行“正义”。但是要在当代描绘“正义”，究竟是容易还是困难，参照我先前的论述就会一目了然。

如果不自觉地依赖无法避免的决断主义路径（在动

员游戏 / 大逃杀的背景下），当代又是一个描绘“正义”空前容易的时代。只需相信想相信之物，从数据库之海中读取想要的信息，在清除了误配的空间 / 小叙事内部，正义应该能够得到认可。只要将不同叙事的居民当作敌人清除即可。

然而，如果对决断主义路径抱有自觉，对无法避免、没有尽头的动员游戏 / 大逃杀抱有自觉，我们就必须与所有“正义”终将被决断主义回收的状况对峙。身处当代，我们无法避免成为一个决断主义者，必须在没有正义的时代执行正义，我们都是假面骑士。

在这样的世界，我们，以及假面骑士们必须直面“正义”的问题谱系，也即如何在承受决断主义态度及其困难的同时，在动员游戏中走向“成熟”。本章想通过追溯假面骑士（被赋予了与决断主义困难对峙的命运）的变迁，试着思考当代的“正义”与“成熟”。

那就开始吧。我准备“让时代从‘零’开始”*。

为了让时代从“零”开始
——《空我》

平成“假面骑士系列”的第一部作品《空我》是原

* “時代をゼロから始めよう”这句话是《空我》同名主题曲的歌词。

作者石森章太郎逝世后制作的首部电视剧集。

特摄片不同于毗邻的创作类型“动画”，特摄片草创的六〇年代到七〇年代产出了大量以广泛年龄层为受众的作品，而在八〇年代后，观众层限定在儿童的纯儿童向作品占据半壁江山，尤其是东映系作品，成年观众（部分狂热粉丝除外）能够耐心看完的作品极少。但自九〇年代后期，非东映系的“怪兽系”“巨物系”类型的特摄片中导入了《机动战士高达》那种集体战斗式的现实元素，推出一系列开拓中高年龄层观众的作品（如平成“假面骑士系列”、《迪迦奥特曼》等），获得了很高的评价。

《空我》比这股被称为“平成特摄文艺复兴”的潮流晚了几年，但称得上是对“假面骑士”进行同等程度升级改造的作品。

具体来说，《空我》以刑侦剧的形式展开，故事发生在当代，被称为“未确认生命体”的神秘怪物与怪人进行的虐杀已经升级为社会问题。该剧以群像剧模式描绘了警察联合主人公（空我）与“未确认生命体”进行对抗的过程。这里几乎原封不动地采用了九〇年代后期大热的现实主义刑侦剧，如《X档案》《跳跃大搜查线》等的手法。主人公（空我）是个凭借古代遗迹的力量获得超能力（变身空我的能力）的青年，片中甚至没有出现“假面骑士”一词。

与这种崭新的现实主义倾向相悖，《空我》是从极其陈腐的价值观和想象力中孕育的作品。如前所述，特摄片出于商业上的制约，需要以某种形式描绘正义（对正确价值的决断）与成熟（向儿童展示成人形象）。那么，《空我》描绘的“正义”和“成熟”又是怎样的呢？

从结论上来说，两者都采用了七〇年代经济高速发展期的陈旧模式。

故事中登场的敌对角色“未确认生命体”是从古代开始长眠的智慧生命体，早于人类出现。有的“未确认生命体”是为了从人类手中夺回当代地球的霸权，有的则是本着与同伴游戏的态度，大规模无差别屠杀。换言之，这些存在被描绘为绝对的“恶”，消灭它们的空我和警察则被描绘为单纯而毋庸置疑的“正义”。

那么，何为“成熟”呢？主人公五代雄介被描绘成为实现和平不惜自我牺牲的英雄，一个对战斗的虚无抱有自觉的“终极超人”。故事中还安排了很多崇拜、羡慕五代的少年，成年人也表现出追随五代的姿态。此处的重点在于，暂且不论五代作为战士如何，但他作为人类，在故事一开头就几乎以完成体登场。换言之，《空我》将正义与成熟描绘成理所当然的事物。但正如之前反复说明的那样，当代，已经不是一个用正义与邪恶的二元对立就能够把握的浅薄时代了。

《空我》将正义与邪恶作为理所当然的事物进行描写。这其实是在依赖无自觉的决断主义。流着泪杀戮“未确认生命体”的五代，确实对决断主义从原理上孕育出的排他性暴力怀有一定程度的自觉。然而，五代的眼泪恐怕是“安全而疼痛”的眼泪。这种眼泪是为接受暴力的自己而流，绝不是在否定“消灭与自己不同的存在”的逻辑。

假面骑士们不自觉地支持决断主义，〇〇年代由此拉开序幕。

从九〇年代到〇〇年代
——《假面骑士亚极陀》和《龙骑》

虽然有点突然，但希望读者回忆一下中学时代。班里是不是总有一两个不受欢迎的阴郁同学，自称超能力者或灵能者。我们可以这样理解，战后日本亚文化中的超能力与灵能，关键就在于这种能力等同于疏离感带来的逆向歧视式自恋。

以《人造人009》（1964—1981）为代表的石森章太郎的作品、平井和正的《幻魔大战》（1967）、日渡早纪的《地球守护灵》（1986—1994）……战后亚文化中的异能与“冷战”期的“最终决战”主题一起，被描绘成了一种“因被剥夺了本应存在的可能性而产生的‘圣痕’”，并以这样的形态被消费着。不再相信社会性自我实现可能的年轻人，梦想着最终战争导致的“世界末日”，通过与行使“异形力量”的角色同化而消解疏离感。试想，石森章太郎笔下的原作版初代假面骑士本乡猛，是为了隐藏改造手术的伤疤才戴上“假面”变身的英雄。假面骑士的“变身”本来就是疏离感（反向膨胀的自恋）的隐喻。正因残缺，所以强大；正因受伤，所以美丽——生存于20世纪七八十代的失败青年，在操纵异能力量的英雄/主人公活跃的故事里，寻找着疏离感的容器。《幻魔大战》也好，《地球守护灵》也罢，它们的终极形态就是八〇年代神秘主义风潮的归结点——奥姆真理教。

这里的重点在于“放弃社会性自我实现”与“残缺（受伤）的自己是正确的、美丽的”这种人生观结合在了一起。在战后日本，社会性自我实现最低迷的时代就是九〇年代后期。

正如第三章的论述，九〇年代后期是家里蹲/心理主义的时代。美式心理惊悚片、在此影响下的村上龙（后期）等人的幻冬舍文学，以及《新世纪福音战士》动画版与紧随其后的世界系作品群……在这些作品中，故事不是围绕“做什么/做了什么”的行为，而是围绕“是什么/不是什么”的角色设定被认可展开的。人的内心状态由童年创伤决定，具体而言，是由“创伤到何种程度”决定的。

“冷战”期“异能者”的疏离感要转化为自恋，只能通过特异功能的隐喻才能被实现。但到了九〇年代，在对社会性自我实现的低信赖感已经波及全社会的背景下，疏离感要转化为自恋，甚至已经不需要那样的隐喻，而是通过一种更为符号化的简单方式就能实现。

铺垫有些过长，我要说的是，2001 年放映的系列第二作《假面骑士亚极陀》（以下简称《亚极陀》）对九〇年代后期人生观保持了批判性视角，值得被大书特书。主要制作人从《空我》的高寺成纪换成了年轻的白仓伸一郎，主要编剧也交给《空我》的副编剧井上敏树，他们大胆采用了九〇年代美式心理惊悚片的手法与人类观。

故事的舞台与《空我》一样，身份不明的怪人“未知”（Unknow）犯下了动机不明的连续杀人案件。主人公是丧失记忆的青年津上翔一（亚极陀），伴随着每一集稍微释放的隐藏于过去的秘密，故事向前推进。登场人物大体分为两类——一类是持有九〇年代世界观，困于过去的创伤，由这种伤痛确立身份认同并生存下去的人；一类是共享〇〇年代的幸存感，意图靠自己获得生存意义及正确价值（而非凭借历史及社会）的人。作品对两者的描写具有非常明显的差异：前者几乎都作为超能力者登场，后者则都被设定为非超能力者。考虑到日本亚文化史中的异能者谱系，这种设定或许是必然的结果。

然而，主人公津上翔一是个稀有存在，他身为超能力者（亚极陀）却属于后一类人。在故事的前段，翔一丧失了记忆，连自己的本名都不记得。他并未因此而苦恼，反倒十分享受地在寄宿处过起了家庭主夫生活，对于变身亚极陀的能力也不大在意。到了故事中段，他才在警察的询问下轻描淡写地坦白“其实我就是亚极陀”。没错，他并不以精神创伤的设定/超能力来确立身份认同。

翔一的态度直到故事最后找回记忆也没有改变。不论失忆前、失忆中，还是找回记忆后，他的身份认同始终根植于日常之中，成为厨师的平凡梦想（即小成熟）支撑着他。换言之，身为超能力者而同时拥有〇〇年代的幸存感的翔一，被描绘为克服九〇年代后期厌世观的存在。在故事中登场的部分超能力者（女主角风谷真鱼与另一个假面骑士苇原凉等）起初被描绘为九〇年代式的人物，但在翔一的影响下，最终也克服了九〇年代式厌世观。另一方面，始终沉浸在九〇年代式厌世观中的超能力者们（“拂晓”号[1]的成员等）接连丧命。没错，前者（九〇年代式的人物）死了，后者（〇〇年代式的人物）活着，这部作品贯彻了如此残酷的二分法。

还有一点，整部作品中，前者几乎没有吃饭情节，后者则总在“吃”点什么（《亚极陀》总体来说是一部饮食情节很多的作品）。以厨师为志业的青年翔一总是在做饭。这究竟在隐喻什么？我想应该不必赘言。正如翔一的台词“所谓活着，就是美味佳肴”所揭示的，本作中的“吃”将故事从与社会、历史割裂的日常中牵引出来，象征着快乐生活的态度。尽管《亚极陀》引入了美国心理惊悚片式（即九〇年代后期式、EVA 式）的手法和人生观，却是一部以克服为主题的“去九〇年代化”的作品。

在《亚极陀》中，正义与成熟这两大主题是被如何处理的？《亚极陀》描绘了不想让人类进化的超越者（神）派出的刺客“未知”与人类的进化形态超能力者“亚极陀”之间的对立格局。与前作《空我》相同，其将战斗设定为理所当然的正当防卫，并未涉及正义的问题。但故事在最后，稍微带出了国家权力迫害超能力者亚极陀的描写，该主题将在系列第四作《假面骑士 555》（以下简称《555》）中全面展开。

关于“成熟”，《亚极陀》则贯彻了不对与历史割裂的日常感到绝望，一边看清结局、一边汲取物语的态度，也即吉永史式的态度。此外，对“吃”这一主题的使用也好，落脚于日常的选择也好，《亚极陀》确实非常接近吉永史的作品。[2]

但此处值得注意的是《亚极陀》与《空我》在“变身”这一主题上的不同。《空我》的五代雄介是世界上唯一能够变身为“空我”的存在。此处的变身是身份认同的确认，是自我的扩张。《亚极陀》中的“亚极陀”并非只有翔一，亚极陀是作品中所有超能力者的总称，有多个亚极陀在片中登场。想要强行从创伤 / 超能力（变身亚极陀的能力）中找到身份认同的登场人物一个个都死掉了。“变身”在《亚极陀》中的意义变化，极大地影响了后来的系列作品。

接着是第三部，2002 年放映的《龙骑》。本书已经多次介绍过，这是一部关于〇〇年代前期决断主义式动员游戏 / 大逃杀的代表作。既然前作《亚极陀》已经是去九〇年代化的叙事，这自然是一种必然结果。在这个故事中，十三位假面骑士一起挑战了“活下来的人能实现任何愿望”的大逃杀。这当然是 2001 年以后兴盛的动员游戏 / 大逃杀式世界观的寓言（参照第五章）。

在这部作品中，“世界是混沌的，不知何为正确”这种九〇年代情绪，以及家里蹲 / 世界系式的社会图景作为前提被接受、消化，朝着“何为正确、何为价值由赢的人（暂时）决定”这一〇〇年代世界观转变。

于是，走到这里，平成“假面骑士系列”终于完全将“正义”和“成熟”这两个时代主题包含进作品之中。《亚极陀》最后简略描写的“正义”的问题谱系显性化了。在《龙骑》中，正义完全变成了相对化的事物。不仅如此，本片还导入每个人（决断主义式地）宣扬自己相信的“正义”并互相残杀的世界观。没错，义正词严地宣布“正义只不过是相对的东西”即可的时代已经宣告结束。相对主义如今只不过是前提，为了活下去，我们必须承认那些毫无道理的东西，选择（决断）某物（正义）——《龙骑》描绘的就是这样一个“9 · 11”事件和小泉改革以后的全球化时代。

至于“成熟”的问题谱系，《亚极陀》中展现过的异能与身份认同的解绑将进一步发展。《龙骑》中的“变身”是与镜世界怪物这种人工生物之间的“契约”。这是在《宝可梦》等电子游戏的直接影响下被导入的设定，如此一来，异能/变身能力进一步与个人本质断绝了。《龙骑》的主人公城户真司之所以能够变身为假面骑士龙骑，仅仅是因为他和被称为“无双龙”的龙形怪物依照游戏规则订立了契约，与过去的精神创伤、疏离感一概无关。作为“精神创伤的异能/身份”的结构，在《亚极陀》中通过故事被否定了，而后随着系列作品的推进被逐渐摧毁了。

“正义”问题谱系的临界点
——《555》

2003 年放映的第四部作品《555》，使这一系列迎来了临界点。年轻的小林靖子作为主要编剧在《龙骑》亮相之后就离开了，《555》再次启用《亚极陀》的编剧井上敏树。他在其中描绘的故事堪称《亚极陀》的负片（Negative Film）。

在《555》中，《亚极陀》最后略微提及的“被人类迫害的超能力者”的主题被完全铺开。《555》的世界中，超能力者奥菲以诺创建了佯装为跨国公司的神秘组织“智慧大脑”（Smart Brain），暗中与人类对立。奥菲以诺像吸血鬼一样袭击人类。虽然可以让人类觉醒为奥菲以诺，但成功率很低，大部分人都会在此过程中死亡。因此，人类秘密计划剿灭奥菲以诺，而奥菲以诺为了增加同伴而袭击人类——片中塑造了这样的对立结构。在《555》中，奥菲以诺作为“怪人”被假面骑士葬送。奥菲以诺与亚极陀一样，是人类的进化形态，被描绘为除了拥有异能以外与人类别无二致的存在。换言之，这部作品首次明确表达了一点：正义就是杀人。

在这部作品中，能够变身假面骑士的（可以分别使用 Faiz、Kaixa、Delta 三款腰带）只有奥菲以诺（以及照此标准接受特殊手术的人类）。主人公乾巧在故事中段明确了奥菲以诺的身份。《555》讲述的大概就是，认为应与人类对决的“智慧大脑”派奥菲以诺和希望与人类融合的少数奥菲以诺，两者间“互相残杀”的故事。

其中，井上敏树几乎挑战了当代正义问题的临界点。曾经，假面骑士击退怪人被视为正义，到了这部作品，正义被明确定义为“只不过是杀人”。并且，他执拗地将这种“杀人”描绘成了“为了生存（决断主义）无法回避的必然之苦”。如果按本书语境描述，《555》描绘的就是对决断主义从原理上孕育出的排他性暴力抱有自觉且不得不将其接受下来的人们怀抱的苦恼。

《555》故事的最后保留了多重结构造成的混乱，将答案交给观众之后，便落下了帷幕。主人公最后的死暗示，如果奥菲以诺与人类的对决没有结果，围绕正义的两难论证（即决断主义原理层面的暴力性）就无法得出答案。这简直就是在抵达临界点的同时露出了破绽，也可以说是体现了我们无法逃脱动员游戏的精准现实认知，做出了“即使故事结束，游戏也不会结束”的选择。

就设定而言，《555》无疑是《亚极陀》的负片。同为无业（自由职业）青年及被迫害的超能力者，翔一与巧却是一组对照性存在。翔一哪怕是失业了、失忆了、成为超能力者了，也绝不厌世，而是通过自身的力量充实日常。他以天生的开朗安抚周围的人，发挥厨艺，构筑温和的关系，甚至还有一个当厨师的梦想。与之相对，巧却苦恼于自己是奥菲以诺。他不善于表达情感、建立关系，而且自卑于自己“没有梦想”，通过偶然得到的变身 Faiz 的能力，勉强确认了自己的身份认同。没错，按照《亚极陀》的法则，巧就是九〇年代的“旧人类”，他的死实属必然。

另外，作为《亚极陀》负片的《555》中还隐藏着令人恐惧的事实——“变身能力”完全是可被替代之物。本片中有 Faiz、Kaixa、Delta 三位假面骑士登场，但从根本上来说，任何奥菲以诺都可以佩戴可变身为骑士的腰带。通过“成为 Faiz”找到身份认同的巧，并不是什么特殊的存在。他只是一介偶然得到变身腰带（Faiz Gear）的奥菲以诺罢了。

故事描绘了围绕三根腰带展开的争夺战，Faiz、

Kaixa、Delta 三位假面骑士的“真身”会随腰带拥有者的更换而不断变更。在某一集中，Faiz 是巧，在另一集中就成了别的登场人物。巧作为 Delta 的腰带拥有者变身，在本片中也是理所当然的事。

如果考虑到战后亚文化中异能作为疏离感（以此为根基的身份认同）的隐喻被描写的历史，就会明白这部作品中出现了多么具有决定性的变化。《555》踏入了这样的领域：表征为精神创伤的“是什么”（角色）已经无法给予人物身份认同。这个问题被系列第八作《假面骑士电王》（以下简称《电王》）的“成熟”问题谱系继承了。

临界点后的迷茫期
——《假面骑士剑》《响鬼》《假面骑士甲斗》

在《555》中令“正义”问题迎来临界点的平成“假面骑士系列”，在之后的三年间，陷入了内容的迷茫期。

第五作《假面骑士剑》（2004，以下简称《剑》）虽然从制作到编剧阵容，都迎来了年轻世代的交替，在叙事上却折中地采用了《龙骑》的大逃杀和《空我》的惩恶扬善，成了一部最大公约数式的作品，在意兴阑珊中完结。本作描绘的概念是，主人公们是政府（非正式）机构的职员，作为“职业骑士”与怪物（undead）战斗。这种立场几乎接近《跳跃大搜查线》的模式，接近以浅羽通明的职业伦理为基础重构的“成熟”模式（参照第十一章），但因为结构混乱等原因，还未得到充分实现，就草草迎来了最后一集。

接下来是第六作《响鬼》。这部作品再次启用《空我》的制作人高寺成纪，投入了极高预算，采用了实验性的表现手法（音乐剧风格的演出、山区外景、大量CG技术），是一部充满野心的作品。同时，故事在开头就明确提出，作品的主题是遗留的“成熟”问题。如第十一章所谈及的那样，这部作品再次回到了“敌人”是妖怪，“就算杀掉也没有任何伦理问题”的态度上，轻易地回避了“正义”问题。取而代之的是，《响鬼》选择通过响鬼，也即制作人眼中“完成体的成年人”的生存姿态，表现憧憬着自己长大的少年明日梦的“成熟”故事。

这部作品的立场得到了对1995年后的御宅系文化，特别是对《亚极陀》后的白仓路线抱有反感的中高龄观众的狂热支持。另一方面，因为在儿童观众层中的支持率极低，放映中途甚至出现了高寺制作人及主编剧阵容被换下而白仓与井上的组合在作品后半再次被启用的“事件”。

前期《响鬼》为何会失败？如果从故事层面来考察，答案非常明显。“孩子模仿完成体的大人”的成熟模式早已陈旧不堪。这种以父权家长制为基础的成熟模式，在父亲背负的世俗价值观依然稳固存在的现代前期，以日本为例，大概是在七〇年代到八〇年代之前，尚且能够成立。在这种状况下，不论顺从还是反抗，孩子都通过接触到某种秩序、基准来变得成熟。然而,《响鬼》播出时已经是2005年。相对主义成为大前提，无法忍受这种世界的年轻人已经逃入“麻原彰晃”这一绝对父亲的怀抱进而投放沙林，就连厌恶“父亲缺席”的碇真嗣自闭于母亲的子宫都已经过去了十年。孩子们说着“没有父母，照样长大”开始裸足前行的2005年，居然还有这种故事。可以说,试图复苏“正确的父亲”的前期《响鬼》陷入了严重的时代错位。

对前期《响鬼》的问题最有自觉的，就是作为后期编剧紧急被启用的井上敏树。在故事后半，憧憬着响鬼的少年明日梦成了响鬼的弟子，为了习得制服妖怪的技术和变身能力开始修行。随后，明日梦意识到自己因为盲目尊敬响鬼，而忘记思索自己的人生，于是自行放弃修行，离开了响鬼。

最后一集中，井上执笔的草稿明确反映出他精准的问题意识。一年后，与明日梦重逢的响鬼得知对方找到了成为医生的梦想，便说出了这句话:“现在，没有我也没问题了吧。”结果，试映版现场有观众对此表达反对，这句话就改成了“今后也跟着我吧”。可以说，原本的台词浓缩了井上的成熟观。井上非常明白，憧憬着强大的父亲、盲目依赖父亲的孩子会成为怎样的大人。

第七作《假面骑士甲斗》(2006)由白仓制作人接手。本作与《剑》一样，由年轻的创作团队无功无过地糅合了以往作品的最大公约数内容。在正义问题上，它选取了《空我》式的回避，假面骑士“安全而疼痛”地反省，同时击退了外星生物蠕虫；在成熟问题上，则通过选取完美的自信人物（目中无人的“本大爷”类型）天道总司作为主人公，对其进行喜剧性的刻画从而安全地回避了成熟问题。

“变身”意义的变化——《电王》

接下来的第八作是2007年放映的《电王》。《龙骑》的主编剧小林靖子被启用。故事的主轴是为了对抗谋划时间犯罪的未来侵略者异魔神，守护时间的流逝，少年主人公野上良太郎变身假面骑士电王投身战斗。本作基本上放弃讨论正义问题，敌人异魔神究竟是怎样的存在并不明确，良太郎战斗的本质是“杀人”抑或其他，也一概未触及。

取而代之的是，焦点被转移到良太郎与伙伴们的交流上。内向的少年良太郎，拥有很容易被怪物附身的特殊体质。他利用这种体质，使用原本应该是敌人的怪物的能力，变身为假面骑士电王。在变身状态下，良太郎的人格会完全被怪物替换。一共有四头怪物附身良太郎，因此，他根据情况切换四种人格应对困难。换言之，良太郎是在内心强行安装“他者”，将“这就是我”的身份认同复数化，并利用这种情况进行战斗的主人公。

正如本书再三指出的，假面骑士的“变身”，即战后亚文化中的“异能”构想，被描绘成疏离感的反面——自恋、自我的强化。在平成假面骑士中，随着系列作品的推进，这种“变身 / 异能”从不可替代之物变成了可被替代之物。

在《电王》中，“变身”的意义也完成了决定性的转变。对野上良太郎来说，变身就是安装他者，具体来说就是让作为伙伴的异魔神（怪物）附身。没错，《电王》中的“变身”就是交流。从自我的强化到交流——良太郎通过让四头异魔神（四位伙伴）根据状况附身来迎战困难，简直就像切换应用程序一般切换着附身于自己的人格。对他而言，世界不是“战斗的对象”，而是“通过切换搭档来配合”的东西。

《电王》描绘的“成熟”归结到了交流。不是强化自我，而是通过选择握住谁的手来变身（成长）。重要的不是本身就拥有的能力，而是与自己不同的存在展开对话、建立关系——《电王》充满了这样的信念。

十年前的碇真嗣所直面的事物，与野上良太郎现在置身的状况完全相同。与后现代状况的发展等比，“这就是我”的身份认同发生了动摇。但是，他们面对状况的态度完全相反。碇真嗣因害怕“不知道真正的自己（大人和社会都不告诉我）”而家里蹲，野上良太郎则反过来将这视为世界的可能性而加以利用。过去让碇真嗣害怕的“替代可能”，在这里反倒被描绘成世界的可能性。

碇真嗣为世界和自己的关系感到烦闷时，内心被表现为孤独的电车车厢。到了当下，处于同一状况的野上良太郎的内心，则被隐喻性地表现为奔驰在异空间的电车“电班列”。身处车厢的他，绝不孤独。那里有能让他变为其他形态的四位他者——异魔神。不可思议的是，那里竟然还有卖咖啡的服务员，甚至还有将他任命为假面骑士的组织人员，也就是说，“社会”置于其间。

在这部作品中，不论“自己心中住着他人”，还是“他人扰乱了自己的人生”，抑或“每次挑战都要切换到别的人格（‘我’被解体）”，都绝不会被消极地呈现，不仅如此，其中还展示出积极的可能性，即改变自己的机会。过去被描绘成“自我”崩坏的状态（多重人格），当下却从完全相反的视角出发，被描绘成了希望。[3]

〇〇年代也行将结束的今天萌发了新的想象力：“成熟”就是交流，就是与他人并肩携手。生存在与自己截然不同的叙事中，与信任其他超能力者的他者建立关系，才是今天的变身、今天的成熟。

曾经，变身是自我的强化。但在今天，变身是交流——向着与自己不同的某个人，伸出手。

注 释

1 《亚极陀》中登场的濑户内海联络船。本作以“拂晓”号遭遇的怪异事件开场。共处一室的乘客们在事件后觉醒了超能力，也因为这种力量而接连丧命。同船的乘客全都被描写为困于“过去精神创伤”、抱有九〇年代厌世观的人物。顺带一提，乘客中最后活下来的只有主人公翔一，以及在故事后半主动放弃超能力的少年真岛浩二。

2 村上春树的作品是典型案例，后现代式的身份认同焦虑、消费社会的犬儒主义被表现为自恋主义时，往往会将其展现为“吃”这一保守的行为模式。木皿泉、吉永史与井上敏树划时代的意义就在于，将这种态度的不充分性编织进作品，重新对“吃”进行了富有魅力的描写。这就表现出“叙事可以从等身大的日常中被充分牵引而出”的信念。

3 2008 年，该系列的第九作《假面骑士月骑》上映。这部作品由井上敏树担任系列构成。在编织故事时，本作在采用与《电王》相似的形式，即与妖怪并肩作战的变身模式的同时，将主人公设定成吸血鬼与人类的混血，将《亚极陀》和《555》中排除异族的逻辑，也就是“正义”问题设定为主题。

13

昭和怀旧与强奸幻想

——关于叙事的态度

“昭和”为何牵动人心?

本章想作为一种实验，基于先前的论述，更加充分地分析〇〇年代的叙事想象力。

首先，我想讨论昭和怀旧潮。

只要看一看电影界就会一目了然，说〇〇年代上映的日本电影被昭和怀旧席卷一点也不夸张。《69》(2004)、《三丁目》、《无敌青春》(2005)、《扶桑花女孩》(2006)，电视剧领域的《白色巨塔》、《华丽的一族》(2007)等山崎丰子改编作品，象征着昭和怀旧潮。这明明是能够代表〇〇年代的虚构潮流，文艺批评界却当作不值得讨论的东西无视掉了。不论什么时代，中高龄观众沉浸在青春时代的怀旧情绪中都是司空见惯的，因此，或许很多人会认为○○年代的想象力不可能藏匿在这种东西中，于是将其舍弃。

但我的观点正相反。这种昭和怀旧作品群“正因为”出现在○○年代，所以才会流行。可以说，一系列昭和怀旧作品是○○年代叙事回归现象的象征。

一言以蔽之，2005年上映并创下最高票房纪录的《三丁目》所描绘的，就是作为乌托邦的昭和三十年代（1955—1964）。

这部作品包含的信息单纯明快，不过就是说昭和三十年代是“贫穷却内心丰饶的时代”。大批观众被这样的信息感动，那么，所谓“内心丰饶的时代”究竟指什么？大致可以总结为以下两点：

第一，这是个“谁都可以得到认可的时代”。作品中出现的昭和三十年代东京下町共同体，被描绘成一个所有成员都能得到认可、一个不论个人能力如何其认可欲求都能获得满足的社会，也即所谓“下町人情”的世界。

第二，这是个“社会能够保证生存意义的时代”。就像由药师丸博子饰演的主妇在故事结尾所说的那样，《三丁目》描绘的社会以高速发展为背景，基本上是个能够相信“只要努力未来就会变好”的时代，也是个社会能保证“为了富饶的生活而努力”这一生存意义的时代。

聪明的读者应该已经察觉到了。我将○○年代表达为“郊区化”所象征的“有物却没有物语的世界”，而不论从任何方面看,《三丁目》描绘的昭和三十年代都与〇〇年代相反。换言之,与《三丁目》中昭和三十年代那个“温暖却不自由的社会”相对,〇〇年代是个“自由却冰冷的社会”。

《三丁目》的时代过去几十年后,我们生存在了〇〇年代,失去了只要有伙伴就一定会被认可的强大共同体,取而代之的是,我们可以只与自己选择、自己喜欢的对象建立喜欢的连接。社会曾赋予人们以高速发展为象征的、直白的宏大叙事,不论顺应时代还是背叛时代,这些叙事都蕴含生存意义,但这样的时代已经一去不返。相对而言,我们在很大程度上从贫困中解脱了,能够随心所欲地生活,但作为交换,我们必须自己寻找生存意义。笼统来说,我们权衡式地获得了自由,也相对地失去了社会给予的认可和叙事。

樱庭一树的代表作《赤朽叶家的传说》(2006)就是将这种权衡关系设定为主题的作品。

这是一部讲述出身地方豪族的三代女性的编年史。第一部聚焦经济高速发展期,身为山民的女主角嫁到了凭借铁艺积累财富的制铁家族。故事通过在现代(赤朽叶家)中织入前现代(继承山民之血的女主角万叶)这一奇异方法铺展开,充满传说与神话的趣味,将小说装点得华美异常。

第二部以八〇年代为舞台,万叶的女儿毛毬成为女主角。她从极致的淑女转变为少女漫画家，又如燃烧殆尽般早逝。作为故事叙事者的女主角过早死去的第二部，笼罩在“没有物语的物语”和“以相对主义为名的绝对主义”之下，以寓言形式，艰难描绘了八〇年代这个后现代状况尚未彻底完成的时代。在丧失浪漫的瞬间重新乍现出浪漫情节，这令第二部同样富有魅力。

问题在于以当代为舞台的第三部。女主角是万叶的孙女、毛毬的女儿，也就是正在“啃老”的瞳子。与伟大的祖母和母亲相比，瞳子的人生平庸乏味，瞳子苦恼于此，以寻找自我为动机，开始追寻万叶留下的秘密。可以说,需要通过自己来组织共同体（认可）和叙事（生存意义）的当代社会逼迫着瞳子。第三部讲述的就是瞳子在这个“有物却没有物语”的郊区式当代社会，做好准备只靠自己去获得自己叙事的故事。

《蜡笔小新：呼风唤雨！猛烈！大人帝国的反击》与自我反省问题

回到《三丁目》，瞳子的烦恼本身就是昭和怀旧潮的原动力。也就是说，当人们明白这个不得不自己预备认可与意义的、“心灵自由竞争的”当代社会将会何等艰辛的瞬间，内心就会认为“温暖却不自由的社会”比“自由却冰冷的社会”更具魅力。不论是《三丁目》还是《扶桑花女孩》，都可以说是自觉服务于这种欲望的作品。

比如，《三丁目》描绘的昭和三十年代的下町商店街共同体，是凭有意隐藏起其中的阴暗面才得以成立的浅薄乌托邦。那里既没有难以改变的贫困，也不存在父权家长制式压抑所代表的暴力性。消费者得以在某种思维停滞的基础上，享受“还是过去好”的感动。

当然，制作者和消费者都将其处理为前提而享用了这种幻想。对于“被构建的昭和”所具有的欺骗性，制作者多少都有自觉，如果考虑到在2007年上映的续篇中小日向文世饰演的公司社长的台词与态度，情况就会一目了然。在上一部的剧情发展中，将亲生孩子托付给下町贫困作家的他，却接连爆出在我看来揭发了《三丁目》世界欺骗性的台词，再三要求接回亲生孩子。然而，这终究败给了下町居民的“温暖（！）”，被消解了。

这一情节带来的效果是什么？《三丁目》的粉丝或许会主张：剧组的自觉性态度，推动了观众对隐藏于《三丁目》世界的日本共同体携带的暴力性产生自觉，为作品带来了伦理性升华。但是，我的观点完全相反。这位公司社长的情节带来的是一张免罪符——“我们心知肚明，但还是要强行享受幻想”。这种做法重新隐藏起作品中那个“温暖却不自由的社会”的阴暗面，陷入了更加顽固的思维停滞。

在叙事中，将我们对这种欺骗性（决断主义孕育的根源性暴力）抱有自觉的信息传达出来，是在元叙事层面对决断进行强化和维持。敏锐的读者应该注意到了。这与我在第十章指出的世界系的强奸幻想结构完全相同。持有女性歧视式占有欲的男性消费者，为了中和内疚，安心地沉浸在美少女色情游戏式的强奸幻想中，于是在占有欲里织入了自我反省的要素，但这种自我反省绝对不会否定男性玩家的占有欲本身，而仅仅停留在“安全而疼痛”的表演层面。通过这种手法，软弱的食肉恐龙一边宣称“我是草食恐龙”，一边安心地占有着美少女角色。

当然，《三丁目》描绘的是彻头彻尾的幻想，与《AIR》和《神枪少女》等世界系强奸幻想不同，批评家也没有赋予其“孕育了伦理和超越性”的过誉评价。

然而，之所以将昭和怀旧潮与世界系强奸幻想并置看待，我有自己的理由。因为东浩纪在2001年发表《动物化的后现代》的时候，以唐泽俊一和冈田斗司夫为代表的年长御宅系世代提出了反对意见。双方在争论时各自打起的旗帜性作品就是世界系强奸幻想与昭和怀旧作品。

当时，唐泽等人高度称赞的剧场版动画电影《蜡笔小新：呼风唤雨！猛烈！大人帝国的反击》（2001，以下简称《大人帝国的反击》），是原惠一导演使用原创剧本，将臼井仪人的家庭向喜剧漫画《蜡笔小新》进行剧场动画化的作品，事实上是一部独立作品。这部作品把《三丁目》中次要表达出来的自我反省逻辑推向前台，完全是一部杂耍式（acrobatics）作品。准确地说，这部作品播下了日本电影界昭和怀旧潮的火种，是能够被置于浪潮开篇位置的重要作品。《三丁目》无论在内容还是在处理主题的自觉性方面，都是《大人帝国的反击》的软着陆版本。

下面先介绍内容。故事围绕埼玉县举办的“20世纪博览会”展开。这场博览会彻底再现了昭和的街区与文化（完全是《三丁目》式的），获得了中高龄人群的空前支持。实际上，博览会是秘密组织“昨日重现”设下的巨大陷阱，众多中高龄游客被博览会“令人怀念的气息”吸引，被该组织洗脑了。主人公是幼儿园小朋友新之助，和同伴为了夺回父母勇闯博览会，与“昨日重现”对决。其中，阿健与茶子这对反派头领，完全就像从ATG*的电影世界中跑出来的角色，令人无法招架。

作品的高潮出现在故事最后，父亲广志因为新之助等人的行动而找回了自己。被“令人怀念的气息（叙事）”洗脑的广志，在新之助面前，回想起如今自己生活在其中的“家庭”，他在这一叙事中找回了自己。随后，广志一边呐喊着“怀念到脑子都出问题了”，一边流着泪与充满魅力的“令人怀念的气息（社会赋予的古老叙事）”诀别，决意为寻回家庭（靠自己获得的当代叙事）而奋斗。

在接近结尾的部分，阿健和茶子在计划被新之助一

---

* ATG指日本艺术电影院联盟（Art Theater Guild），是昭和时代具有代表性的独立电影公司，推出过大岛渚、筱田正浩、寺山修司等导演的作品。

家妨碍之后，试图跳楼自杀。阻止他们的，是新之助的那句台词："好狡猾啊！"当然，还是幼儿园小朋友的新之助完全是在另一种语境中说出的台词，但在此处，这句话令阿健、茶子和观众都"受惊"了。怎么就"狡猾"了？是怎样的"狡猾"呢？因为在"有物却没有物语的世界"，阿健和茶子放弃了凭借自己的力量寻求叙事的生存方式。以两人的厌世观为背景而存在的思维［"讨厌任何人（社会）都不给我们任何东西"］简直太天真了。此处，这一信息有效地刺痛了观众。

《大人帝国的反击》拥有完备的故事结构——用昨日重现式的诱惑（昭和怀旧）吸引观众，在结尾又让观众观看流着泪与甜蜜陷阱诀别的画面。

然而，这部作品并非昭和怀旧潮的终点，毋宁说它作为开端的意义更重要。我在第四章中将《新世纪福音战士》与在其影响下出现的《AIR》《伊里野的天空，UFO之夏》等世界系作品群的关系解释为，"哪怕彼此伤害也要与他人生活在一起"的结尾（被少女拒绝的结尾）被改写成玩家的女性歧视性占有欲反而得到强化和维持的结构。在世界尽头被少女拒绝的叙事（新世纪福音战士），堕落成了在世界尽头被少女认可的叙事（世界系）。

同样的变化也出现在《大人帝国的反击》与《三丁目》等后来的昭和怀旧系作品之中。《大人帝国的反击》可谓"另一个新世纪福音战士"。作为独立作品来说，它具有讽刺的功能，但不得不说讽刺的射程非常有限。正如明日香的“真恶心”，不久就变成了清新的《AIR》式“安全而疼痛”的自我反省表演，新之助那句“好狡猾”的控诉，也被《三丁目》式“安全的疼痛”回收了，这就是昭和怀旧潮的发展。

如何面对“安全的疼痛”

昭和怀旧与世界系强奸幻想，二者之间几乎可以说是一种双生关系。昭和怀旧的支持者和世界系强奸幻想的支持者，分别主张《大人帝国的反击》式自我反省与《AIR》式自我反省均为作品赋予了强度，构筑了伦理。但是，正如第十章指出的那样，仅仅在决断主义选择的共同体内部发生的自我反省，毋宁说，是为了强化、维持决断（的暴力性）而进行的一种空洞的“自我反省表演”。这种反省，绝对无法面向决断本身。

《大人帝国的反击》始终隐藏着昭和三十年代式共同体的窒息与暴力，《AIR》也不会否定占有白痴少女、保证自己优越地位的玩家所持有的恋爱至上主义式的、女性歧视式的欲望。“对无法回到过去抱有自觉”（冈田斗司夫）、“对无法成为父亲抱有自觉”（东浩纪）这类“安全而疼痛”的自我反省（表演）在进一步强化、维持暴力性的同时，也颁发了一张“自己已有反省因而合乎伦理”的免罪符，进一步将人们引入无自觉的依赖。正是这种无自觉，酿成了我所说的○○年代状况——决断主义式动员游戏／大逃杀。所有人都为了生存而选择（决断）核心价值（以毫无道理为前提），其结果就是，信仰不同超越性（叙事）的共同体林立，相互斗争。这种时候，各个共同体（族群或岛宇宙）为了提高向心力和更强烈地依赖（只在共同体内部通用的）超越性，就会反复生产“安全而疼痛”的自我反省表演，对其他共同体的想象力就会越来越匮乏。

对于这种自我反省游戏的功能缺陷，让我们试想一下宫台真司曾经采取的反讽战术是如何陷入僵局的，就很容易理解。○○年代前期，宫台真司主张“强行”推动天皇主义、亚细亚主义之类的核心价值。宫台的立场，被其弟子、社会学家铃木谦介评价为“在不知何为正确的”后现代状况下“强行”选择核心价值的决断主义态度。更有东浩纪与社会学者北田晓大等七○年代出生的理论家认为，宫台式的“强行”无法发挥作用，只是如维护正统一般，导向将对象埋葬的做法。

用我的话说就是，后期宫台真司的“强行”无非是一种安全而疼痛的自我反省，一种空转的反讽。因此，对宫台真司反讽战术的批判立场与东浩纪式的《AIR》批评并非势不两立。因为前者宣告了“自我反省发挥作用并获得强度”路径的失效，后者则是以“自我反省能够发挥作用”为前提的主张。我的立场很明确，宫台真司式的反讽战术也好，东浩纪式（或唐泽俊一式）的自我反省也好，全部是无效的。毋宁说，这种自我反省游戏的失效是对“一切都只是安全而疼痛之物”的自觉，并非对本质的自觉，而是对方法的自觉——我们生存在只有后一种自觉才能发挥作用的时代。

可以说，“安全而疼痛的昭和”的本质是广泛适用于整个〇〇年代昭和怀旧潮的。比如，针对描绘六〇年代煤矿街风貌的电影《扶桑花女孩》，宫台真司就批判它描绘了“安全的疼痛”的欺骗性。如果不限于战后时代，而考虑到近现代史已经整个成为“安全而疼痛”的历史，那么，福井晴敏的《终战的罗蕾莱》（2005）等作品也基本符合这一批判。井筒和幸导演的“无敌青春系列”电影、河野史代的漫画《夕岚之街，樱之国》（2004）等作品，虽然将主题设定为外国人歧视、原子弹受害者歧视等代表昭和时代的深刻社会问题，呈现为制作精良的催泪作品，大受欢迎，但也侧面证明了“安全的疼痛”路径在市场上的有效性。

然而，昭和只能成为安全而疼痛的东西，说到底这也是无可奈何的事。既然历史作为宏大叙事给予公共领域与个人生存意义的时代已经结束，失去参与者的“历史”变为安全而疼痛的东西也是理所当然的结局。这就好比，既然交流从原理上就隐藏着暴力，对暴力性的自我反省就自然会变为安全而疼痛的东西。〇〇年代这种安全而疼痛的昭和怀旧潮，是将进入 21 世纪后才终于成为题材的时代当作“历史”（当作安全而疼痛的东西）处理才得以成立的。

但是《三丁目》及《AIR》的问题就在于，通过将“安全而疼痛”的自我反省僭称为“真正的疼痛”从而谋求自我正当化。

没错，重要的只是态度差异——是使用被“安全的疼痛”回收了的“自我反省”以外的路径，还是接受这个世界除了“安全的疼痛”外别无其他，并在试错的同时去接触他人。实际上，焦点集中在如果“真正的疼痛”能够成立，那么，应该如何将绝对无法成为当事人的人和不可能共同体会的事物织入作品？换言之，正如江藤淳对丸山真男的“复初论*”的批判，正是对“亲历性 / 当事人性问题”抱有的意识，决定了如何对只能“安全而疼痛”地存在的事物进行探索。

如此一想，就可以将“安全而疼痛”的昭和怀旧作品并置在稳定的评价标准上。比如，被宫台真司批判的《扶桑花女孩》基本上具有与《三丁目》同质的安全而疼痛的自我反省路径。

与此相对，2005 年上映的井筒和幸导演的“无敌青春系列”第一部，以爱上在日朝鲜人少女的日本高中生

---

* 复初论是 1960 年 6 月 12 日丸山真男在东京进行的“关于保护民主的演讲会”的演讲主题。丸山强调“返本归源，永远返本归源。所谓永远返本归源，就是回到战败的那个瞬间，回到 8 月 15 日。这就是它的意思”。

为主人公，将亲历性问题（“安全而疼痛”问题）设定成主题。但在 2007 年上映的续篇中，这种视角被消解了，明确地说，就是变成了讨论歧视悲剧与呼吁反战的寡淡左翼电影（这种结构当然借由“安全而疼痛”的自我反省被强化了）。

占据某种特殊位置的，恐怕是河野史代的《夕岚之街，樱之国》。这部作品通过原子弹受害者二代这种“既像当事人又不是”的存在（既像安全而疼痛的存在又不是），从两种对立观点出发描写了历史变为安全而疼痛之物的过程。无法分辨当事人在何种程度上是“真正的疼痛”或“安全的疼痛”——《夕岚之街，樱之国》试图在这种试错之中建立符合伦理的态度，这在类似作品中具有前所未有的深度。

当思考历史的时候，归根结底，我们得到的都只是安全而疼痛之物。虽然我并不否定涉足历史性歧视现场的行为，但假如为了填补这段距离而飞往伊拉克，通过这种行为得到的完全是另一种真实，并不是作为当事人的“真正的疼痛”。如果重新打开这条路径，我们就能对安全而疼痛的昭和停止思考，安心地感动了。因此，当想要在“安全的疼痛”中建立伦理时，我们就会被要求永远地试错下去。

然而，这种对亲历性的自觉，只不过是（必然被安全而疼痛之物回收的）自我反省这条路径的变奏。到头来，我们仍然要接受自我反省本身必然会转化为安全而疼痛之物进而失效的现实。在这种前提下，如何测量与对象的距离，如何思考伦理，才是重点。

已经不是（“自我反省”有效的）战后时代了

在日本，评论家、编辑大塚英志是最果敢地挑战该问题，并承受其困难的人。大塚的论述很简明，这使得他的论点在有力的同时弱点也很明显。大塚将自己定义为民主主义者，界定为小写“宅”文化的拥护者。为什么他不使用当代更为普及的大写“宅”（オタク），而使用八〇年代更常用的小写“宅”（おたく）来表意呢？因为大塚认为，战后民主主义，尤其是日本宪法九条的精神，与大写御宅系文化通过同一路径获得了伦理和强度。

驻日盟军总司令道格拉斯·麦克阿瑟曾将战后日本评价为“十二岁少年”。麦克阿瑟的发言是对旧金山体制下日本政治及文化空间的比喻，至今仍在沿用。这个不成熟的“十二岁少年”在战后进入美国的核保护伞，通过与他国之间的战争，享受了前所未有的成长、繁荣与和平，却逃脱了责任主体的身份。基于此种状况，这一比喻确实是恰当的。

如果认为应该舍弃十二岁少年身份，向正常的国家

“成长”，就成了主张再军备的保守派。如果认为停留在十二岁少年的状态才是符合伦理的态度，就是战后民主主义者的主张。

两者乍一看截然对立，其实却完全成立于同一路径。前者的立场是“强行”接受伪恶并走向成熟以生成伦理与强度。后者的立场是“强行”接受伪善并回避成熟以生成伦理与强度。事实上，不论哪一种都是在通过自我反省获得伦理与强度这条路径下成立。

大塚英志将大写御宅系文化表达为小写“宅”（即使尚在“战后”之中）及八〇年代风格，就是因为他将后者认定为战后民主主义式存在。正是“强行”回避成熟的战后民主主义路径，保证了小写宅 / 大写御宅系文化的伦理与强度——这就是大塚英志的图式。大塚提出了一种执拗的主张——“接受回避成熟的态度才是成熟”。虽然受到了伊藤刚等人的批判，但不如说这只是一个修辞学问题，大塚的态度是一以贯之的。大塚英志是为了坚持“回避成熟的成熟”这一伦理，才拥护战后民主主义，拥护小写“宅”。这种逻辑构成非常简明有力。他的逻辑只有一处纰漏，即今时已经不是“战后”。只要排除这个决定性的现实偏差即可。

没错，21 世纪的现在，当然“已经不是战后”。不论以多长的标准来计算都得说，“冷战”结束的九〇年代以后，旧有的旧金山体制带来的意义已经发生了决定性变化。“强行”接受伪善、停留在十二岁少年状态也好，“强行”接受伪恶、从十二岁少年状态脱离也罢，都已经无法成立。因为在这半个世纪中,尤其加上“冷战”终结，“十二岁少年”这个由极端政治性酿成的空间，早已被决定性地破坏了。全球化正是让国家拟人化这种宏大叙事机能变得无意义的现象。

在此重申，公共性已经无法再赋予个人生存意义。因此,以宏大叙事规定“成熟”本身就已经不可能。“十二岁少年”的路径在被肯定或否定之前就已经消散。为了让“自我反省”发挥作用，就必须有现代式的——近年日本语境下的战后式——宏大叙事给予保证。但是——其实完全是理所当然——今时已经不是“战后”了。

如此想来，作为〇〇年代叙事回归的代表，昭和怀旧会通过与世界系强奸幻想完全相同的路径出现，就成了一种必然。不论哪一种都孕育着通过现代式的——放在近年语境则应是“战后式”的——“自我反省”而获得伦理与强度的结构。在宏大叙事失效后，这种回归现象作为某种过敏反应喷涌而出。

超越“安全而疼痛”的自我反省

那么，生存于当代的我们，应该如何回避“安全而疼痛”的自我反省所导致的无自觉发生的决断主义呢？

这里，我们可以借助电影导演犬童一心与编剧渡边绫这对搭档来思考。两人搭档的第一部作品《乔西与虎与鱼》(2003)是田边圣子同名原作改编的电影，是一部描绘轮椅少女乔西与大学生恒夫同居生活的爱情故事。电影版暗示了乔西出身于被歧视族群，强调了被歧视者与保护者之间的恋爱（完全是世界系色情游戏的设定）这一要素。

故事最后，恒夫没能下定决心与被歧视者一起生活，于是抛弃了乔西，乔西迎来了一个人生活下去的结局。电影确实没有采用通过自我反省表演将占有弱者少女的行为正当化的路径，但它依然在广义上是《AIR》的变体。这部作品将田边圣子原作拥有的“真正的疼痛”净化为“安全的疼痛”。当然，按照宫台真司对《扶桑花女孩》的批判语境对其进行批判会很简单。

但结尾却一边描写崩溃哭泣的恒夫，一边展现淡然、独立、坚强生活的乔西。如此看来，这部作品或许有可能稍微改变现有的评价定位。不表现歧视者的自我反省表演，而从被歧视者的坚强（宽容）之中发现可能性的态度，这从某种意义上来说是非伦理的。但针对恒夫式/《AIR》式自我反省表演，电影提供了不同以往的替代方案，使得这部作品成功打开了世界系容易陷入的闭环。不过，另一面向也确实存在，那就是被歧视者的“宽容”将再度强化强奸幻想路径。

接着，是犬童、渡边搭档的第二部作品《彩虹老人院》（2005）。这部作品明确处于《乔西与虎与鱼》的延长线上。故事的舞台是为同志准备的养老院“卑弥呼之家”。女主角纱织是被养老院的经营者卑弥呼抛弃的女儿。以与躺在病床上将死的父亲重逢为契机，纱织开始与生活在这里的同志接触。

在《乔西与虎与鱼》的基础上，这部作品从一开始就描绘了完全接受歧视者的被歧视者的坚强与宽容所蕴含的可能性。这种非伦理的态度或许会令人震惊，但这部作品的特别之处在于，这也同时将《乔西与虎与鱼》式 / 世界系式强奸幻想通过后决断主义式的共同体消解了。

女主角纱织被描绘为拥有当代疏离感的人物，在“有物却没有物语”的时代像死鱼一样活着。令这样的她恢复过来的，是“占有”被歧视者这一世界系强奸幻想……才怪，是与这种“占有”式恋爱处于两极位置的、呈网状松散连接的共同体。如果考虑到同作的设定，很容易就会明白，这是极为自觉设定出的结构。很简单，在同志养老院卑弥呼之家，身为年轻女性的纱织完全算不上恋爱对象，而可以视为对手戏角色的春彦，毋宁说是纱织之父卑弥呼的情人，电影中甚至还安排了他与纱织做爱失败的情节。如果纱织在这里和春彦发生性关系，那么，这部作品除了世界系式强奸幻想以外也就别无他物了。

换言之，纱织在卑弥呼之家是绝对无法“占有”也无法“被占有”的存在。正因如此，卑弥呼之家的共同体才能治愈纱织。这就是本片的结构。

故事展示了卑弥呼之家的经济隐患，暗示了这样的共同体命运并不乐观，它会静静地走向终结。然而，正如宫藤官九郎和木皿泉所描绘的世界，共同体正因为一定会终结，正因为是“拥有终结的日常”，才不会陷入世界系式的强奸幻想之中，才能给人以支持。

14

“青春”存在于何处

——从 Blue Hearts 到 Paranmaum

为什么要回顾“校园”？

上一章处理了昭和怀旧潮，本章将试着讨论〇〇年代日本电影的另一大代表性浪潮——校园青春潮。

众所周知，校园青春潮始于 2001 年上映的矢口史靖导演的大热作品《五个扑水的少年》。这部作品一开始只在小规模影院上映，随口碑传播逐渐受到欢迎，后续有了包括电视剧翻拍在内的多种媒体形式的发展，成为点燃〇〇年代日本电影浪潮的作品，也催生了大量类似作品。以矢口本人的《摇摆少女》（2004）为首，还有《恋上五·七·五！》（2005）等都是这一热潮的代表作。《扶桑花女孩》也算在一定程度上继承了其精髓。

这些电影都具有以下模式：第一，以广义的社团活动为舞台；第二，不重视成绩或社会成就；第三，相较而言，过程中与伙伴的合作更能带来成就感。每年都有一部遵循“矢口模式”制作的青春电影,2008 年也有《歌魂》与《吹奏吹奏乐乐》上映。诸如小谷野敦等文艺评论家，不少都对这类企划扎堆的现象颇有微词，但《摇摆少女》和《扶桑花女孩》依旧成为上映当年具有代表性的热门作品，大获成功。因此，我们不妨试着思考，为什么矢口模式能收获如此稳固强大的支持。

校园，是岛宇宙化时代为数不多得以留存的共同体验。因此，在〇〇年代，岛宇宙自身内部形成的自恋，以及为了将其正当化而在全球范围内展开的与其他岛宇宙的斗争（决断主义大逃杀），都不断将舞台设定在“校园”。校园可谓当代社会模式（拥有相异价值观的共同体在单一的系统架构上互相斗争的决断主义式动员游戏/大逃杀模式）的缩影。

那么,《五个扑水的少年》与迄今为止的“校园青春类作品”有什么不同？这部作品的内容，甚至已经不用介绍。在真实存在的男子高中——埼玉县立川越高中的游泳部，自八〇年代中期起，就一直保留着文化祭时表演“纯男子”花样游泳的项目。这部电影就是从该高中的故事里获得灵感制作而成的。故事以喜剧的形式，描绘了充当主角的几位男高中生，克服种种困难，终于实现了这个独特企划的过程。

简而言之，这里的重点就是，影片描绘的青春之美，并不以成功、社会性价值或意义作为支撑。矢口作品重视的常常并非结果，而是过程。既不是“在全国大赛获胜”，也不是“谈一场精彩恋爱（青春期特有的特权）”，毋宁说，正是因为这种特殊意义（由社会确保的“具有价值之物”）被剥离，才突显出团队本身的快乐，以及表演、演奏本身的快乐。（将昭和怀旧与矢口模式结合起来的《扶桑花女孩》还被赋予了一层“振兴街区”的社会意义。）

然而，为什么必须从青春之中剥离“意义”呢？这就是本章的主题。因为“青春”这一主题，尤其是矢口的青春观，早已不限于〇〇年代的日本电影浪潮，而成了一个影响范围极为广泛的话题。

泷本龙彦为什么家里蹲？

让我们先复习一下之前的讨论。如果社会的流动性提高，人们就难以把握“什么是正确的，什么是有价值的”。在日本，1995 年前后社会图景的变化极大支持了这种状况，致使九〇年代后期“因为搞不懂这个世界，所以什么都不做（家里蹲）”这种对社会性自我实现信任感低下的氛围占据了支配地位。作为结果，出现了九〇年代后期的幻冬舍文学式的想象力，以及（经历了动画《新世纪福音战士》）作为继承者的泷本龙彦的小说，也即所谓的世界系作品群。

在《五个扑水的少年》热潮势不可挡的2002年，泷本龙彦发表了《欢迎加入NHK！》。这部作品可以说是明确表达九〇年代后期厌世观的绝佳案例。主人公青年佐藤因为抱有“不知道做什么好所以什么都不做（家里蹲）”的九〇年代后期厌世观，所以从大学退学，成了家里蹲青年。然后，因为被“比自己弱小”、怀有精神创伤的美少女小岬无条件地需要，他的厌世观就被填补了。这部作品的结构依然是一种强奸幻想——为了给男性用户带去“切实拥有价值的事物”（即生存意义），而对残疾或遭受过精神创伤的女性进行性占有（被无条件地需要）。因此，这部作品得到了那帮堪称“软弱的食肉恐龙”的文化系男性沙文主义者的支持。

这种扭曲的世界系式男性沙文主义的背景，是一种责任转嫁式的自恋主义。泷本龙彦笔下的主人公们，害怕世界无法给予自己浪漫，所以试图从“占有比自己弱小的少女”的行为中发现超越性。当然，这种超越性仅仅是决断主义式选择下自说自话的自恋。如何解除（作为前提的）世界系到（作为出口的）决断主义这一路径所孕育的暴力，就是本书的主题。答案已经在第七章至第十二章论述过。

泷本龙彦笔下的主人公的绝望，源自某种“有物却没有物语”的郊区式空间。但是，这种郊区式空间，果真是绝望之物吗？

在郊区式的当代社会，获取自由的代价，就是必须靠自己的力量获取“快乐”“生存意义”“认可欲求”，也即各种所谓的浪漫和叙事。因为这些是国家、历史、社会都无法再提供的。但这样的世界真的意味着不幸吗？我不这样认为。世界或许真的变“冰冷”了，相应地，也变“自由”了。对于青年佐藤这种“只能被赐予浪漫”的陈旧人类来说，这或许是个难以生存的世界，但反过来，对“一切自己获取”的崭新人类来说，却是个活得异常舒适的世界。从这种意义上看，世界只是改变了，但并非整体变好或变坏了（虽然我个人觉得是变好了）。

所谓当代，就像第七章列举的优秀郊区小说如《木更津猫眼》或《下妻物语》所描绘的，是一个只要自己伸出手，就能以前所未有的自由状态从日常中捕捉物语的时代。浪漫，反而只存在于日常之中——宫藤官九郎、木皿泉、吉永史——只不过迟钝、视野狭窄、自称“批评家”的那群人没发现而已，其实，〇〇年代的很多想象力都已经展现出这一点。

为什么矢口史靖的作品能够成为青春电影的新标准？为什么泷本龙彦作品的主人公们选择家里蹲，怀抱着用扭曲的男性沙文主义涂装而成的强奸幻想呢？答案应该很明白了。因为从泷本作品中被完全剥离掉，又从郊区式空间反复上演的日常之“中”汲取浪漫的态度，作为前提实现了。因此，矢口的“青春”形象，无法追求特别的“意义”，只需要连接、享受即可——这种明朗的祝福装饰了他的世界。

不过，事情到这里并未结束。十七岁的我如果读到这里，恐怕会感到气愤，会觉得“这人在说什么啊！这种毫无意义的连接就能满足自己了吗？”“我才不是那种能被什么日常逻辑回收的无聊人类”。我肯定会这样说服自己，以那个年龄才有的错觉满足膨胀的自尊心。但是，很遗憾，还有八个月就要三十岁的我，哪怕将这种年轻气盛当作年轻人的可爱之处加以呵护，也无法给予全面肯定。相反，我还会问那个十七岁的自己：你追求的东西真的只能存在于日常之外吗？浪漫究竟藏身在哪里呢？

凉宫春日的忧郁——世界系的临界点

谷川流的轻小说系列《凉宫春日的忧郁》自2003年出版第一卷以来，就已经成为能够代表〇〇年代轻小说浪潮的热门作品。而且，2006年的电视动画版依旧火爆，之后还开始筹备制作续集。

对于浪漫藏身何地及青春问题的思考而言，这恐怕是一部最为重要的作品。因为这部作品是在陈旧的青春观与崭新的青春观之间架起桥梁的作品。要对其做详尽说明，就必须先对这部作品堪称“过度防御式”的设定加以解读。

故事舞台是某所普通高中。在那里，叙述者高中男生阿虚与孤独的少女春日相遇了。春日是个沉迷神秘现象的不可思议少女，是个能在高中开学当天对初次见面的同学宣称“我对人类没有兴趣。如果这里有外星人、未来人、超能力者，请来找我。以上”的少女。阿虚对完全没有朋友的春日抱有兴趣，成了唯一上前搭话的人。结果，春日对这样的阿虚有了好感（！），强行点名他参加自己创办的社团“SOS 团（致力于让世界热闹起来的凉宫春日团）”。之后，春日又以同样的手法捕获了几名成员，以召唤外星人为开端，几个人开始接连进行各种神秘活动。当然，春日根本没有遇到过外星人或未来人，SOS 团的活动本质上变成了打野外棒球、拍摄独立电影、去离岛进行夏日合宿等随处可见的大学社团组织的活动项目。

但在这样的故事中，作者已经完成了一段巧妙的设计。故事开篇就已经挑明，除了阿虚以外，其他成员都是佯装为普通高中生的外星人、未来人和超能力者，甚至春日本人也是一个近乎于神的超能力者，能够在毫无自觉的情况下依照自己的愿望改造世界。SOS 团成员是遵循不同组织的指示前来监视春日的角色。不过，无论对已经接触到外星人的事实，还是对自己的能力，凉宫春日都毫无知觉，充分享受着青春。

本作可以说是狭义世界系/强奸幻想系作品的终极形态。《凉宫春日的忧郁》为了让软弱的食肉恐龙在不伤害自己臃肿自尊心的前提下满足男性沙文主义（即对比自己弱小的少女的占有欲），提供了极为周到的结构。解释一下吧。这部作品的重点就在于，女主角春日拥有匹敌“神”的能力，尽管将世界上的一切都视为“无聊”之物加以遗弃，却无条件需要消费者视角的男性角色阿虚，这被描绘成毫无自觉、司空见惯的少女恋爱情愫。这样一来，春日对阿虚的恋爱情愫就被作为超越性来消费了。当然，这种超越性的本质就是男性沙文主义，但是暴力的结构被极为周到地隐藏起来。《欢迎加入NHK！》与《AIR》中“残疾或怀有精神创伤的女子”，也即“直白地涂抹上柔弱符号的少女”，被置换为春日这位“看似强大实则寂寞的不可思议少女”，从而在表面上得以隐藏（本质却未改变）。而且，这部作品的结构乍一看是不可思议少女春日将叙述者（观众视角的角色）阿虚玩弄于股掌，但仔细一想就会明白，如同小说第四卷《凉宫春日的消失》所示，叙事者阿虚本身正如其自述的那样，“作为这个不可思议少女的心灵归宿被需要着”，因此，不能满足自身男性沙文主义占有欲就活不下去的，不如说是阿虚（读者）自己。这部作品通过采取“占有生存于世界系价值观下的少女的世界系（元世界系）”的形式，将《欢迎加入NHK！》与《AIR》中露骨展现的男性沙文主义，以迂回的路径提供给读者。在岛宇宙化的时代，正如前文所指，自身内部的自恋情结拥有如下特点:经由安全而疼痛的自我反省(模仿)被再次强化。《凉宫春日的忧郁》将这层意义通过不断叠加的迂回路径而强化到极致，可谓世界系的临界点。

作为“脱世界系”的春日

然而,《凉宫春日的忧郁》并未止步于此。或许,“世界系的临界点”的分析只能传达出这部作品的一半魅力，那么，剩下一半又是什么呢?

直接说结论。这部作品作为世界系的临界点，满足了持有九〇年代后期厌世观的消费者的男性沙文主义欲求而成为其“营养品”，同时，也正因为存在这样的面向，它才能中和怨恨情结，拥有能够接续到矢口史靖那种“对于平凡的自我实现进行祝福”的想象力。没错，本作剩下的一半魅力就在于“脱世界系”的可能性。

转折有些突然，但根本的疑问在于，春日追求的真的是外星人、未来人、超能力者这种“非日常”吗?答案当然是“否”。在这部作品中，令春日满足之物，也即模拟性地充实了消费者欲望之物，毋宁说是与社团伙伴打野外棒球、进行夏日合宿这种稀松平常的青春，是矢口史靖那种作为“日常浪漫”的青春画像。

引用《伊索寓言》的《狐狸与葡萄》就会很容易理解。狐狸憧憬着长在高处的葡萄，但当意识到靠自己的能力无法摘到的瞬间，就开始主张“葡萄一定是酸的”，“所以自己也没那么想要”。这则寓言完美表达了《凉宫春日的忧郁》的本质。

春日追求的东西，其实是内在于日常的浪漫，是在野外打棒球和夏日合宿时随心所欲地流汗，是对同级生怀有的少女情愫。即便如此，春日也无法承认（或许因为臃肿的自尊），只能说服自己：我所追求的事物不在日常之中。不难想象，这种“酸葡萄”结构会引起多数消费者的共鸣。即便想要日常之中的浪漫，也无法坦率地承认——这就是十岁到三十岁这代社交能力低下的年轻人很容易陷入的别扭心态。一言以蔽之，《凉宫春日的忧郁》就是为无法坦率表达自己想要《蜂蜜与四叶草》（2000—2006）那种平凡学校青春的人准备的自行车辅助轮般的温柔作品。为了不采取迂回路线就无法坦率接受自己对“与社团伙伴一起打野外棒球”“在学园祭的舞台上热情开唱”心怀憧憬的女主角，为了被孤僻和自卑阻碍而无法坦率表达的消费者，这部作品堆叠了重重借口，甚至到了过度防御的地步。

实际问题在于，那些想说“日常中根本不存在浪漫”的人，其实根本不是什么浪漫主义者。不知从何时起，浪漫主义者简直成了责任转嫁式自恋主义者的同义词。

凉宫春日怀有的“忧郁”的真实面目究竟是什么？那并非不存在未来人、外星人、超能力者（所谓浪漫）的“无聊世界（日常）”带来的忧郁，而是在未来人、外星人、超能力者全都存在（浪漫真实存在）的丰饶日常，春日却被臃肿的自我意识和自尊阻碍以致对其毫无察觉的自身的无能所带来的忧郁。无聊的不是日常世界，而是无法解读丰饶的春日自身的臃肿自尊。但在故事中，春日已经开始察觉。对她自己来说，野外棒球、夏日合宿和文化祭舞台，是与遇到未来人、外星人和超能力者一样，不，是比那些更加精彩的事物。

比如，在小说系列第六部短篇集中收录，并在动画版第十二集中播放的《Live A Live》里，偶然站上学园祭舞台唱歌的春日，为意料之外的好评感到困惑。此前，春日始终否认学园祭所象征的平凡日常之中蕴藏着浪漫，夸口说（强行说服自己）能满足自己的东西不存在于日常之中,而此刻,这种充实感促使她意识到自身“酸葡萄”式的憧憬。

当然，该系列还在连载中，作品会不会沿着对“酸葡萄”结构产生自觉并意识到日常中的浪漫这一脉络发展尚不明确。但我想说的是，这种为了消费者心情舒畅而设定周到的一系列元世界系的、酸葡萄式的过度防御，恐怕最终会反过来令“日常中的浪漫”，也即春日（可以预想也指消费者自己）内心真正存在的欲望浮现出来。

从凉宫春日式怨恨情结到《幸运星》式排他型社会

如此想来，《凉宫春日的忧郁》动画版的制作团队后来在2007年推出并再度引起轰动的作品《幸运星》体现出的消费倾向，就更加耐人寻味了。这部根据美水镜的同名四格漫画改编的动画，承袭了第十一章介绍过的东清彦的《阿滋漫画大王》，将女高中生琐碎日常里的无聊对话，混着各种讽刺段子描绘出来（在网络社群中被归于“空气系”作品群）。

与《凉宫春日的忧郁》相比，这类空气系作品不会采用以怨恨情结为落点的过度防御式手法。取而代之的是，这类作品唯一的机制就是为迎合消费者的性癖而量身定制的、狭隘的“萌系角色”。

如第二章所述，“角色”这种路径就是数据库消费形态催生的排他性共同体的“狭隘性”。也就是说，作品中除了为唤起消费者占有欲而被创造出的萌系角色之外，其余的全被描绘为背景。在《凉宫春日的忧郁》中，这种狭隘性（暴力）通过在叙事层面描绘的怨恨情结，设计出了女性歧视式路径，并由此确保了消费者的全能感；而在《幸运星》中，它在表现层面通过最巧妙的手法被设计并展示出来。

但这同时意味着，《幸运星》也相对不需要《凉宫春日的忧郁》那样的酸葡萄式借口。如果说《凉宫春日的忧郁》是通过在学园祭的华丽舞台上“切”的一声咂舌而做出酸葡萄反应来保证消费者的共鸣，那么，《幸运星》就是坦率表示憧憬，并且将其当作更直接的代偿行为来消费。比喻来说，从世界系到空气系的脉络表明御宅系文化开始一点点吸收矢口史靖的青春观。[1]

比起内容，《幸运星》的特征在于消费形态。在2007年大范围普及的Niconico动画等视频共享网站上，这部动画的出场角色作为粉丝制作二创视频的素材，得到了进一步传播，成为作品本身的人气来源。不论在作品层面，还是消费层面，《幸运星》的路径都力图“不依靠”（由回避成熟的怨恨情结实现的）叙事。

然而，空气系作品描绘的世界中，现阶段能得到正面评价的“日常”只局限在能够保证男性用户占有欲的范围内。正如第二章的论述，依靠对特定角色的认可来维系的空间，仅仅是一种在没有误配的复归式共同体中令内在于自我的自恋情结得到确保的空间，仅仅是一个高效摄取“萌系”养料的箱庭。

我想要严肃地补充一点，《幸运星》在打开脱叙事化可能性的同时，也（决断主义式地）在箱庭之中彻底分栖共存、闭关锁国，它以“完成”一个可以安心消费强奸幻想的空间为目标。对于决断主义动员游戏 / 大逃杀的模式，在从元视角出发将各岛宇宙动员起来的强者（夜神月、鲁路修）层面，它会表现为动员游戏；但在被动员起来的弱者（基拉信徒、新历史教科书编写会、2ch论坛支持者）层面，它则会表现为以本位主义（sectionalism）为根基稳定下来的、在地化的自恋主义乐园。

此处必须再次强调，对于决断主义催生的“没有误配的复归式共同体”的闭塞与暴力，是本书第七至九章中提及的宫藤官九郎、木皿泉、吉永史等人的作品做出了克服它的尝试。[2]

从 Blue Hearts 到 Paranmaum

由矢口史靖及空气系为象征的〇〇年代的想象力所描绘的学校与青春，展现出了一种立场变化——被他人（社会、历史）给予浪漫，到自己握紧存在于日常中的浪漫。同时，这种脉络伴随着某种脱叙事化的趋势，一直延续至今。

我最后想举出的一部能够象征这一脉络的作品，就是山下敦弘导演的电影《琳达！琳达！琳达！》（2005，以下简称《琳达》）。

《琳达》可以说是以批判性视角编排剧情的电影，针对的是在当时电影界大热的矢口史靖式作品。内容根本无须介绍。以某个高中的学园祭为舞台，四名女学生就势迅速组成了朋克乐队 Blue Hearts 的翻唱乐队（因为主唱是韩国留学生，所以取韩语中表达“Blue Hearts”

的词“Paranmaum”来命名乐队)。作品只是淡然地描绘了四个人的练习过程，几乎不存在什么“物语”。没错，其中完全没有矢口史靖出于强烈服务精神而安排的戏剧性设计(与周围大人的对立、组织上的困难、资金的缺口等)。Paranmaum所面对的困难都是日常范畴就能囊括的常见问题，完全没有值得被单独列举出来的例子。

然而，这绝非一部毫无起伏、乏味冗长的作品。只要在学校待过，你就一定不会对电影中描绘的烦琐交流感到陌生，正因为完全没有特别之处，所以才熠熠生辉。对，这部作品通过将矢口史靖的方向推向极致，实现了升华。如果日常之中果真存在浪漫，那也不应该是矢口史靖戏剧性的“物语”——这种信念随作品的画面展现出来。

电影中有这样的情节：在Paranmaum成员所属的轻音部担任顾问的老师，想对学生们说点鼓励的话。本来想说自己当学生的时候有什么想法，现在作为老师看到她们的身影又有什么想法，但就在犹豫不决之间，她被同学们打断了——“老师，我们能走了吗？”没错，不需要多余的矢口式说教(物语)，青春仅仅存在于此，就很美——该情节传达了主创的这种态度。

最能体现这部作品青春观的是对Blue Hearts歌曲的态度。Blue Hearts这支乐队，以对泡沫时代及其文化的批判与怨恨情结为原动力，“为了所有的废物”高歌。即便这种对泡沫时代进行批判的主题已经随时代发展而被废弃，但作为反主流文化幻想的根基——我“不愿屈从主流”，我“没能力成功”，但正因如此，我才能获得真正宝贵的东西——这种语境至今依然受到人们的热爱。

然而，在这部作品中登场的Blue Hearts，完全被剥离了这种反主流文化式的“意义”。Paranmaum的四个人之所以要演奏Blue Hearts，并不是因为怀有“我们不被主流世界所容，却能看到真诚”这种逆向歧视性的自恋。如果是这样，那应该为裴斗娜饰演的韩国留学生主唱安排倾诉异国他乡疏离感的桥段才对，其他成员也应该被安排各种表现疏离感和自卑感的情节，以补充演唱Blue Hearts的“理由”。但是，这部作品完全排除了这类元素，独自成立。Blue Hearts仅仅作为没有“意义”的“怀旧”，作为“单纯让人觉得很爽”的乐队，被演唱了出来。

如果思考一番九〇年代摇滚乐的发展就会很容易理解，在发达国家，反主流文化的立场基本上已经很难成立。简单来说，后现代状况越是发展，作为反抗对象的“坚固的社会‘普世价值’”就越是难以成立，主流缺席的时代已经降临。这就会激发小型岛宇宙林立的状况(决断主义大逃杀)，想反抗也没有可反抗之物。换言之，这十几年中，Blue Hearts式“虽然老子不为社会所容，却能看到真诚”的自恋，因为“社会”这个假想敌的存在方式从“宏大社会”变为“林立的小社会”,而无法存续。如今，即便单手狂扫吉他，大喊“我们绝不会在这个社会随波逐流”，也只会被认为“不就是你们的社会跟别人的社会不大一样吗”。

Blue Hearts 是乐队浪潮的先驱，他们横空出世的泡沫时代，是“宏大叙事荡然无存”本身作为虚拟宏大叙事仍在勉强发挥作用的时代（由此获得一种“反消费社会犬儒主义”的立场）。然而，正如我再三表达的，如今是一个“哪怕想凿通风口，都没有墙壁给你凿”的时代。结果就是，在这部电影中被唱出来的，是作为简单庆祝（被清新化的）的 Blue Hearts。这种从 Blue Hearts 到 Paranmaum 的转变，明确地表现出〇〇年代的想象力流变的一个侧面。既没有采用反主流文化式路径，也没有采用《幸运星》所体现的决断主义式的在地化自恋主义，这部作品的彻底态度具有极致的前卫性。

讽刺的是，凉宫春日在文化祭舞台上唱歌，从而发现了存在于平凡日常中的浪漫，甚至为此而感到困惑的《凉宫春日的忧郁》动画版第十二集，是带着对《琳达》的致敬被制作出来的。恐怕主创们并非有意，但在这个片段中的春日，简直犹如伫立于从 Blue Hearts 到 Paranmaum 的漫长道路的中间点上。

在这一集中站上舞台的凉宫春日，唱的是“即便在这样的世界，我也能从对你的爱中看到超越，并以此为生”之类的内容（大意）。这就是一首世界系之歌。然而，当她不再由他人（社会、历史）给予浪漫，而是自己亲手握住这个世界时，她所歌唱的，就已不是对责任转嫁式自恋情结的正当化。或许，那就是被清新化的、单纯为日常献上祝福的“Blue Hearts/Paranmaum”式的那首《琳达 琳达》。

注 释

1 实际上，这里隐藏着一个重要问题，即上一章论述的御宅系文化回避成熟的态度与“战后”这一政治性构造空间的关系问题。大塚英志等旧世代的批评家，大多认为维持御宅系文化强度的正是成熟回避式的怨恨情结。例如，大塚英志认为，曾被揶揄为“十二岁少年”的战后日本，也即战后民主主义的日本，抱持着被宪法九条、美国核保护伞隐藏起来的天真，通过接受这种伪善（强行停留在“十二岁少年”状态），实现了符合伦理的立场。这种立场也可以称为“宅文化”。换言之，大塚所谓宅文化的强度，就是通过强行“不成熟”地停留在十二岁少年状态才得以产生的强度。但在“冷战”已经结束十五年之久的当下，这种路径真的还有效吗？比如，对于进入〇〇年代后愈发显著的这条“独立于叙事的角色被消费”的路径（东浩纪、伊藤刚等人的观点），回避成熟式的怨恨情结还能发挥作用吗？在这种情况下，起作用的是更为明晰的男性沙文主义占有欲，以及对它的合理化。

2 同样，〇〇年代出道的推理小说家米泽穗信与辻村深月，以各自的方法克服了《凉宫春日的忧郁》式的怨恨情结，也即对日常中的浪漫做出的酸葡萄式过敏反应。

米泽穗信是对推理，特别是侦探小说类型的结构抱有极强自觉的作家。侦探主人公拥有执行“解决杀人事件”（即某种切实具有价值之事）的权利，也就是能够特权式地接触真正的“物语”。本来，通过与这样的主人公同一化而为消费者补给自恋情结的传统侦探小说路径，就与后现代状况下的叙事回归具有很高的亲和性。

米泽穗信的小说是在对这种侦探小说结构极具自觉性与批判性的基础上写成的。米泽作品的侦探们挑战的，既不是迷宫式的杀人事件，也不是震撼社会的猎奇杀人，大部分都是日常生活中的失窃、被盗，也就是所谓的“日常之谜”。比如，以《春季限定草莓蛋挞事件》（2004）开启的“小市民系列”中，小鸠与小佐内这对少年少女搭档，面对的是校园生活中遭遇的琐碎小事 / 日常之谜。这对“小市民搭档”都是拥有敏锐侦探嗅觉的人物，却拒绝运用自己的能力过上一种引人注目 / 戏剧化的生活，反而为了不惹人注意，规定自己要谨小慎微地过小市民生活。然而，小鸠总是败给通过自己的侦探嗅觉捕获物语（即通过不自觉的决断主义触发物语）的诱惑，行使能力。他的软弱驱动着故事前进。

这就像《AIR》《神枪少女》等世界系强奸幻想式结构的变奏。或可将小鸠对侦探式超越的欲望,想成《AIR》中的男性沙文主义（对患病少女的占有欲）。小市民系列亦如《AIR》那样，小鸠的欲望经过自我反省的路径（“在对侦探式自我超越的欺骗性抱有自觉的基础上，强行选择”）重新输出、再次强化。

小鸠的欲望被续作《夏季限定热带水果圣代事件》（2006）中登场的搭档、能激发读者占有欲的美少女角色小佐内利用了。通过这种利用，小鸠对于超越性的欲望在“表面上”被小佐内挫败了。

当然，小佐内这一高于小鸠的超越性知性设定，再次强化了小鸠“在对侦探式超越性的欺骗性抱有自觉的基础上，强行选择”的路径。小佐内的优越存在促使小鸠进行了“安全而疼痛”的反省，反而保全了他的自恋。小佐内作为被小鸠 / 消费者占有的美少女角色,同时也扮演着“安全地”斥责其自恋的母亲。不,更准确来说是,既然小佐内是美少女角色，那么，只要她的“斥责”无法变成“拒绝”，她就无法逃出母亲式“安全斥责”的领域。同样的路径在《算计》（2007）等米泽其他作品中也可以看到。

米泽正确地把握了在当代最自由、最富有魅力的意义补给路径，就是从日常中汲取物语的路径。从这一点来看,他是一位优秀的作家，但这种终极方法只是通过自我反省被再次强化的典型叙事回归（参照第十三章）的变奏。小鸠,只不过是一个“更努力一点的凉宫春日”。

此外,辻村深月的《冻鲸》（2005）、《慢活庄的神明》（2007）、《寻找名字的放学后》（2007）等作品描写了拥有世界系决断主义式厌世观的少女，通过获得作为“容身之地”的共同体及人际关系得到成长的故事。但必须注意到的是，这些共同体都在拥有强大父性的男性的庇护下才得以成立。这些作品全都由父亲式的存在为少女的成熟（新教养主义式地）配置了箱庭（机关），尽管故事结局会将真相展示给读者，但可以说，这种预先编织的结构实际是通过父女相奸的结构，尝试让少女幸福的自恋软着陆，虽然还很粗糙，却是迫近了当代“成熟”成立条件的一种果敢而危险的挑战。

15

脱角色论

——手机小说与物语的逆袭

名为手机小说的“怪物”

本章将试着考察作为当代叙事回归的象征性现象——手机小说的出现、流行，以及随之而来的一系列问题。

不过，本章与此前的讨论不同，不针对手机小说的故事内容，而着眼于形式，试图为一系列讨论画出辅助线。

所谓“手机小说”，是以Yoshi的《深沉的爱》（2002）、美嘉的《恋空》为代表的小说群。顾名思义，手机小说就是以手机为阅读载体并在专门网页上刊载的小说，它获得了网站的核心用户（以女性为主的年轻读者）的大力支持。

○○年代中期以后日本的小说市场，可以说完全被手机小说占领了。尤其在2006—2007年的书籍市场，畅销榜常常被这类手机小说占据。

然而，这种爆发式的市场开拓引发了传统小说读者的巨大反感。

大部分手机小说，仅仅由直白的情节与简单的对话，也即用极其简易的文章表现构成。因为，这些流通的商品大部分只是普通读者在手机网站上投稿的作品。因此，《恋空》这类成为畅销书的手机小说，因为拙劣的文笔与幼稚的设定和剧情，在网络上成了并不固定的大批用户的攻击对象。针对《恋空》涌现了批评网站的社群，在销售网站的顾客评论及各种投票活动中也相继出现了可能是源自批判者刷票行为的恶意投票和负面评价，几乎发展到了网暴的程度。

确实，哪怕考虑到作者的年龄，也很难忽略《恋空》文笔和设定中的幼稚部分。但对这部作品的抨击之所以会如此失控，主要是因为背后的文化族群问题。

手机小说的核心读者，主要是十岁到三十岁的女性，平时不怎么读小说，生活相对比较丰富。与之相对，使用网络这种媒介的，尤其是用个人电脑登录网站，大量投稿文章、做出评价、运营批评网站的用户，则多为十岁到四十岁的御宅系男性。前者与后者存在巨大的文化族群差异，他们之间是互相鄙视的关系。前者看不起后者的社交能力低下，而后者一边别扭地憧憬着前者，一边又看不起前者的浅薄。如果是在八〇年代经历青春期的人，大抵都在学校教室里见过这种荒凉的景观。反反复复，这种决断主义式动员游戏 / 大逃杀又在我们的日常风景中显露了出来。

当思考手机小说时，我们不能忘记批判活动的背景中存在着这样的文化族群问题。也就是说，批判者大部分是将手机小说视为“与我们敌对”的文化加以批判。这种情况绝不少见。

同样的现象，将攻守关系置换到所有媒介中都能成立。

比如，因为 2008 年 6 月发生的秋叶原无差别杀人事件的嫌疑人是御宅系文化的轻度用户，结果就有多家大型媒体展开了“御宅系文化直接促成嫌疑人犯罪行为”这种逻辑短路的御宅族批判，在网络则有御宅系文化的消费者们半预先防御式地对媒体的批判反应过激。

再比如，我在本书原本连载的杂志及其他媒体上也多次发表电视剧批评。但在东浩纪后完全御宅系化、感到自己有义务作为某类文化圈拥护者进行活动的亚文化批评界，不论我再怎么强调其他作品的优秀之处，对他们来说，都好像是在拥护作为“敌人”的“杰尼斯事务所人气男演员主演的电视剧”，他们只会将其理解为针对自己文化圈的敌对行为。因此，我感受到业界内外的众多反对声和压力。

这类现象之所以能够支配众人，就是因为这种区分“敌我”的思考方式。“××× 是我们的文化，所以是伙伴”“××× 不是我们的文化，所以是敌人”——身处这个只从数据库之海中挑选想要的信息、信仰同一神明的人类轻易就与他人做出区分的当代社会，身处各自分栖共存的岛宇宙被并置在同一系统架构之上的当代社会，信仰不同神明的岛宇宙（族群）之间就会发生动员游戏/大逃杀。

执着于区分敌我，简单来说就是自我意识卑微的问题。这十年间批评之所以无聊，就是因为本应扬弃这种卑微的自我意识、积极讨论作品本质的批评家们，率先无意识地作为决断主义者、作为特定文化圈的拥护者展开了行动。

当然，本书不会采取类似的立场对手机小说进行批判。将文化族群间的差异误判为表现层面的差异，会严重忽视批判对象的本质。

作为“脱角色”作品的手机小说

那么，如果排除针对某个特定族群的偏见或扭曲憧憬来思考手机小说，它的本质又是什么呢？

手机小说大部分都采用了模仿手机短信的独特“文体”。不过，这除了能够调动起年轻女性这一核心用户的共鸣以外，也没有起到更大的作用。反复出现怀孕、死亡等过激情节，也经常被视为手机小说的特征。但同样描写此类内容的樱井亚美和村山由佳，并未获得手机小说消费者的支持。

那么，到底是什么创造了手机小说的“威力”？当然，前文所说的原因带来了一定程度的威力。手机小说的很多读者，是从短信文体和等身大的世界中上演的过激故事中感受到了相应的真实感，才对其倾心。这确实毋庸置疑。但这并不足以解释读者为什么不喜欢其他媒介，而钟情于手机小说。

我认为，原因在于手机小说提纯了“物语”。

哪怕只读一次就能理解，手机小说是一种情节极度膨胀的小说，基本上所有的说明和对话都是为了推动故事发展。

不同于通过经营文体（也即文字表现的空间）来创造强度的一部分纯文学，以及让消费者占有在故事中登场的角色以获得强度的轻小说，手机小说的故事本身通过将多余的东西置于后景而被提纯了。

那么,为什么对“物语”的提纯在当代得到了支持?

正如第二章的论述，当代社会可以解释为数据库消费模式，能够支撑“文体”这种宏大叙事的表现空间已经失效。

比如日本文学，必须先有明治政府设定“国语”这一系统作为现代国民国家建设的一环，然后才会产生依附其上的现代文学。

所谓“文体”的系统，就是通过这种形成路径获得了强度。就连解构现代主体的广义后现代文学，都仍然需要这一系统作为解构的对象。

然而，后现代导致宏大叙事失效，弱化了使文体发挥作用的国民国家式装置。更准确地说，国民国家从以宏大叙事的运转为基础的规训型权力，转化成了以法律系统和社会性系统架构为基础的管理型权力。换言之，文体这种路径与宏大叙事一同被弱化了。不论是顺应还是解构，想要利用以国语为基础的文体这一路径来获得强度已经越发艰难。

那么，在轻小说中得以存续的“角色”这一装置又如何呢？

正如第二章所述，通过对特定角色的认可而形成的共同体催生了互相间的分化，带有当代排他性共同体的属性。就像数字信号的 1 和 0、开关的开和关一样，认可特定角色设定（“是什么 / 不是什么”）这一自我形象的共同体就是“伙伴”,不认可的共同体就是“敌人”——这种对敌人 / 伙伴画出明确分界线的想象力或者存在方式，在当代获得了一定程度的统治地位。

那么，再次依赖于纯粹“故事”的手机小说怎么样呢？在这里，登场人物无法作为独立于故事的角色而存在。“主人公的母亲”“主人公的朋友”“运动部的顾问老师”等角色的剧情功能，也就是故事世界里的相对位置，完全决定了角色。手机小说的登场人物完全通过“做什么 / 做了什么”的行为，获得了“位置 / 身份认同”。

这究竟意味着什么？稍微延展一些来考虑。一般来说，御宅系文化的消费者中“不会读空气”的人很多。从结果上来说，或许确实有这种倾向。我不是要否认这一点，问题的本质不在于“不会读空气”的人是不是御宅系文化的消费者，毋宁说，他们之所以“不会读空气”，是因为他们的存在方式、身份认同方式是“角色性”的。

角色性存在方式的持有者抱有“自己是怎样的人”这一自我形象设定，通过获得别人对该形象的认可而确保自己的身份认同。然而，现实中的交流并不是被轻小说模式，而是被手机小说模式决定的。不论个人想拥有什么样的自我形象，周围人都是通过与他/她的交流来评价/决定其人物形象的。角色性存在方式的持有者不理解这样的现实，就将自我形象/角色设定强加于人，导致的结果就是“不会读空气”，进而引发某种意义上的暴力性交流。

与此相对，在既不依赖“文体”也不依赖“角色”的手机小说空间，也就是提纯了的物语空间，角色（“是什么/不是什么”）在故事中的位置有通过行为（“做什么/做了什么”）改写的可能。

在这里，要求对特定角色进行认可、拒绝误配的“排他逻辑”无法运行。因为被提纯的物语空间，不存在会员资格的问题，所有人都通过“做什么/做了什么”的行为，以及对行为的评价而获得位置。

我绝对不是要赞美以《恋空》为代表的这批畅销手机小说的幼稚文笔、简单设定，以及剧作结构。[1]

我认为，手机小说的幼稚症结只不过是因为普通读者使用了投稿系统，其流行的本质应该说是一种社会流动性提高而反向引发叙事回归的奇妙现象。

正如我反复重申的，我对叙事回归的现象持有两面性评价。

当代的叙事回归，生成了要求认可与角色性存在相捆绑的自我形象 / 角色设定，并从所属共同体中将误配及他者清除的母权式排他性社会。

然而，通过将这种叙事回归推向极致，即通过从角色性存在转变为借由交流获得的关系性来保证自身的存在，我们至少可以搅乱排他性交流的暴力。

下面通过具体的例子加以说明。比方说，你在某所学校上学。内向又严重怕生的你从转学那天开始就一直遭受霸凌。不论在此前的哪所学校都受过霸凌的你，或许会感到绝望。认为“我”这种人格具有普遍性，不论在什么学校（物语）中都一定会被霸凌。

然而，这种想法就是无知和不自觉的产物。

你之所以在这些共同体中处于劣势，并不是因为你是“那样的人”，而是因为你在共同体的人际关系中，被政治性地赋予了相对不利的位置 / 角色。哪怕你一直作为班里的人气学生而活着，也会因为成了偶像团体中处于最劣势的位置的新成员而被欺负，这种事时常发生。

无法以“宏大叙事”作为依据的共同体、被“小叙事”规定的小共同体，流动性很高，也很脆弱。这样的共同体会为了自身存续与清除误配而使用暴力，但同时，其脆弱性也表现出改写的可能。你可以通过交流，改写自己在所属小叙事中的位置。你所以为的自我形象绝不是“真正的自己”，那只不过是一种愿景。你在这个共同体中被赋予的位置，也只不过是在该共同体 / 小叙事中才通用（隶属于叙事）的角色。你被赋予的角色，可以通过你自己的交流来改写。[2]

只要你还想让他人认可自己心中那个“这就是我”的自我形象，只要你还觉得这样的人际关系是理所当然的，那么，恐怕到了哪里都不会改变。

然而，只要你能正确认知到，共同体中的位置 / 角色只是在特定共同体 / 小叙事中被赋予的位置，进而去挑战改写的可能性，那就不会陷入上述情况。

面对他人,不再考虑自己抱持的自我形象被认可（强加于人），而是考虑通过获得共同体的相对位置来得到认可的时候，换句话说，就是从“不读空气”要求他人认可自我形象的“角色性存在”，转变为要求在各个共同体中拥有相应位置的“移动性存在”（mobile）的时候，小叙事这一没有误配、无法改写的存在也随之转化为可以被改写的存在。

2008 年，或许，很多有代表性的手机小说的内容和表达都还很稚嫩。但是，在这一流行现象背后的叙事回归，不，在物语提纯与“脱角色化”的趋势中，意外地隐藏着可能性。

以交流决定一切的社会

然而，我依然必须对这种应该被称作“移动性存在”的倾向做出两面性评价。当与某一时代或无法避免的潮流发生对峙，人们总是容易采取两种极端反应：要么认为“世界错了”，否定一切，背过身去；要么认为“随波逐流更轻松自在”，将自己委身于时代。这两种选择都很愚蠢。讨论世界的“好 / 坏”毫无意义。唯有扬长避短，不断去改变世界。

通过将角色性存在相对化，生存在提纯后的物语中，我们得以通过交流获得可能性。不暴力性地要求他人认可自我形象，而变为通过交流获得共同体中的相对位置——在宏大叙事失效、公共性无法赋予个人生存意义的当下，我们只能通过个人性的交流为自己供给意义。

然而，这同时也意味着，这个我们生存其间的社会将渐渐由交流决定一切。

因此，生存于公共性无法赋予生存意义的社会，我们将无法从交流中逃离。比如，没有彻底舍弃角色性存在、继续寻求他人对自我形象进行认可的人们就会被社会抛弃，从而持续引起暴力后果。比如，各种少数群体形成了基于被害人仪式连接的共同体，批判现实社会的交流，但此处，也往往会滋生比现实社会更为阴湿的霸凌。换言之，回避交流的人们，将通过更幼稚的暴力性交流夺取他人对自己角色的认可。[3]

对，我们握有的选择并非交流与否，而是不自觉地交流（角色性存在）还是自觉地交流（移动性存在）。

在这种无法避免的条件下，我们能做的不是反复主张“一切都被交流笼罩是不对的”等毫无批判效力的梦话。正如后现代状况的发展与全球化的加速，这种堪称泛交流化的趋势已经无法避免。

面对这种无法避免的潮流，我们不应移开视线、背过身去，自闭消沉，而应在接受现状的基础上，发挥长处，克服短板。也就是说，探索什么样的交流可行，这才是生存于当代的我们所面临的课题。

本书已经介绍了其中一种方法。请各位追溯前文，那就是不以角色变换游戏，也即不通过决断主义式动员游戏 / 大逃杀获得相对位置，而是去信任花费时间试错和培养出的关系——这也是前文所述的宫藤官九郎、木皿泉与吉永史等人追求的崭新交流与共同体存在方式，是将无法避免的叙事回归作为前提接受下来，摸索消解暴力和闭塞的方法。

当然，他们各自展示的方法只不过是无数可能中的一种。重点是不要为了发现正确的方向而杀红眼，而是怀抱自由、谦逊的态度，在敏锐甄别可改变之物与不可改变之物的同时，接受应该接受之物，改变应该改变之物。

注 释

1 如果仔细推敲《恋空》的剧作结构，可以从中看出与世界系 / 决断主义合流的排他性意识形态。为了给故事中的平庸少女赋予生存意义，作为对象的男性角色即便践踏周围人也要侍奉女主角的行为受到了赞美，而为了让少女的人生经历更具有戏剧性的事件，又安排男性角色患绝症死亡。这简直是把世界系轻小说的代表作《伊里野的天空，UFO 之夏》进行了性别对调。

2 这个例子其实就是第八章介绍的电视剧版《野猪大改造》的第一集。在这一集中，转校生信子入学第一天就受到严重霸凌。注意到她的主人公修二以游戏的方式，对这位被霸凌的信子进行了"改造"，试图把她推上人气角色的位置。角色性存在的信子，通过移动性存在的修二，展示出我们生存的小叙事拥有通过交流改写的可能，角色仅仅隶属于叙事——第一集的结构便是这样。

我之所以对这部作品给予极高的评价，就是因为它将小叙事的改写可能视为前提的同时，指出动员游戏 / 大逃杀的问题所在，尝试叩问未来之路。

3 例如，在 2006 年前后的博客网站"终末日记"上，无法处理自己的恋爱问题、以别扭的感情为连接的"不受欢迎"群体引发了热议。在这个共同体中也经常发生带有内讧性质的"霸凌"问题。可以看到，对以交流技巧评价一切的普遍社会进行批判的人群之中，酝酿出了更为阴湿的霸凌空间。

16

为了祝福时代，为了葬送时代

——超越决断主义的〇〇年代

不可视 / 不可避的交流

本书写了这么长，终于要结束了。本章作为最后一章，将会对之前的讨论加以整理，同时稍微写下一些个人想法。

当下，我们生存的世界，如同被搅碎的碎片。

世界如此混沌，要掌握整体面貌已经完全不可能。没有任何人能够告诉我们，什么应该相信，什么具有价值。因此，习惯了由他人（社会）给予自己生存目的的人们，就会迷失方向，漂浮在不安的海洋上。

九〇年代的日本，处于一个被惧怕社会向混沌世界变化的想象力占据的时代。社会不再给予个人生存意义，不再赋予目的，不再展示价值。感到绝望的人们填补空虚的方式，不再是追求对行为（“做什么 / 做了什么”）的评价，而是获得对自我形象（“是什么 / 不是什么”）这种角色性存在的认可。这就是被东浩纪称为“动物性”的他者回避，即放弃通过交流获得意义，而追求母亲给予孩子的那种全面认可。母亲不会因为你“做什么 / 做了什么”，而仅仅因为“你是她的孩子”这唯一的理由，仅仅因为“是什么 / 不是什么”，就无条件地给予认可。

在东浩纪看来，这种他者回避在当代已无法避免。他认为，身处宏大叙事退潮的当代，每个人的存在都只是在从数据库中随意读取想要的信息。如果发展到极致，每个读取信息的个人之间就不会发生交流。人们搜索出能够认可自我形象 / 角色的小叙事 / 共同体，与之对接，一个能够享受毫无摩擦的全能感的世界就到手了。我们只要在社交网络系统或视频分享网站上，与拥有相同价值观的人们产生连接，互舔伤口般给予彼此认可，舒适地活着就好。而且，我们也只能如此。

然而，果真如此吗？本书的起点，就是这个疑问。

网络社群充斥着暴力的连锁反应。这里，确实是一个通过搜索只看想看的信息、只听想听的声音的空间。即便如此，不，正因如此，人们才形成了状似碎片的共同体，互相争斗。政治性意识形态（左右）、文化性族群（中产阶级清高主义者 / 御宅族），找到各种理由在世界中画下分界线，以内侧是伙伴、外侧是敌人的方式决定成员、排除异己。

互联网所象征的这个我们生存于此的当代世界，是一个只要想下线（切断交流）就随时能下线的空间。即便如此，不，正因如此，人们才需要排他的逻辑。换言之，更需要将他者划分为敌人和伙伴，通过“是什么 / 不是什么”这类设定被认可而得以成立的角色性存在，就如同数码信号的 0 与 1、开关的开与关一般，严格甄别敌我。给予认可的是伙伴，吝啬认可的是敌人。为了通过生存其中的小叙事来保全作为角色性存在之容器的母亲式承认，人们就需要从共同体中将噪声彻底清除，因此，小叙事们才要在世界画下分割线，进行永无止境的斗争。如果不这样做，就会因为接触到其他的岛宇宙而令小叙事混入噪声。

角色性存在所向往的分栖共存，在现实中表征为当代排他性共同体。宗教激进主义兴起，恐怖事件连发，以大众媒体为舞台蔓延的动员游戏，以及无论线上线下都在进行的、围绕等身大的人际关系中的角色展开的认可游戏——数据库孕育出的这些他者回避现象，用排他性逻辑与暴力颠覆了我们生存的世界。

只要你闭上眼睛、捂住耳朵、停止思考，想必就能没有负罪感地享受这种暴力的快感，而且还能通过“世界已经被搅碎，所以我们只能生存在碎片之中”的想法转移责任。

比如，你能将近乎疼爱人偶一般占有罹患绝症的白痴少女（比自己弱小的异性）以满足男性沙文主义的行为，错当成孕育出超越性（竟然？）的崇高和纯爱，并以此为生。或者，你能通过歧视在日外国人的方式巩固身为日本人的自信，将此错当成慎重而冷静的知性，认为这种行为彰显了对历史与传统的敬意，并以此为生。[1]

被数据库之海淹没的当代，已经成功让人们对罪与痛缺乏自觉。我不知道这究竟是幸福,还是不幸。但至少，我不认为缺乏自觉是符合伦理的。

如果睁开眼睛、张开耳朵，就会发现碎片（呈现为小叙事）之间的相互关系已经开始描绘与此前不同的世界图景。[2]

没错，我们确实生存在这个被搅成碎片的世界。不论收集多少碎片，都已无法恢复全貌。但是，生存于碎片之中的我们的生命，其实在不可见的领域延续着。这些碎片——令小叙事成立的岛宇宙之间，蕴藏着各种交流。为了从内部将误配清除，为了彰显划定出该共同体的小叙事的正当性，就会对其他碎片发动攻击。

或许，我们会主观地从数据库之海中打捞、消费想要的信息，但是在这个没有误配的世界，要从我们生存其中的世界碎片 / 小叙事的共同体之外进行眺望，为了生存和延续而彻底行使排他性逻辑和力量才行。没错，交流并没有被消灭，只是变成了不可见的存在。我们不自觉地享受着不可见交流的结果。这种交流作为小叙事之间的动员游戏/大逃杀，作为决断主义孕育出的暴力连锁反应，将世界淹没了。

Open the door——把门打开!

数据库，作为无自觉地行使暴力、只享受结果的手段发挥着作用。这种幸福同时是阴鸷的手段，手握这样的数据库，我们往往会败给自己的软弱。

人类无法逃避叙事。即便不再有扎根社会的宏大叙事，也将出现毫无根据的小叙事。人类会"编排、消化那些毫无根据的事物"，"决断性地选择"想相信就相信。因为人类无法忍受价值观的悬置。小林善纪从《脱正义论》到《战争论》的轨迹;宫台真司倡导从"躺平革命"到不久后便自行放弃的转向;《新世纪福音战士》从讴歌与他者相遇、从母性中解放，到最终衰退为在母性敌托邦中继续占有/消费柔弱女性的《AIR》《最终兵器彼女》等强奸幻想系/世界系——历数后现代文学对现代性主体进行解构的尝试，就会发现这二十年的日本思想历程恐怕可以被记录为叙事批判的失败史。[3]

我要无数次地重申：人类无法逃避叙事。

既然叙事回归不可避免，那么，决断主义式的动员游戏 / 大逃杀也就无法避免。即便讨论“美丽国家”和“宪法九条的骄傲”哪个更合理也毫无意义，因为不论何者都是被决断主义式“编排、消化那些毫无根据的事物”加以选择的叙事，是弱者会执着地深陷其中而强者会加以利用进行动员的话术。

那么,该怎么办？对于社会的问题,也即作为“政治”的问题，我们有一个答案。那就是将决断主义当作无可避免的条件接受，以尽可能从动员游戏中排除暴力后加以利用为目标。

为了避免扩散的游戏和暴力对社会整体产生不良影响，就要管理规则和系统——对法律系统所象征的系统架构，也即通过社会设计对适应动员游戏规则和系统的“环境”加以控制。这就是所谓“设计主义”，这就是唯一的答案。[4]

为了不让小叙事之间的动员游戏失控，就要在利用方式上下功夫，进行设计主义式管理。对于“政治”的问题，这应该算是个妥当的答案。问题只不过在于，谁来当设计者，又该在哪里设立界限这种设计主义自带的课题。

然而，对于个人生存问题，对于被遗留下来的“文学”问题，我们就没有能做的事吗？难道我们只能一边期待着不可见的设计者们对我们不自觉行使的暴力适度地加以制约，一边只看想看的、只听想听的，埋首于认可角色的共同体中停滞思考吗？这个疑问闪过我的脑海。我认为，不存在这样的做法。“政治”的问题，作为无可避免的条件被前提化的决断主义式动员游戏，可能已经是无法撼动的存在。那么，对于个人生存方式，即对于“文学”的问题，决断主义能否被克服？这不就是“〇〇年代的想象力”的最大课题吗？

因此，本书在接受叙事回归的同时，思考着符合伦理的方式。怎样消除角色性存在带来的他者回避，以及他者回避孕育出的暴力——对这个堪称“决断主义困难”的课题进行回答，正是本书的主题。

我想通过回溯这一问题的原点来摸索答案。

比如，人会恋爱。人会喜欢上与自己身处不同世界的对方，会被唤起与自己处在不同经济阶层、文化背景中的对象进行交流的欲望。

比如，人会死亡。纵使是毫无涟漪的每一天，纵使是永无止境的日常，都不过是在无法接受名为死亡的终结而四处逃窜的时时刻刻中产生的世界观。不论多么希望他人真诚地认可自己的角色性存在，不论怎样拒绝成熟和变化，毫无疑问人都会衰老、会死亡。人生只有一次，绝对无法重置。[5]

因此，当代的成熟只能是拒绝他者回避，向与自己不同的他人伸出手——从自己所属的岛宇宙，向其他岛宇宙伸出手。

> 真的是这样吗？你们真的只能待在这里？你们一直都在这里。“反正也说不通。反正也没人懂。”这么一想就立马逃到这里。立马关上门。不传达自己的心情，也不在乎对方的心情。什么都不做。只会偷懒。只会跟简简单单就能互相明白的对象待在一起。你们说只有待在这里才是自由的。但实际上，只要你们还往这里逃，就不会自由。永远都不会自由。Open the door。把门打开。如果不这样做，世界就永远都在黑暗之中。
>
> ——《辣妹掌门人》第十集

确实，我们生存在碎片般的世界。然而，为了生存，我们必须向其他碎片伸出手。如果考虑到原理上无法“下线”的学校教室，以及世界经济，就更是如此。

把门打开，然后，向看到的那个人，伸出手吧。

注视着“终结”的同时

生存在社会无法告知“什么具有价值”的时代——作为回报，也是某种意义上前所未有的自由时代——我们必须靠自己获得“生存意义”并生活下去。没错，人类无法逃脱决断主义孕育出的复归式共同性，以及划定出共同性的小叙事。如果无自觉地参与其中，对于这种为了回避误配而运行的排他逻辑（攻击其他岛宇宙、以区隔外部 / 内部为目的的暴力），以及产生这种逻辑的小叙事，我们如何使它成为容许误配和延展性的开放空间呢？这就是我对克服决断主义的思考。

在思考这件事时，我必须再次强调，在〇〇年代丰富的想象力中存在着许许多多在面对“决断主义困难”时进行了优秀探索的作品。

例如，宫藤官九郎的《木更津猫眼》等作品，将“有物却没有物语”的郊区式空间，改写成了“既有物也有物语”的空间，极富魅力地描绘了兼具高聚合性与高流动性的中间共同体。木皿泉在电视剧版《野猪大改造》中，描绘了动员游戏的优秀玩家发现《木更津猫眼》式共同体的过程。吉永史追求的是在日常的琐碎交流中读取超越性的模式，也即隐藏于不否认他者的日常之中的超越性。

他们都是在作品中导入“死亡”与“终结”这类元素的作者。他们所描绘的共同体，绝不是永恒且唯一的，而是从产生之初就印刻着“终结 / 死亡”。这种限定在瞬间的共同体，作为无法替代之物运行，发挥着超越性的作用。而且，这些共同体在主张超越性存续、孕育出暴力（排他性逻辑发挥作用）之前，就消亡了。通过将死亡 / 终结囊括进来，他们颠覆了“有物却没有物语”的后现代状况，颠覆了这个宏大叙事失效的世界。“永无止境（所以满是绝望）的日常”变成了“拥有终结（所以充满可能）的日常”——没错，正因我们从宏大叙事中解脱，所以，才能因为活着，仅仅因为活着就将拥有叙事和浪漫的世界握在手中。至少还没到绝望的程度，我们的日常中充满丰富的叙事。[6]

然而，注视着终结、注视着死亡的生存方式同样是一条险象丛生的道路。以宫藤官九郎为例，他的世界观连“恋爱”及“家人”都相对化了（导入“终结”的自觉），于是，在《曼哈顿爱情故事》中迎来了临界点，不久后就无法再承受流动性，退守到《虎与龙》《吾辈是主妇》这种依靠传统共同体的作品。

如何开拓临界点之后的未来，又如何与终结／死亡对峙？或许，这就是留给即将到来的一〇年代的想象力的课题。

从“没有误配的小叙事”到“包含误配的小叙事”——就像试错如何解除决断主义孕育的复归式共同体的暴力时，抵达了终极性的“死亡”这一主题。应对平成萧条及小泉结构改革的社会反映论式想象力的发展结果，则抵达了更正统（因而具有普遍性）的问题。这些具有普遍性的问题，今后会继续存在。正因为准确把握了飞速推进的变化，才能显露出普遍的结构。——〇〇年代的想象力的发展脉络，揭露了我们身处其中的世界本质，也排除冗杂，渐渐溯源到具有普遍性的问题。

在当代，公共性已经无法保证超越性。生存意义也好，认可欲求也罢，都必须一个个重复进行试错，通过获得（或变更）共同体来补给。乍一看，这或许是个冰冷的世界。历史与国家都已经无法告诉我们，何为正确，何为价值。但作为回报，我们也得到了自由的世界。过去，神明尚在，不论反抗抑或顺从，都能获得宏大的基准（物语）。如今，我们能随时信仰喜欢的神明，也能随时背弃。可以说，能够自己思考、不断试错的环境已经预备妥当。顺便说一句，我非常喜欢这个（或许冰冷）自由的世界。

身处这样的世界，如何才能不依赖人人都容易深陷的决断主义（没有误配的小叙事）的暴力——〇〇年代的想象力探索出了答案。注视着“终结”，从一瞬间的连接之中寻找超越性，在复数的叙事中移动。肩负着下个时代的想象力，或许，就从这里开始。

从恋爱到友情，从家庭到模拟家庭

最后，稍微谈一谈未来吧。下面我说的都只是预感。但或许正因为只是预感，所以才蕴含着可能性。我要介绍的，就是向这样的未来伸出手的想象力。

在某种意义上，浅野妙子担当剧本创作的电视剧《最后的朋友》（2008）可以说是“〇〇年代的想象力”的集大成者。

同样在对父母之爱的渴望中成长起来的两个人——蓝田美知留与及川宗佑建立了依存关系。通过对这种关系的描绘，《最后的朋友》拉开了序幕。

宗佑希望通过与美知留的结合，重拾自己失去的家庭，希望不论在社会层面还是精神层面，都成为弱者美知留的“父亲”。他对美知留轻轻说道：“我们两个人活下去吧。”宗佑关于这段依存关系的浪漫化，因为自身无自觉的暴力性而露出破绽。无法抑制对美知留的占有欲，宗佑没过多久就开始限制美知留的行动。没错，因为角色性存在（世界系）绝不允许任何误配混入小叙事（决断主义）。

于是，美知留离开了宗佑。收留她的，是在合租屋经营着共享生活的朋友岸本瑠可，以及合租屋伙伴们组成的松散共同体。

故事的焦点，很快就移向了美知留与瑠可，以及作为共享空间居住者的青年小武之间的三角关系上。这个三角关系相当奇妙。尽管美知留对小武抱有好感，但性功能障碍的小武无法回应这份情感，小武爱慕的瑠可也因为性别认知障碍无法回应小武。同时，异性恋美知留也无法感知到瑠可对自己抱有的同性爱慕。故事画出了这样一个永远无法完成的三角形。

这个三角形被暧昧的关系牵引。对美知留来说，瑠可是无比重要的存在，但她无法完全回应瑠可那种饱满的、纯度百分百的爱。瑠可与小武、小武与美知留的关系也一样，一方抱有百分百的爱，但另一方只能不完整地回应这种爱。但是——不，正因如此，她才得以回避宗佑那样的占有欲陷阱，避免世界系 / 决断主义式的陷阱。不是非此即彼、黑白分明的关系，而是灰色、暧昧却柔软的关系——《最后的朋友》充分肯定了这种暧昧关系的可能性。

甚至可以说,从“非此即彼”的依存性浪漫主义（世界系 / 决断主义）到三人以上的暧昧关系——《最后的朋友》描绘出的轨迹，正是本书记录下的〇〇年代的想象力的轨迹。

比如，堪称〇〇年代少女漫画的代名词，矢泽爱的《NANA》(2000— ）明确描绘了带有疑似同性恋特点的友情所支撑的多人共同体，因为以恋爱为象征的依存性二人关系走向破灭的悲剧。羽海野千花的《蜂蜜与四叶草》描绘了登场人物全部被“单相思”连接在一起的空间，以及这种脆弱孕育出的青春疼痛，斩获了大量支持。

片山恭一的《在世界中心呼唤爱》，渡边淳一的《失乐园》《爱的流放地》等作品的翻红，《Kanon》《AIR》等世界系强奸幻想，韩国电视剧《冬季恋歌》——可以说，〇〇年代以名为纯爱的依存性浪漫主义揭开了帷幕。

然后,《NANA》《蜂蜜与四叶草》《木更津猫眼》《野猪大改造》《下妻物语》《西洋古董洋果子店》登场——

〇〇年代这一时代从“爱情”到“友情”，从“只有你”到“大家”，缓慢而坚定地解除了依存性浪漫主义孕育出的决断主义暴力。《最后的朋友》就是这种解构和重构的成果。

我之所以会注意到这个故事，是因为它的结局。在故事最后，后悔对美知留施加暴力的宗佑自我了结，美知留则选择生下与宗佑的孩子。然后，瑠可、小武向美知留伸出了手，准备三人一起，抚养孩子。

没错，这个灰色的三角形——由绝对无法百分百实现的暧昧爱意交织孕育而成，但正因如此才柔软、舒畅的三角形，在故事的最后因养育小孩被重新塑造成了模拟家庭。

以往的〇〇年代的想象力，会将这类暧昧连接描绘为因为将在一瞬间消亡，所以才能从中获得超越性的关系。如果考虑到这一层，那么，《最后的朋友》或许又向前跨出了一步。

正如美知留所说，总之想试试看，这段关系最终能抵达哪里。——没错，她们很不安，但即便如此，也依然迈出了脚步。这是多么平静又值得敬畏的一步。[7]

朝向（某种程度上充满自由与可能的）未来

从家庭（与生俱来之物）到模拟家庭（自主选择之

物），从对唯一叙事/共同体的依赖到连接复数物语的开放交流，从永无止境（所以满是绝望）的日常到拥有终结（所以充满可能）的日常——对生存于当代的我们来说，超越性不应被世界和时代给予，而应该由个人从日常中凭借自己的力量掌握。哪怕时代变迁，这个再明显不过的事实也不曾改变。

本书追溯了孕育出〇〇年代叙事的想象力变化。不过，如果只是为了整理五年或十年间的变化，这本书没有必要写得这么长。是为了通过整理这种变化，使即使时代变化也绝对无法逃脱的普遍问题浮出水面，我才写下这些。

人类是软弱的。人会因为眼前的微小变化迷失方向，错以为这一刻的自己触及世界的本质，矗立在历史的决定性变化之前。这种错觉一半正确，一半错误。因此，我才会在开头引用尼布尔的“宁静祷文”。

请赐予我宁静，以接受无法改变之事；

请赐予我勇气，以改变能够改变之事；

请赐予我智慧，以分辨两者间的不同。

——莱因霍尔德·尼布尔

20世纪美国著名神学家莱因霍尔德·尼布尔，作为一名“基督教现实主义者”，生活在战后到“冷战”的时代过渡期，影响了众多神学家和政治学家。尼布尔还生存在政治与文学的复杂勾连之中，是一位“在笔记本上画下线”的人物。虽然只是我的想象，但总觉得，尼布尔生存的时代恐怕也是一个价值观转换期，一个过去的社会图景失效并难以整合的时代，同时，也是一个为重构即将到来的社会图景做好准备的时代。

往后，恐怕以五年、十年为单位，装点时代的叙事仍会发生翻天覆地的变化。当时代进入价值观的变动期，过去的社会图景难以整合的时候，人们恐怕首先就会自闭起来，接着（不，应该说反过来）会轻易选取（即决断）对自己来说甜蜜美好的叙事。弱者会无自觉地，强者则自觉地，为了获得正当性而行使暴力。

这种时候，我希望大家能想起 21 世纪头十年的想象力变化。我们身处其中的，并非“永无止境（所以满是绝望）的日常”，而是“拥有终结（所以充满可能）的日常”。

比喻而言，尼布尔向神祈祷的就是发现这种真相的智慧。但是，我想，或许还是应该伸出自己的手，靠自己去把握。世界已经不会给予我们任何东西。正确的价值也好，生存的意义也罢，一切都必须由我们自己来筹备。

不过，不要对这样的世界感到绝望。它同时也是自由得到舒展的时代。只要想要，到处都是。至少在这种程度上，我们所生存的世界，充满了自由，充满了可能。

注 释

1 昭和怀旧或世界系强奸幻想，本身就是“因为时代如此所以强行选择了特定价值观”，“硬着头皮”、出于自觉的软弱决断主义产物。其中包含一种结构——“我们一清二楚但依然投入其中”的表演，通过“安全而疼痛的自我反省”不断被再次强化，彻底实现了清除误配的分栖共存。《三丁目》的怀旧、《AIR》的男性沙文主义，都通过“安全而疼痛”的自我反省得到了再次强化。

2 比如，在鬼头莫宏的漫画《地球防卫少年》（2004—2009）中，直面当代疏离感的十几位少年少女，突然有一天，在几乎不知道原因的状况下，就被任命为巨型机器人的驾驶员，必须赌上性命参加战斗。故事以世界系图式为基础，身为主人公的少年少女的个人人际关系——对恋爱与家人的扭曲想法，被描写为与全体人类存亡等价的事物。

这部作品让人联想到《新世纪福音战士》的设定，但其实具有决定性的差异。《地球防卫少年》在故事中段挑明，他们一直对抗的未知侵略者是与自己一样的“人类”。很明显，《地球防卫少年》铺展的故事其实就是各世界的居民为了各自世界的存亡而进行战斗的大逃杀。之后，故事强行让男女主人公们为了自己世界的存续，参与毁灭其他世界的战斗。

黑川创的小说《海鸥之日》（2008）以某个广播节目的录音室为中心，描绘了节目制作人员，以及与他们相关的更多人之间，绝对没有被人物自身察觉到的“连接”。他们有时虽然在进行足以决定人生的交流，却完全没有自觉。所谓《海鸥之日》，就是从像海鸥一样对我们生存的世界以空中鸟瞰的视角进行描写的作品。

3 说起 2007 年，应该作为后现代文学复兴浪潮的开端，留在了人们的记忆中。圆城塔的《自指引擎》、诹访哲史的《后天的人》、川上未映子的《牙齿与世界中的含我量》等广义上描绘现代性主体解体的作品都获得了高度评价。虽然圆城塔具有象征意义，但他描绘的那个“崩坏中”的世界已经成为前提，已经作为他所描绘的后现代式结构的结果，存在于当下的叙事回归中。从这一点来看，广义后现代小说式的主体解构对于动物化式的他者回避并不具备批判力度。

诹访和川上在这一点上比圆城更有自觉，两人都探究了表征为“声音”的身体性，也即溯源社会流动性上升也无法被解构的元素和被解构的可能性 / 不可能性。他们的小说是这种思想实验的成果。

剧作家冈田利规在《三月的五天间》中将决断主义式动员游戏 / 大逃杀带来的世界图景的不稳定性，与话剧中主体的不确定性重合，构建出更激进的空间。但其小说作品，以及《目的地》之后的戏剧，虽然成功地牵引出日常这一空间的深层黑暗与赤裸暴力，却也渐渐被收编到某种文化左翼式的图式叙事之中。

4 在这个问题上，互相批判的（不，在我看来，他们已经无法将对方视为批判对象，彼此的问题域相距甚远）宫台真司和东浩纪的立场奇妙地达成一致。当然，这里的宫台真司是已经放弃“躺平革命”（即放弃叙事）的前期立场，经历过倡导“强行”亚细亚主义（即自觉捏造宏大叙事）的中期立场，发展为重视小叙事林立（大逃杀）调整的后期宫台真司。而且，这里的东浩纪也是已经宣称要与（我再三批判的）世界系、萌文化论述保持距离的后期东浩纪。

他们只能站在“已经需要调整（元）决断主义者间的动员游戏了”的阶段思考问题，也就是说在《死亡笔记》《诈欺游戏》的次元中进行思考。

宫台真司与弟子们的对谈《幸福论》、宫台真司与神成淳司合著的《设计一种不可计算性》（2007），东浩纪与樱坂洋合作的小说《Geet State》（2006）、东浩纪与北田晓大合著的《从东京开始思考》（2007）——可以看出，宫台真司及东浩纪在这些著作中的思考起点，都是（带着对自身的怀疑与检讨的）设计主义式问题意识。

当然，两者也存在认识差异。如前所说，东浩纪并不重视岛宇宙之间的交流，宫台则极为重视，我的立场更接近宫台。更具体地说，宫台认为，为了培养承担社会设计的精英“建筑师”，需要某种具有两面性的现代启蒙，与此相对，东浩纪则依靠尽可能自动化产生社会设计的科幻幻想提出对策。

5 细田守导演的动画电影《穿越时空的少女》（2006），既是第十三章中列举的青春幻想式叙事回归作品的代表作，又将“无法重置的现实”的沉重属性作为主题。

电影中，女主角真琴偶然掌握了时空穿越的能力，多次使用这种能力调整周围的人际关系，但在故事结尾，她意识到有的东西不论重复多少次时空穿越都无法改变，接受了被悬置的三角关系所象征的成长过渡期的“终结”。

为什么这部电影能够打动如此多的观众？生存在当下的人们，虽然逐渐能够对现实的某些部分进行“重置”和“替代”，不，正因如此，才会因为生存于被至今“无法重置”的部分强势规定的现实之中，时而烦闷，时而伤心，不断寻求“无法替代之物”。这就是原因所在。现实中的某些部分确实变轻了，但另一部分反而变重了，无可奈何地膨胀。因此，在〇〇年代经历决定性转向的宫台真司才会对彻底批判世界系的《穿越时空的少女》赞赏有加。

6 空知英秋的《银魂》（2004—2019）就是描绘剥离了历史的日常能何等丰富的漫画。故事舞台是以幕末为底本的架空世界——不是被美国，而是被外星人强行“开国”的日本。主人公银时曾经作为攘夷志士活跃，但在与外星人的战斗中失败了，如今与伙伴们随心所欲地经营着万事屋，快乐地生活。尽管过去的同志对这样的银时颇有微词，但他丝毫没有受到影响。故事以喜剧的手法描绘了银时与伙伴充满趣味的日常生活。

银时大概很明白：这个世界，已经丧失了“历史赋予个人生存意义（补给浪漫）”的亲切设计。没错，银时并非因为败给了外星人才变得奇怪，而是参悟了世界的机关才发生变化。

然而，银时从未抱怨过“这样的世界很无聊”，他勇敢地跳入了等身大的日常，以及与拼尽全力活着的人们的关系之中。虽然这是与“历史”这样的华丽舞台相去甚远的场所，但银时的眼神总是闪闪发光。如果把他在这里发现的东西称为“浪漫”，他应该不会反对。九〇年代式语境中的“浪漫的丧失”，其实并非浪漫的丧失，丧失的只不过是“世界（历史）给予浪漫的装置”。像银时那样在仅剩日常的世界中洞见浪漫，应该并没有多困难。就这样，银时今天也生活在日常之中。

还有“五反田团”剧团的核心人物前田司郎的小说《伟大的生活冒险》（2007），描绘了三十多岁无业男子的日常，也就是说所谓的家里蹲小说。然而，这部作品的主人公绝不是因为世界不再提供意义所以才家里蹲，而只是因为犯懒、怠惰才家里蹲。因此，他并不怨恨世界不提供意义。他窝在已经分手的恋人的房间里，每天沉迷游戏的日常，正如书名所示，被描绘成了“伟大的生活冒险”。这并不是因为他从自己的无能中找出了意义，而是因为他身处平凡的生活，每天都在思考生、思考死、思考过去和未来的家人。仅仅靠这些，世界就已经非常具有戏剧性，堪称跌宕起伏的“伟大的生活冒险”。

7 漫画家金田一莲十郎也是不断将“模拟家庭”作为主题的作者。在《热带雨林的爆笑生活》（1996—2001）、《草莓观察日记》（2003— ）、《炸鸡派对》（2003—2006）等作品中，金田一都描写了通过模拟家庭恢复交流的故事。而在《变装俏老爸》（2004）中，金田一以有异装癖的三十岁男性须田为主人公，描绘了他与养子崇，以及恋人菜摘之间的奇妙关系。此处已经开始将模拟家庭描绘为养育后代的责任主体。

特别访谈："○○年代的想象力"之后

采访者、编写者：坂上秋成*

为什么要写《○○年代的想象力》

——《○○年代的想象力》出版已有三年，你最初写作这本书的动机是什么？

宇野：就是想更新以东浩纪设定的问题为中心进行发展的批评状况吧。当然，还有很多其他正在活跃的批评家，但在我看来，他们只是在确认一些早已完结的问题，无法被当成假想敌。

在我看来，东浩纪之前的评论界是围绕如何在"永无止境的日常"中生存这个问题运转的。也就是当宏大

* 坂上秋成（1984— ），日本作家、文艺评论家，代表作有小说《惜日的爱丽丝》（2013）、《钥匙的轨迹》（2019）等。

叙事衰落、意识形态对立的年代结束后，我们是应该虚构出一种后现代文化运动的“宏大叙事”呢，还是调整自身而在“永无止境的日常”里过下去呢。大概有这么两种处方，那么，应该选哪一种呢？如果选前者，那就论述应该选择何种“叙事”。前者的代表有小林善纪、福田和也、大塚英志。右的叙事还是左的叙事，在我看来，基本上只是个兴趣问题。他们都主张需要一种从后“冷战”、后战后日本社会的广义文学出发的新型宏大叙事。后者的代表，则是为本书单行本撰写腰封推荐语的宫台真司。他在九〇年代主张通过控制自我意识，或可在宏大叙事失效的世界,也就是在“永无止境的日常”中“躺平”度日。本来,宫台在〇〇年代也跳槽去了前者。其实，我觉得同时具备前者（即宏大叙事的文化性虚构）和后者（即自我调整）的存在就是奥姆真理教。所以，既然刚才列出的新人类世代批评家们，被地铁沙林事件冲击到了那种程度，他们的工作基本上都是在回应沙林事件。前者可以说是探索何为更好的塑料泡沫湿婆神，以及如何自觉且安全地利用塑料泡沫湿婆神的思想；后者则是不需要塑料泡沫湿婆神的一种自我管理思想。

但是，前者的追求说到底只是个程度问题，诸如什么稍微好一点的塑料泡沫湿婆神是这样的、稍微精致一些的利用方法是那样的，这些虽然也很重要，但无法发展成为涉及本质的讨论。后者则完全被自我启发研究小组之类的技术论回收了，类似于“如果解决不了自己的问题，就无法接触社会和世界”的问题。这就是九〇年代的死胡同。

前者的思想态度,被大泽真幸形容为“反讽式投入”，其中运行着“虽然我不相信这种叙事，但有人相信，所以并非毫无价值”或“我知道这是毫无根据的叙事，但还是要强行参与”这类以反讽形式进行的自我意识操纵。

然而，东浩纪将作为背景的现实向前推进了一步，也就是他主张的动物化论。在这一语境中阅读动物化论，可以将其解读为过往需要的反讽已经被系统架构代替的主张。

我认为，东浩纪式理论所具有的优势，就是指出了要进行“反讽式投入”必不可少的自我意识操纵在当代已经由系统架构承担了。虽然这是我自己的说法，但在当代,“反讽式投入”已经转变为“体系式投入”。关于这一点，只要对九〇年代后期的电脑游戏市场加以分析就会很清楚。

九〇年代后期掀起了角色扮演游戏（RPG）的浪潮，在那之后的〇〇年代前期，又掀起了美少女游戏浪潮。两者虽然被视为完全不同的消费类型，实际上却非常相似。

经过了八〇年代的相对主义和叙事批判，到了这些话语已经成为常识的九〇年代，按理来说，人们不会再沉迷“勇士救公主”啦，“得了绝症的白痴、柔弱女子用阳具填补精神失落”啦,这类老套叙事才对。现在对《在世界中心呼唤爱》嗤之以鼻的家伙,在当时也很多。但是,哪怕是这样的人也一点点地提升等级，通过游戏选择改变女性角色的命运，仅仅通过类似的选项完成了游戏指令，就莫名其妙地哭起来。也就是说，游戏系统支援了对叙事的投入。

游戏作为叙事回归的支援装置被使用了。进一步说，也有东浩纪所谓“游戏性现实主义”的一面。

总之，九〇年代叙事回归的本质就是明知毫无根据，还“强行”将特定价值观和叙事视为正确事物并参与其中的态度。换言之，“反讽式投入”占据了支配性地位。但在互联网化已经成为前提的21世纪，无关自我意识造型，叙事回归通过被系统支援的“体系式投入”占据了支配地位。换句话说，这也是规训型权力向环境管理型权力的转移，是虚构的时代向动物化时代的转移。事到如今，虽已无须多言，但东浩纪对问题的重建毫无疑问是成功的。

——“反讽式投入”就是自觉地选择叙事，与之相对，“体系式投入”就是借由系统组织让无意识地投入叙事成为可能。是这样吧?

宇野：不过，在当时，二十几岁的我体验到的日本流行文化的想象力，有一种已经超越游戏性现实主义（体系式投入）的实感。当时的我用尽可能将其表达出来的成果就是这本《〇〇年代的想象力》。

恰逢本书开始在《SF Magazine》连载前，东浩纪出版了《游戏性现实主义的诞生》。这本书虽然具有很多面向，但重点之一，无疑就是将现在所谓的“体系式投入”作为一种崭新的文学式装置加以解释。然而，该理论作为最前卫的思考发挥作用的时期，顶多也就截止到2000年了。在我看来，在人们沉迷于体系式投入的年代，它或许很新颖，但流行文化很快就将其超越了。对御宅系文化而言，几乎可称为最后狂欢的现象，就是2005年左右的《电车男》热潮。消费者沉溺于本应无法投入的老套故事，令其在2ch这种匿名论坛得到了系统架构性的支持。之后，体系式投入以手机小说等形式，在其他领域掀起了浪潮，但在我看来，这里面已经没有什么新鲜元素。本书之所以认为《恋空》与《伊里野的天空，UFO之夏》相似，就是因为它们都是——虽然当时并没有想到这个词——体系式投入性叙事回归的变奏。最近的“神圣放逐”*就符合这一模式。为主唱定下角色设定的叙事，是在九〇年代就已经出现的“在对摇滚的不可能性抱有自觉的情况下参与其中”的叙事，这实在是太平庸了，可结果却在Niconico动画网站上结构性地获得了大量支持。在这里，模式化的反社会性被当成了货真价实的东西。对于J-Rock来说，这种东西或许很新鲜，

* 神圣放逐，2008年成立的日本摇滚乐队，其乐队名中的“かまってちゃん”意为“为了引起他人的注意而做出奇怪行为的人”或“如果得不到回复就会反复骚扰和追问对方的人”。

但在我看来，不过是终于把御宅系网络文化在这十年中生产出的东西拿来使用罢了。对我来说，虽然从整个流行文化的角度来看非常无聊，但“神圣放逐”姑且算是个不错的乐队。

稍微提一下，如果要问我在〇〇年代感受到的走在体系性投入之前的东西是什么，那就是社交网络化。继续拿很好理解的游戏来举例，2000 年左右，我主要沉迷于 MUGEN 和 SRC（Simulation RPG Construction）这样的同人游戏工具。前者是自由格斗游戏的制作工具，后者是模拟 RPG 游戏的制作工具。这两个工具都因为与当时迅速普及的互联网紧密关联而获得了发展。也就是说，因为存在作为开发程序的免费软件，拥有这类软件的消费者们开始编写角色。然后，被公开放到网上的角色就开始被其他的消费者混搭，由此变得多样化。开发程序本身为了支持更为多样化的角色表现，展现出了由匿名且不固定的多位用户参与的集体智慧式进化。此处，对互联网结构的运用方式，是将其作为与支援叙事回归的工具相比展现出不同可能性的事物来使用。

——这是在本书中没有谈及的部分。你担任主编的评论杂志《PLANETS》在第七期也安排了游戏特辑，但其实早在那之前，你就意识到了游戏系统带来的想象力。

宇野：不过，我当时对游戏史并不了解，还没有想过把视频游戏发展史和论坛状况对照起来。所以，作为叙事论采用的主旨是，社交网络式交流扩展了体系式投入，也即世界系式叙事回归的愿望。结果，体系式投入成为“如何优雅地回归叙事”这一九〇年代日本思想的落脚点。其中最优雅的，毫无疑问就是东浩纪，就是《游戏性现实主义的诞生》。

但就像反复说到的，依我所见，〇〇年代的流行文化运行在这些理论的“前方”。比如《游戏性现实主义的诞生》象征性地引用了舞城王太郎《九十九十九》中的一句话：“所以，我要把刹那变成永恒给你们看。”这就是体系式投入导致的态度，即在故事的一次性中解读出超越性。可是，如果要问我个人的阅读体验，看这本小说的时候，我只会觉得“这还用说吗”。任谁都一样，正因为宏大叙事不再起作用，所以才不得不对人生的一次性抱有自觉。虽然道理是没错，但我不觉得这是必须在“物语”和作品中表达的东西。只要稍微在网上搜索一下，不全都是“我要把刹那变成永恒给你们看”吗？自顾自地绝望、自顾自地发现希望、感谢家人之类的博客简直太多了。总之，互联网时代的叙事回归已经被体系式投入的形式支配了，到了简直要埋葬整个世界的程度。因此，我的兴趣在于，当所有人都在系统的支援下回归叙事时，这会孕育出什么样的社会。当所有人都变成心里想着“将刹那变成永恒给你们看”并回归叙事的玩家时，社会又会运行什么样的游戏。问题已经推进到了这里。我认为这就是〇〇年代的问题。

社会经过了八〇年代的叙事批判、九〇年代的叙事回归，抵达了终极的叙事回归，也就是游戏性现实主义与体系式投入。这是一个所有人都想“将刹那变成永恒”、自恋地展开行动的世界。此处留下的问题只有，这些回归叙事的玩家之间如何才能交流。这就是我最基本的出发点。

最明显的转折点就是美国发生的“9·11”恐怖袭击。从根本上来说，过去那种“新的暴力”“新的罪恶”的印象，只不过是“失去革命的我们的自我意识该怎么办”这种软弱的精神、软弱的自我意识的失控。从联合赤军到奥姆真理教，全部都是这种模式，是在宏大叙事衰退、应该推翻的老大哥早已不存在的世界寻找生存意义。区别只在于，失去革命后搞内讧的是联合赤军，捏造末日决战的则是奥姆。在我看来，拥有强大的精神，不特意在世界中寻找敌人的理念本身并没有什么问题。然而，“9 · 11”在完全不同的层面掀起了暴力。往简单想，会觉得这是全球化时代产生的反作用。随着全社会的互联网化，以及全球资本主义的发展，一直以来毫无交集的事物被连接在一起的同时也引发了冲突和对立。如果在短短几十年的时间里，货币和信息网极速发展，令世界经济变成了一个整体，那么，发生这种事也很符合逻辑。但是为了对抗“9 · 11”，把基地组织的成员一个个带来，跟对方说教“请接受一个没有敌人的世界”，也完全没有意义。早就已经是必须将“绝对会出现做这种事的人”的事实接受下来才能思考社会的时代了。

我在本书中关注的就是这种状况。既然所有的玩家都必须回归叙事，那么，剩下的就只有“如何调整才能让他们不产生冲突”的关系性问题了。所谓的大逃杀，完全就是这回事。问题不在于“要更多地参与社会才行啊”之类的思维，而是“就算不打算参与也已经参与了”“自动就被要求参与游戏中了”。这才是当代社会的状况。

关于世界系，我认为仍然需要被批判的问题有二。第一，就是结构问题。任何人都必须世界系式地回归叙事。具体来说，并非凭借对社会或者特定共同体的反讽，而是凭借对它的结构性支援实现个人的叙事回归，这已经无须多言。问题早就进入下一个阶段。第二，就是其中展示的、在叙事回归最后得到的“超越”图景极其贫瘠。世界系的、现代性的自我实现，不是由男性主体，而是由无条件爱着他的美少女角色代替完成，被想象性地实现。也就是说，男性的性别认同是通过来自母权认可的全面肯定才得到恢复。这不就是最普遍存在的男尊女卑式社会结构酝酿而出的广义性暴力吗？我完全搞不懂，这哪里超越了？这不就是世上随处可见的图式——婴儿式的丈夫与忍受对方的妻子？

如果稍微再触及本质部分，不限于世界系，日本这几十年间的科幻也为了描写青春期男性“失去革命的我们”的心理状态,而将其过度特殊化了。从七〇年代开始,机器人动画也好,美少女动画也罢,都陷入了相同的陷阱。为什么日本动画里的“机器人”不追求人工智能的梦想,反而成了男性成长愿望的排泄口?换句话说,成了他们为得到扩张的身体而需要“坐进去”的东西。因为人们期待机器人代表的科幻想象力成为一种装置,为了虚构出能够运转宏大叙事的世界而服务。我并不否定这种倾向。相反,我认为七〇年代到九〇年代存在着孕育优秀作品的土壤。但反过来,日本的科幻想象力也失去了它原本应有的力量。

本来,科幻这种东西应该要通过人类的想象力建构模拟性的自然,并模拟世界构造。但是,思考一下电影《地海传说》就很容易明白,从勒古恩的原著被译介到日本、由宫崎吾郎导演翻拍的那一刻起,它就失去了原有的机能,变成了跟父亲关系不好的男子,通过比自己地位低但内心强大的母亲般的女子的治愈而得到恢复的故事,简直无聊透顶。其中蕴含着世界系问题的本质。个人认可的问题并不等同于社会结构的问题。过去它们之所以看起来一样,是因为现代国民国家通过被比喻为男性的模拟人格,成了被人们共享的装置。于是,出现了“被美国这个父亲压制的日本是不成熟的十二岁少年”这种话语,将个人自我意识与世界结构隐喻性地重合起来,也就变得有说服力了。如今想来,世界系可以说是作为现代性装置的宏大叙事失效的时候，将其依附于现有的性别歧视结构上，尝试假托女性进行恢复。

——我觉得这些观点直到三年后的今天依然极具效力，反过来，有没有哪些部分是你觉得当时没有能很好地传达出来的？

宇野：我最失望的就是，人们只对围绕御宅族自我意识问题进行处理的部分做出了回应。“虽然御宅族们都蜷缩在教室的角落，但也有真实人类的感情”这种逆向歧视式自恋，形成了御宅系文化消费者的身份认同，这本来就是八〇年代到九〇年代的状况。但到本书开始连载的时候，角色文化已经变成主流，御宅族也只不过是一种单纯的居家爱好罢了。正因如此，残留在上一个脉络的第二代、第三代御宅族才在网上展开了“不受欢迎运动”这种无聊的东西。我感觉，这代人是不是觉得文化批评必须对他们那种逆向歧视的思维方式加以肯定才行。回应这一欲求的论述就是好的，不回应这一欲求的论述就是坏的。东浩纪的《动物化的后现代》很模棱两可，也很浅显，但读了这本书的第三代御宅族因为书中对自己喜欢的“萌系”态度温和，所以就对其加以肯定，第二代御宅族则因为自己的反主流文化叙事没有在书中得到肯定就对其加以批评，形成了这样一种图景。

虽然如今想来真的是非常无聊的问题，但关于本书也有这种被不同世代的御宅族斗争观点加以解读的部分。不过，这个问题最终因为“御宅族的休闲化”被自动解决了。这当然是好事。也有人觉得，如果没有反主流文化的思维方式，文化就会陷入无聊。我不这样想。确实，支撑七〇年代到八〇年代御宅族文化的原动力是反主流文化式的东西。但如今，支撑着网络 N 次创作的御宅系角色文化的原动力，是被投注在非实体的“角色”上的爱所加速的“半”自我目的化的交流。

令我切实感觉到社会氛围发生变化的，是读者的反应。三年前，我在本书中拿电视剧举例，虽然这完全不是什么时髦的事情，相反还很通俗，却被年长的御宅族们觉得“在《SF Magazine》上写电视剧是要干吗”，遭到了莫名其妙的反对。

但是最近，在东京大学的自主讨论组或者 Niconico 网站的 PLANETS 直播时，就算提到电视剧或者 AKB48 的话题，也完全不会被平成年代出生的读者和观众攻击什么语境有问题。由此可见，消费者的思维方式发生了变化。现在的大学生，如果看到当时对本书感到愤怒的人写的博客，估计会完全搞不明白他们在说什么。从这一点来说，我觉得时代在向好的方向变化。

另一方面，如今重读还有一个特别强烈的感受，就是我对所谓“失落的一代”持有的厌世观的反对态度。当时，“失落的一代”对社会阶级、贫富差距的批判，比现在有更强的回归战后的色彩：上一代人既能被保证终身雇佣，又能通过年功序列获得丰厚的既得利益，凭什么我们没有？这到底是怎么回事？——大抵就是这样的论调。要这么说的话，在这个国家还有一堆参加过战争的人呢。一开始，我只是单纯觉得，这些人可真说得出口。此外，我确实不觉得泡沫经济崩溃后的社会有那么糟。的确，生活没那么稳定了，不过，自由却扩展了。我一直都觉得现在是一个更容易生存的社会。一旦我这么说，肯定会招来某些模式化的反对。有人会觉得，因为你已经获得了社会成功，这不过是强者的理论。但真是这样吗？我希望对方好好想想。换工作和结婚的自由在这二十年来扩展了多少，工作和家庭之外的生存意义，比如，将兴趣爱好作为人生“主菜”的生活方式在多大程度上变得轻松了。如果战后的“安定”一定要以“不自由”为代价，那我绝对不要。支撑终身雇佣的公司共同体崩溃了，托它的福，我们自由了多少啊。

打个比方，日本在战后一直强迫所有国民都践行“杂食系”的特定生活方式。但是如今，禁令解除了，这是一个既能“肉食系”又能“草食系”的社会。对于这一点，难道不该单纯地予以肯定吗？既然这个世界上有喜欢吃肉的人，自然也就有素食主义者。毫无疑问，从某种意义上说，社会变得更温和了。

当然，社会保障的混乱与保险系统不完备是一大问题，必须早点着手解决。我觉得，比起创造谁都去当/被要求当公司正式职员的社会，创造一个只要自己愿意当自由职业者也可以生存的社会更好。但是，这种设想绝不可能从将自由竞争和格差本身斥责为“恶”的思想中产生。

那种愤怒在当时对我的裹挟比现在要激烈得多，所以我想写出“肯定”当代的东西。不过，这种情绪本身并没有变化。

顺便一提，之前我也在周刊的对谈里说过，我其实有带着《PLANETS》去某个老牌公司做过自我推销，跟人家说:“我有在搞这种活动，也以出书为前提开始连载本书了，我的知识和人脉应该能在贵社派上用场，希望您能雇用我。工资低一点也没关系,我想当兼职来做。”泡沫经济崩溃前，这种做法恐怕不可能被认可。我很感谢雇用（作为兼职）我的公司，

从这个意义上来说，我也想肯定“失去的十年”获得的这种“自由”。问题恐怕在于，这种自由没有在行政上得到很好的制约，从而成了压迫弱者的手段。

《○○年代的想象力》未尽的部分

——下面的话题与刚才提到的“御宅族的休闲化”有很深的关联。三年来，Niconico动画的存在感逐渐增强，围绕动画的氛围也发生改变。总之，是出现了各种各样的变化。经过这

三年，您有没有觉得哪些在本书中没有论及的风景慢慢浮现了出来？

宇野：确实，这三年的变化很大。其中，我觉得必须补上的两个话题是空气系和社交媒体。

首先是空气系。当时，这个词基本还没有怎么流行开，所以没能进行讨论也是挺无奈的。考虑到它在最近几年的存在感，还是有必要谈论的。不过，要说《〇〇年代的想象力》正文呢，在第十四章其实还是有稍微提到一点。现在回想，可以说，那一章整体是将空气系作为结论来谈论的。三年后的今天，重新来思考“空气系是什么”的时候，我完全不觉得这是个仅限于御宅系文化的问题了。

和世界系一样，空气系也是互联网粉丝社群创造的词。〇〇年代后期，在萌系四格漫画浪潮下流行的叙事形式开始被冠以空气系或日常系的名称。我认为 1999 年出现的《阿滋漫画大王》和 2001 年问世的《五个扑水的少年》，这两部作品是撒播下空气系火种的作品。两者都在十年间孕育出庞大的支流。前者孕育了《幸运星》和《轻音少女》，后者则孕育了《摇摆少女》和《体操男孩》。虽然这些作品以学校为舞台展开故事，但都拥有极为独特的叙事结构。

这些作品都描绘了以初中或高中的社团活动等同龄人共同体为舞台上演的日常生活。放学后顺路的街道、社团活动的空闲聊天，都作为某种理想化的关系性，被充满幸福感地描绘出来。此处的重点在于，这些作品中描绘的共同体基本仅由同性构成。《阿滋漫画大王》中只有萌系美少女角色，《五个扑水的少年》则呈现了清一色由帅哥演员扮演的角色所组成的共同体。按理说，它们应该是作为广义的色情图像发挥机能的作品，却没有供消费者代入的角色。《阿滋漫画大王》中没有男性视角的人物，《五个扑水的少年》也没有女性视角的人物。这可以说是因为将色情图像推向了极致，进而排除了视点人物。我认为这是一种有些奇妙的进化。

另外还有一点，这些作品中不存在"目的"。没有"为了死去的弟弟而挺进甲子园"或者"为了与憧憬的你联结"之类的目的，更准确地说，愉快的日常本身和青春本身被目的化了。

这难道不是北田晓大所说的"连接的社会性"的直接反映吗？比如，在手机短信或社交媒体上，我们经常会发一些类似"辛苦了""吃了 ×××"之类没有信息含量的内容。这种时候，我们的欲望绝不是向对方传达"辛苦了"或者"吃了 ×××"本身。我们基本都是期待着"谁对这些内容做出反应"而发送信息。也就是说，(取得)交流本身成为目的。这就是"连接的社会性"。空气系作品中，"青春"本身成为目的完全就是"连接的社会"才有的现象。因为剧中人物并未"为了 ×××"而参加社团活动，而是社团活动本身就是"目的"。

其中，“恋爱”元素被慎重地从作品世界排除出去，退到了辅助性元素的地位。比如在《五个扑水的少年》中，虽然有平山绫饰演的女主角出场，但几乎没有描画过她与妻夫木聪饰演的主人公之间的恋爱。这是因为恋爱这种东西不论对错都会产生“目的”。

只要注意一下就会发现，特别是动画领域的《幸运星》《轻音少女》与空气系动画浪潮，在本书出版后的三年间变成了最大的叙事趋势。回头去看，发端于《五个扑水的少年》的真人空气系作品的脉络在 2004 年左右渐渐攀升到峰值。

有趣的是，虽然空气系这个词在当时并没有很流行，但是本书提出了一个论点，认为那些可以被称为“元空气系”的作品体现了一系列问题的本质。其中一个例证，我认为就是《木更津猫眼》。《木更津猫眼》虽然是 2001 年问世的作品，但其实可以算作元《五个扑水的少年》式的作品。

如果直截了当地加以总结，《木更津猫眼》描绘的就是这样一个故事——主人公的身体在《五个扑水的少年》式的“拥有终结的日常”空间中耽溺于男同性恋般的情感，在不知不觉间走向朽坏，最终成为僵尸。空气系式的交流将对两种东西进行挖掘，一是实现自我目的化的空间所具有的不可回避性，二是与之相对的浮出水面的身体有限性所带来的残酷。《木更津猫眼》完全是空气系批评范畴的作品，而且正因为它深刻地接受了空气系的不可回避性，才能接近其延伸出的问题。如今想来，这既是杰作，也是充满问题的作品。这是我重读的时候最满意（笑）的部分。

同样，涉及《凉宫春日的忧郁》的第十四章，也几乎可以说是预言。我分析《凉宫春日的忧郁》时提出：世界系式的厌世和浪漫主义，最终只能被空气系式的态度回收。这部作品中的女主角春日被设定为憧憬未来人、外星人、超能力者等非日常存在的人。在故事的开头,她成立了类似神秘主义研究会的组织（SOS团）。但实际上，春日自己就是超次元的存在，只不过她对此毫无自觉。结果，并不是非日常性的剧情发展，而是打野外棒球、拍独立电影等日常性行为，充实了春日的青春。

作者谷川流属于第二代御宅族，本质上是持有世界系思维方式的人。正因如此，他才设定了持有“失去了革命的我们”这种自我意识、将神秘主义作为出口加以追求的女主角，将作品写成了科幻小说。但在这部作品中，春日满足于普通的青春。而且我觉得，当时，观看着“春日”的年轻粉丝们，应该也会对此产生共鸣吧。也就是说，这部作品并不是通过与神秘主义式、科幻式的东西接触而去往另一个世界（“不在这里停留，被带向他处”），而是将这个世界（“此时、此地”）进行了多重化表达。对年轻一代的读者来说，为了让现实中的交流变得丰富而运用想象力的部分，应该也是《凉宫春日的忧郁》的魅力。虽然我是这样认为的，但当时遭到了很激烈的批判。被说“看到春日会憧憬社团活动的快乐这是鬼话”之类的（笑）。但是，稍微想一下就知道我完全正确。后来的空气系浪潮不就证明了吗？一不留神，大家不都沉迷《轻音少女》买起了吉他吗？

在我看来，春日这个角色拥有超凡的能力却向往平庸的青春，这正是她的魅力所在。她虽然看起来正在追求不可思议的事件或非日常，其实只要打野外棒球、拍独立电影就能被治愈，而且只要心动起来，就什么怨言都没有，是个非常普通的女高中生。

关于作品外的消费也很有意思，比如在 Niconico 动画上让“宅舞”普及起来的，恰恰是 2006 年《凉宫春日的忧郁》被改编成动画时流行的“春日舞”。这么看，喜欢《凉宫春日的忧郁》的御宅族们不正是为了享受现实世界的交流才消费《凉宫春日的忧郁》这部作品的吗？这与作品中春日的行动完全一致。她看起来在追求未来人、外星人、超能力者，其实是在享受 SOS 团的现实社团活动。

如果接续到《小人物的时代》（2011）中的论述，春日的“场面话”，以及上一代粉丝的消费其实都是“虚拟现实”，也就是将作品的本质规定为对“不是此处，而是别处”的憧憬。作者的自我意识可能也接近这种态度吧。然而，春日的“真心话”，以及新一代消费者的建构方式则是“扩展现实”。春日的妄想本身是末日决战、外星人这类虚拟现实，但其实她只是在利用这些实现丰富的交流。

御宅族的消费与春日的行动在“扩展现实”这一点上达成了一致，我觉得这是“春日现象”最有趣的部分。大家都在为了享受现实而利用《凉宫春日的忧郁》的内容，而且，这种行为还在网络上通过可视化得到了更广泛的传播，在当时发展为社会现象。

有一点，我希望大家不要误会，新一代的消费者将作品把握为扩张的现实加以利用，这并非对现实缺乏批判力，只是改变了战斗方式。我们应该拥有一个视角：过去的方法是“不是此处，而是别处”，是给妄想盖上被子后前进；现在则转变方向，一边接受网络支援，一边利用对虚构的欲望来丰富“此时、此地”。

——在第十四章，您用了“内在于日常的浪漫”这种表述。如果是从日常中找出希望这个方向，就与扩展现实的说法联系到一起了。

宇野：这里完全可以画等号。当时，我使用这个表述的时候，很多人认为我是在传达“放弃很多东西、谨小慎微地活着”的信息，这完全是误解。不单纯是误解，恐怕有不少人是带着恶意进行打压。

但在当下，人类与信息之间的崭新关系在网上被可视化了，明显就是利用作品从日常之中汲取浪漫的行为。

我认为，现在如果要认真说什么是浪漫，那只能是扩展现实。这是我看了大家对《小人物的时代》的反应而产生的想法，被虚拟现实式的浪漫严重束缚思维的人太多了。我认为想象力应该更多样化。

如今，虚构的功能并不是冲向世界的外部，相反，是潜入世界内部将其变得丰富（多重化）。关于空气系问题的本质,正在此处。我在本书第十四章论及《琳达》时，就对这一点做出过恰当的表达。

这部电影恐怕能算作《轻音少女》的原点。它只不过描绘了在文化祭前几天紧急结成的女子乐队翻唱 Blue Hearts 的故事。它在具备空气系模式的同时，又对其进行了批判性描绘，也是一部元空气系作品。

这部电影的精彩之处在于，从 Blue Hearts 这一九〇年代叙事回归的象征中剥离了所有意义，将其改写成祝福现实的音乐。此处的 Blue Hearts 完全失去了曾经泡沫时代那种批判式的、反主流文化式的“意义”，无疑，祝福世界、装点世界的强度在同步增加。

其实,《凉宫春日的忧郁》将这部电影当成了元素材。山本宽负责了《凉宫春日的忧郁》的《Live A Live》一集，也就是学园祭的情节。这一集中春日参加乐队的部分就参考了该电影。这也反映了《琳达》是一部元空气系元素非常浓厚的作品。

——之前，在“Nico直播PLANETS”中谈到《魔法少女小圆》时，你提到了空气系的未来应该如何发展的话题，你觉得现在的空气系依然存在潜力吗？

宇野：如果单纯作为一种叙事形式的趋势而言，一般过数年就会失去当下的热度，回落为某种稳定的类型。但与这种常态相对，“3 · 11”大地震带来了不同级别的影响，在它的影响下，更新变得更艰难。如果回溯历史，海湾战争期间就能看出一种趋势，现实政治变得重要了。每当发生大型灾害或战争，某些理论就会变得强势，类似“后现代式的消费社会论全是虚妄，只有对军事力量等进行精密的分析才能谈论世界结构”。这次的大地震也是如此，将会削弱不少人对叙事的关心。

然而，〇〇年代的日本思想和作品，本来就一直在探索“如何记录宏大的非叙事”。类似国民国家的概念，通过男性模拟人格的比喻而被共享，曾经的宏大叙事通过形象化就可以完成。但在宏大叙事衰落之后，不论称作“现代后期”也好还是“后现代”也好，总之，当代世界结构已经无法通过文学性的形象化手法被充分表达了。

如果从这个角度出发来思考，那么，世界系可以被看作这样一种叙事倾向——不是对成年男性模拟人格的比喻，而是对女性模拟人格的比喻，而且是既为“母亲”

又为“女儿”,对男性主体给予全面肯定的女性模拟人格。也就是，背负着世界命运的美少女，无条件地对男性主人公给予全面肯定，从而保证后者拥有全能感。

不过呢，如果强行进行粗暴总结，那么，正是因为将世界比拟为男性模拟人格，才会将对个人自我意识问题的解决社会化，令其作为解决世界问题的比喻来发挥作用，现代文学，尤其是成长小说就是如此。从这一点来说，世界系就是让女性代替男性与邪恶战斗、解救世界，并最终实现自我的叙事。这难道不是一种幻想吗？仿佛宏大叙事在“女性”这种被歧视的阶层中还能发挥作用，男性已经不再相信的东西，女性还在相信。这明显就是依托现有的性别歧视式社会所构造出的想象力。到头来，这只不过是对后现代状况的逃离。后现代这种东西的本质，本来就在于现代性政治、文学关系崩溃导致无法将宏大叙事拟人化，因此，将女性而非男性的模拟人格与现有的性别歧视性社会结构背景相结合就以为万事大吉的想法，自然是无法奏效的。那终究只是强行维持着“女性依然能够生存于现代”的幻想。

如果说，在描绘男性模拟人格的宏大叙事中，对世界结构的表现还在延续现代性比喻，另一边的大逃杀系则是用游戏的比喻对后现代状况进行表现的想象力。世界的结构，被描绘为多个平等的玩家参与竞争的游戏，主人公们通过改写游戏规则来尝试改变世界。批判大逃杀系是在“肯定现状”的人,只是因为没有好好读这本书。

我在书中明确提出过,《死亡笔记》的夜神月、《反叛的鲁路修》的鲁路修、《野猪大改造》的修二,最终都在“如何才能更新规则”的元游戏中进行着战斗。〇〇年代的游戏玩家并非在参与别人指定的游戏,并非在给定的状况下存活,他们最终追求的是在这样的状况下,作为元玩家更新规则。

其根基在于这样一种构想——宏大叙事衰退之后会崛起大型游戏。在我看来,这种构想直到今天依然有效。

年长的写作者会将“游戏”这个词限定为将棋或者扑克,如果我说这些不过是没有外延的封闭性零和游戏,立马就会招来他们的抱怨。但我所指的游戏完全不是这类东西。只要稍微调查一下就能明白,为《JOJO的奇妙冒险》《宝可梦》等堪称大逃杀滥觞的作品带来极大影响的,是万智牌这类卡牌游戏。卡牌游戏的有趣之处就在于,原则上可以在规则基础上无限追加卡牌,即拥有无限的扩张性。这与东浩纪所谓“后现代的双层结构”完全吻合。换言之,网络服务器、购物中心等作为下层结构的社会基础设施是均质化的系统架构。这就相当于卡牌游戏的底层规则。在这之上,多样的社群与商品可以无限增殖。这就相当于卡牌。一般来说,市场、网络令人类的欲望本身均质化了,也令文化和价值观均质化了,但事情并非如此简单。当今世界的状况应该被如此理解:全球化和网络化带来的系统架构均质化,与作为硬币背面的商品与社群的多样化是并存的。我认为,卡牌游戏的比喻符合这种状况，虽然这种看法非常个人，也只是极为文学性、批判性的印象。这种卡牌游戏，经常会在之后发售不适用于现存规则的卡牌。这些卡牌大抵都以考察市场反馈的形式被实现，回应类似这样的需求："如果加入拥有这种能力的卡牌，游戏会变得有趣""想要把这部作品（电影、漫画、动画等）的出场人物做成卡牌，想要卡牌反映出剧中设定的能力"。一旦发售不适用于现存规则的卡牌，规则本身就会为了迎合卡牌而被改写。这个事例为我们带来了重要启示。

正因为反映了市场的欲望，多样性才得以实现。先有了多样性，多样性孕育出的商品（卡牌）才会寻求整体系统的更新。少数群体作为商品发挥作用，能够让整体系统重新展现出朝着更自由的状态进化的印象。这也是《小人物的时代》的深层主题，在我看来，这里蕴含着"扩展"式社会变革与现实变更的模式，不同于20世纪之前的"革命"式社会变革。

顺便一提，如果是万智牌，规则的修订会由专业机构进行。也就是说，存在一个设计师共同体。这种卡牌游戏式想象力在内部和外部同时发展，为互联网同人游戏带来了影响。具体地说，就是前文举出的MUGEN和SRC。这些游戏的系统表现为，基础规则以开发程序的形式存在，后由玩家对游戏的登场角色进行无限追加。这自然也孕育出一种需求——想制作不适应现有规则的角色。这时，这些开发程序就充分利用了免费软件的优势，以活用维基百科式网站的形式通过消费者进行系统更新。我在《小人物的时代》中使用的“从革命到扩展”说法，就是源自这种以集体智慧改变世界及其规则的状况。

如今想来，将幸存系、大逃杀系冠以“卡牌游戏系”之名也未尝不可。宏大叙事过后，世界变成了大型游戏——这种图式确实具有很强的说服力。如果以日本的国内文化举例，那么，成为社会现象的 AKB48 和《M-1 大赛》等近年的搞笑节目都是其中的代表。很明显，山口百惠、松田圣子那样的全民偶像，北野武、松本人志那种极具魅力的搞笑艺人，已经不可能出现。那是一种由某位魅力人物讲述故事，而该故事也发挥支配性功能的模式。然而，不论 AKB48 还是《M-1 大赛》，尽管本身都是全民性的流行现象，前田敦子和笑饭却不具备单独的决定性影响力。AKB48 这项游戏，《M-1 大赛》这项游戏，《毒舌纠察队》这项游戏本身才是核心。也就是说，单人偶像或搞笑艺人参与游戏，被调动出潜力，作为具有魅力的“卡牌”并置于空间中。

今后，我依然想追寻这类卡牌游戏式的想象力。

最后提一点，刚才我们谈到的空气系隐含的问题，与世界系、大逃杀系都不相同。稍加梳理的话，世界系就是一种强奸幻想，形式是让女性代替男性，投入已经开始崩溃的、现代性的文学–政治关系中，试图维持其运转；大逃杀系是让大型游戏取代宏大叙事，重新记录政治和文学。与此相对，空气系则是将政治与文学——借用村上春树的话说就是“高墙与鸡蛋”——已经完全断裂作为前提而诞生的东西。其中，“高墙”，也就是世界构造的问题已经无所谓了。空气系描绘的是一个仅存“鸡蛋”同胞关系的世界，模拟的是一个“高墙”、世界构造，以及系统被完全消解的世界。它之所以排除了恋爱与成长，就是因为要描绘这样的事物，就必然要描绘“高墙”。

如果世界系和大逃杀系是对当代后现代状况的世界构造的比喻，那么，空气系很高明地抽取了政治与文学截然分离的时代所具备的触感。因此，空气系与前述两种想象力本来就不是同一种路径，无法单纯地并置讨论。

> ——空气系之所以是〇〇年代的想象力，是因为消费者在这个只有“将交流本身作为目的的交流”的世界上，贴上了“意义”这一标签。

宇野：这也是本书中特别需要反思的一点，哪怕我自己热衷于MUGEN和SRC，但还是严重低估了当时互联网二次创作内容的价值。当时，我并不怎么喜欢VOCALOID和Niconico动画。要问原因，其实就是这些对我来说都是与JRPG和美少女游戏差不多的东西。感想类似“日常听起来傻到不行的曲子，只要初音未来一唱就感动到落泪呗”。虽然在本书中写得极为严苛，但幸运的是，因为后来在与滨野智史、福岛亮大两位友人的交往中受到了影响，很大一部分观点和看法发生了改变。当然，原因不止于此，市场本身在本书出版大约一年后的发展也是重要因素。这是一个“Nico Rap”等Niconico音乐文化迅速发展的时代。

事实上，这些内容就像前文论述的那样，毋宁说是以下这种路径的膨胀：经历过系统架构式叙事回归的消费者们，半吊子地利用自我目的化的交流加速了混搭。我后来意识到，这种文化现象的一个显著特点，就是处于MUGEN和SRC的延长线上。这是极为重要的一点，直白来说，比起由沉浸在系统架构中获得支撑的物语，混搭带来的“修改可能”具有更强的能量。将Niconico动画与初音未来视为单纯的叙事回归支援系统，应该说是一种错误的观点。

不过，如果涉及角色论，我认为本书第二章中展开的对角色复数性的批判如今依然有效。也就是“不论如何进行二次创作、三次创作，原始角色形象都会得到强化”的观点。正如后现代的双重结构，N次创作式的角色越是复数化，原始角色就越是（作为先验叙事）被强化。绫波丽即便被男性沙文主义式地描绘为淫乱的角色，原始《新世纪福音战士》中的形象本身也绝对不会被破坏。如果参照卡牌游戏式想象力，关键问题就在于，借由N次创作式改写带来的多样化究竟能否改变原始角色本身。因此，当下我特别关心的现象就是，《东方

Project》的主人公如何借由“油库里”* 这种匿名论坛的颜文字而“重生”。

明年，我将会出版以在《新潮》杂志的连载为底本的专著《母性敌托邦》。在这部作品中，我打算集中讨论角色复数性的潜力与局限。如何跨越局限也是这本书的重要主题。另外，对于社交媒体与角色的关系，它当然并非单纯的叙事回归的支援系统，我想以这种角色文化的成就与局限为根基进行思考。《小人物的时代》中围绕“角色的透明度”展开的论述就是一个例子。

毋庸置疑，社交媒体与《小人物的时代》中围绕扩展现实式的想象力展开的论述深度相关。比如，初音未来不就是借由消费者同仁之间的交流而生产作品的工具吗？这简直不可思议，“交流”这种现实行为产生了“作品”这种虚构产物，于是，现实与虚构的界限变得暧昧不明。在这种情况下，虚构，不是将人们带往“不是此处，而是别处”的事物，而是对“此时、此地”的现实进行多重性解读的事物。这里的虚构，需要被当成扩展现实式的存在。这种虚构的代表就是初音未来与 MMD。

---

* “油库里”是日文“ゆっくり”（慢慢来）的音译，是日本网络匿名论坛 2ch 上产生的一种网络模因，最初是以《东方 Project》的角色为原型诞生的。

——如果将你自己的感受也包括在内，你觉得社交媒体及消费者的反应在这三年最大的变化是什么。

宇野：说到底，就像网上的博客、论坛、社交网络（SNS）显示的那样，当代本来是一个任谁都能掌握媒体、发表言论的时代。恐怕，迄今为止都没有一个时代，人类像现在一样将书写文字当成日常行为。而且，这种现象已经完全大众化，根本不是只属于一部分精英的文化。过去，书写文字是相当具有特权性的行为。显然，越是向上追溯历史，阅读文字、书写文字的行为就越是少部分人才能掌握的特权。而且，能够通过媒体向未知数量的庞大人群发布信息的社会环境，其实相当特殊。这是被互联网彻底解放出来的。

如果要问这带来了什么，那就是由制度支撑的文学的特权性瓦解了，万物都成了信息的一环。当写下的内容成为交流的手段被纳入其中，"文学"也就成了"信息"的下级范畴。一直以来，文学表现都与交流性信息划清界限，保持着独立的存在，通过读者与评论家的重新解读而生出多样性。但是，一旦写下的各种文字成为交流的一部分，也就是说被信息化之后，读者与评论家重新解读的意义就被大幅削减。当文学被视为交流变奏的一瞬间，重新解读就成了一种"司空见惯"的事。因为从理论上来说，能够完全实现意义传达的交流是不存在的，当这个世界以任何人都同时身为作者和读者存在为前提，不断重读文本，甚至进行 N 次创作式的改写都变得不再特别。已经没有必要对成型的东西进行解构了。通过信息化，文学从一开始就解体了。话语的扩散也好，主体的解体也罢，通过信息化，这些都已经作为既定前提而融于一体。这也可以被当作“后现代小说”这种类型的前卫文学如今迅速失去批判力的背景。

面对这种状况，我并不赞成采取批判信息化或保卫“消逝的文学”的态度。我认为，这种保守派的思考方式完全无法激发富有建设性的讨论。相反，正因为一切都汇流成交流的一部分，很多表达才得以实现。我们应该思考的难道不是如何处理这种状况吗？反过来，不考虑文学作为信息的一面，而仅仅将其作为文本来阅读的态度，恐怕已经无法被称作“直面文本”的行为了。

希望各位不要误会，我并没有说既存的文学及其他文字表现是无聊、糟糕的。只不过，如果不导入以信息化为代表的新思维，那么，明明无法轻松分析的表现类型已经充斥市场，批评语言却无法抵达。这绝对是有问题的。

以轻小说举例，我认为，将其定罪为“文笔简陋而缺乏魅力”是没有任何意义的。轻小说是为了建构更优质的角色消费路径而配置文本的游戏。也就是说，角色和文本之间发生的运动才是重点，才是趣味所在。读不出存在于文本之外的东西，应该就无法对轻小说进行批评。在这种事实基础上将轻小说逐出文学，在我看来才是文学的失败。

如果用最近的例子来说明，我想到了堀江贵文的《拜金》与岩崎夏海的《如果高中棒球队女子经理读了彼得·德鲁克》这两部作品。暂且不论对作品本身的评价，我认为解读的关键在于人类与语言的基础关系的变化。两部作品中，不仅仅是文本本身，作为文本背景的信息网、数据库也一同被阅读了。前者是堀江从事的〇〇年代 IT 业界，后者则是德鲁克的管理学思想。毋宁说，小说的文本通过物语的形式，让读者充满效率且独特地抵达了背景信息与数据库。这样的小说已经无法用现代文学批评的方法论加以评价，就算评价了也没什么意义，但它们毫无疑问也是“小说”。

我和堀江关系很好，他写《拜金》的时候曾经说过：“为什么文学作品都要有那么多风景描写啊。现在还有这种必要吗？谷歌一下不就好了。在谷歌街景里看看不就得了。”（笑）虽然有点半开玩笑的意思，但我觉得这触及了本质。

有人在思考着“搜索结果”对语言之于人类的功能变化，特别是文学。我认为不该低估他们的思考。比如专有名词的问题。网络时代前，专有名词很容易限定读者圈。但是在当代，一些小众专有名词反倒会刺激读者的搜索欲，极大地增加阅读快感。

这并非仅限于小说或叙事性内容。普遍情况下，过去的专有名词都从属于媒体或组织，比如朝日新闻的○○氏、早川书房的○○氏。但如果是拥有一定知名度的人物，比起自己所在的媒体，个人推特的关注人数会更多。比如，○○新闻、○○周刊等媒体的订阅文章中，就会加上“堀江贵文”这个专有名词“Tag”。专有名词拥有了社会性的位置，功能也被明显加强。这种变化的背景可能就是互联网的普及。这并非品牌公关或品牌管理的问题，而是人类与语言之间关系的变化。不止文学，在我看来，所有的表达都无法从这一问题中逃离。

——本书虽然也提到了恢复交流的可能性，但看你这三年的观点和文章，看待这个问题的视角似乎也已经发生变化。

宇野：是的。本书的基本主题就是将“世界系→决断主义”的叙事回归（对系统架构的沉浸），通过横向关系，也就是对等玩家之间的交流来解开。如今可以这样总结：本书后半部论述的元空气系作品群，就是反讽地跨越“对系统架构的沉浸”时所必需的文学想象力。我当时的想法是，不论谁都得回归叙事——这一结论到九○年代已经毋庸置疑，所以○○年代的叙事回归应该追求玩家间优雅的关系性。

当呼吁恢复交流的可能性时，我其实也持有肯定现状的态度，认为这样的机会已经遍布世界各地。现实中明明充满可能性，就不要整天抱着无谓的绝望捏造“伤痛”了。当时的我，对这种我称为“自恋”的态度，比现在还要反感得多。

从那以后过去了三年，现实状况超出了我的预期。因为社交媒体的发展，现在已经进展到了一个“交流过剩”的世界。我想，文坛保守派之所以会呼吁那些不会被“交流”回收的表达，其实与这种现状密不可分。如果真是这样，我或许应该采取“交流过剩的世界既然已经实现，那么，我支持这种世界”的立场。当时，我真想不到文坛保守派会跟自己的人生产生如此紧密的关联。（笑）

这种超出预期的发展，其实与本书第十四章将空气系浪潮作为结论的预言（虽然还没到那种程度）相吻合。

——提到“信息”，我想再请教一些社交网络的话题。借用《小人物的时代》的话，所有人都已经借由在某处参与小叙事而抵达了不得不“成为父亲”的状况，既然如此，我感觉社交网络就是支撑着这一体系的工具。

宇野：怎么说呢，我不认为社交网络的各种服务具有什么本质属性。虽然现在看起来是推特一统天下，但从根本上来说，社交网络的系统是人们在多种结构中选择自己最合适的一个。我不认为某个单一的事物可能长久地存续。但是，如果考察从mixi到推特的推移，确实可以看出交流的某种图式。本来，mixi系统追求的是圈地自治的快感，而推特追求的是非特定的大量人群之间进行随机交流。这样一想，推特的流行背后确实催生了交流过剩。当然，脸书这类比较接近mixi的社交网络仍然很强劲，所以我认为无法在这么短的时间跨度里得出结论。

——你正在“集英社WEB文艺·RENZABURO”上连载的“政治与文学的重新设定”中，也展开了关于N次创作与AKB48的批评。这感觉也是个无法忽略社交媒体及交流来谈论的话题。

宇野：刚好借此机会，我可以明确地表示，《〇〇年代的想象力》最大的缺点就是没有涉及AKB48。不，宇野常宽这个批评家最大的过失，就是直到2010年都没有意识到AKB48的重要性。

——在2007年、2008年那个时间点，确实做不到嘛（笑）。

宇野：确实做不到（笑），毕竟《大声钻石》* 是在本

* 《大声钻石》，AKB48的第10张单曲，发行于2008年10月22日。该单曲在日本公信榜单曲周榜排名中最高达到第3位，被视作AKB48起死回生的转折点。

书出版后两个月才发行的。毫无疑问，〇〇年代最成功的内容产品就是AKB。AKB蕴含着足以展示〇〇年代文化丰富度与包容度的魅力。前提在于，AKB是日本角色文化的极致呈现。“宏大叙事衰退之后会崛起大型游戏”，AKB是前文提到的这一论点最简明易懂的象征。

运营AKB的厂牌非常优秀，但在某一时期之前都与电视台毫无关系，这一点尤其意味深长。最开始，她们活动的据点只有剧场和网络。这与同为秋元康担任制作人的“小猫俱乐部”之间具有决定性的差异。我认为小猫俱乐部的卖点依然是某种伪纪录片手法，通过将后台的一部分展示给观众，从而扮演一种原生状态。秋元康采取了将设定好的角色强势灌输给消费者的手法。

与此相对，AKB的战略可以笼统称为“过剩披露”。每天都在剧场进行公演，去过的粉丝就会在网上写下“大岛优子是这种类型”“板野友美在博客上这么说来着”等帖子，从而积累出庞大的数据库，并从中生产出角色群像。成员的角色是在集体智慧中被确立的。请一定要去维基百科找到AKB主要成员的页面，确认修改记录。这样你就会明白她们的角色是如何被集体智慧塑造的。更准确地说，网上有一个名为“AKPEDI”的AKB专用维基，稍加参考就会明白（笑）。

但是，秋元康真正的伟大之处是对生成角色的使用方式。从单曲的PV和成员全体出演的剧集《真假学园》

就可以看出，秋元康在自己制作的作品中，会对形象暂时稳定的角色进行部分摧毁并重建。例如，被确立为清纯派角色的松井玲奈在《真假学园》中一反常态，以在暴力中寻找快感的角色形象登场。也就是说，在粉丝交流中生成的成员角色是原创和一手情报，秋元康赋予成员们的角色则是二次创作式的改编。原本应该是粉丝享受在同人志或网上对秋元康制作出的角色进行二次创作，秋元康则反其道而来，自己对粉丝交流中共有的角色进行二次创作，制作 PV 和剧集。

这样一来，粉丝们就像被投下了“燃料”，再次通过集体智慧更新“她”的角色。如此这般启动了角色消费永动机的秋元康，实在厉害。

我谈及 AKB 时，一般会提到三个重点。第一，是作为宏大叙事的“大型游戏”；第二，是秋元康对粉丝交流中生成角色进行二次创作的角色消费永动机。这两条都已经有所陈述，最后一点则是身体性。这一点是保守派思想的人无法理解的。比如，年龄较长的人会主张，所谓“表现”就是无法被系统和结构回收的虚拟身体性及人性的一部分，这里面才存在着作者性。因此，他们认为现在的二次元角色文化与数字化表达都很无聊。

然而，在〇〇年代运行的东西，毋宁说，就是身体性或类似人类误差的事物与数字性系统的结合。我们应该更深刻地思考《宝可梦》与《怪物猎人》这类游戏流行的意义。人类同类之间的交流是一种近似自然的状态，是终极的随机数据提供源。通过吸收这种不确定性，游戏就会变得有趣。这恐怕就是模拟的身体性与数字系统的结合所创造的结晶。这种结合已经横扫市场十年。

这个话题与《小人物的时代》提到的数字技术催生的世界性趋势“从虚拟现实到扩展现实”的变化完全能够联系起来。截至九〇年代，人们都还觉得用数字完美构造出另一个现实的“虚拟现实”是计算机技术的未来。到了今天，路线已经变更为“利用作为无限随机供给源的现实交流创作出更有意思的东西”。

我认为 AKB48 与之相近。从各个偶像身体性中散发的魅力，由 AKB48 这个（游戏）系统提升了。从公开表演到选拔制度、小组洗牌，最后到总选举，借由参与 AKB48 这项游戏，每个玩家，也即偶像们的魅力被调动起来。这里有一个重点。如今我们可以说，《偷偷爱着你 2011》与《如果高中棒球队女子经理读了彼得 · 德鲁克》电影版的失败已经充分说明，如果不参与秋元康创造的游戏，连被奉为“不动如山的 C 位”的前田敦子也将完全失去光彩（笑）。

这也很像《周刊少年 JUMP》著名的问卷调查至上主义。这个系统让作者们展开适度竞争，能够有效地调动作者性，产出优秀的作品。AKB 也一样，通过向 AKB 这个系统投下适当的竞争性从而激发女孩子们的潜力。不过，AKB 的运作更复杂而周到，应用范围也更广。

〇〇年代其实是这样一个十年：比起贩卖作者潜心创作的成果，以自主搜索发生的有趣事件并加以介绍的方式更能产出成果。Niconico 动画也好，手机小说网站“魔法 i 乐园”也罢，最初都是作为 MAD 动画、合成乐曲、半妄想半真实的告白小说等杰作的投稿网站而存在，之后，它们毫不费力地将聚在自己那里的用户自发投稿的“作品”按照人气序列排名，最后将其中极具人气的作品包装售卖，成就大热作品。这样的模式不断重复，就有了合成乐曲浪潮与手机小说浪潮。因此，重要的是如何调动用户的投稿欲，也就是让交流活跃起来，激发更多优质的投稿。根据滨野智史的分析，这就是游戏本身。运作其中的就是竞争原理，回复功能和点击量的展示会激发人们的创作欲。初音未来的情况也一样，正因为将对角色的爱植入系统，作曲家和插画师才有了动力。从这种意义上来说，这十年就是为了激发人类的模拟身体性而不断发展系统架构和系统构成的十年。这同时也是虚拟现实到扩展现实这一变化的侧面。

换言之，模拟性与数字性的合作产出了新的想象力。但对文学领域的诸位来说，“模拟 vs. 数字”在他们的认知里只会产生“文学 vs. 信息”这样的对立图式。事到如今还什么都没明白。既然做文化批评，就不该仍沉迷于这种朴素的二元对立图式，如果不在模拟和数字混杂的区域捕捉想象力，那就没有任何意义。

大地震后的想象力

——“3 · 11”大地震，以及后续的核电站相关事件，虽然不能简单地说改变了一切，但总归引发了某种程度的变化。您对此怎么看?

宇野：这次的地震与其说是改变了什么，不如说是让原本就存在的结构和图式更清晰地浮现出来。地震确实给日本经济和社会带来重创，“丰饶的消费社会”这一前提也逐渐崩溃了。但这并不是说，全球化与网络化彻底被翻转了，或宏大叙事复活、信息化消解了。

比如,有人就主张,〇〇年代身处“永无止境的日常”的延长线上，所以不用思考什么空气系，这里只有即时性的交流游戏，地震后我们必须认真思考世界本来的结构。这种主张是个彻头彻尾的谎言。这就像九〇年代泡沫经济崩溃、“冷战”结束的时候，人们也提出过必须思考世界的结构和现实政治，这完全就是同一种观点的复述。

归根结底，〇〇年代这个时代就像“系统架构”这个关键词所表明的那样，是一个对埋头于自我意识问题的九〇年代进行反省、认真思考系统问题的时代。因此，社会学式的批评才会蔑视衰退的文艺批评，重新拥有影响力，不是吗? 格差社会、结构改革等问题被提上讨论日程就是佐证。

在这种意识已经成为前提的时代，地震发生了，核电站问题出现了。核电站问题完全就是与社会性基础设施相关的问题，令人们对世界结构这种东西的意识进一步增强，这是无可厚非的事。这与“9 · 11”时的结构完全相同。“9 · 11”凸显了“全球化如果进一步发展必然产生反作用”的系统性问题。这是原本就存在于○○年代之中的系统性问题。应该说，“9 · 11”后的范式通过这次的地震表露得更加明晰了。我的观点与诸如“应该着眼于一直以来被我们忽略的问题”之类的主张完全不同。

关于地震与核电的问题，我在《小人物的时代》中有大幅论述，希望读者去参考那本书，此处只简单加以说明。这一问题的文学性重点在于如何理解核电引发的那些不可见的破坏力。比如，原子弹作为现代国民国家间的战争结果，由美国这个明确的他者投下，因此，我们可以将其赋予虚拟人格进而幻化为“阿童木”这个形象。在经过第五福龙丸事件*，也诞生了“哥斯拉”这个角色。然而，核电站却无法与原子弹同构。至少，在核电的逻辑下，其自身无法被形象化。核电威胁并非以某个人的恶意为根基而产生，而是由内而外产生的威胁。它原本就只是支撑我们生活的基础设施之一。另外，“福

* 第五福龙丸事件，指 1954 年 3 月 1 日美国在比基尼岛进行的水下氢弹试爆产生的辐射，使日本一艘远洋渔船“第五福龙丸”上的船员感染辐射病，船员久保山爱吉半年后因肝硬化死亡。怪兽电影《哥斯拉》被认为影射该事件，核试验造成的污染导致生物突变，诞生了巨大怪物哥斯拉。

岛”这一距离首都圈咫尺之遥的地点，也昭示着它完全存在于我们世界的内部。这与他国投下的原子弹截然不同，核电是一个即便来自自己的内部，我们也无法将其制约，以致会走向失控的系统。想象力应该如何对其进行捕捉呢？要将其形象化吗？这里意外地有一个极其重要的问题，即对于不可见的强大力量和结构，如果不将其形象化，人类的大脑就无法顺畅地处理它，也无法成为社会共识。与原子弹不同，核电是无法用迄今为止的方法进行形象化处理的，我们不知道应该如何把握它。这搅乱了日本的文化空间、言论空间。为了隐喻驻日美军而创造了奥特曼，从核武器创伤中创造了哥斯拉，这类叙事化手法已经无法奏效。对于并非从外部而是从内部产生的巨大力量，应该如何将其形象化，就是大地震后的文学课题之一。对此，我在《小人物的时代》中给出了自己的答案，请务必找来读读。

——你觉得大地震后被创作出的具体作品，性质会有发生改变的部分吗？

宇野：短期内，为了忘记地震的痛苦，应该还是会一如既往流行空气系作品吧，但长期来看，可以预想到将会有表现国家与社会主题的作品回潮。

不过，日本从“冷战”以后就一直不怎么擅长政治小说。最成功的恐怕还是《机动警察》，尤其是押井守导演的动画版。这部作品在不使用意识形态对立的情况下铺陈剧情，表现了日本警察机关及官僚组织的荒谬。由完全渗透进日本官僚机构的上代人掌管的组织中来了新警官。主人公们拥有与当时的消费者们——大部分是团块世代消费者们——相同的感受。故事在他们的视角下展开。这正是“冷战”刚刚结束，战后社会逐渐开始瓦解的时代会采取的手法。

继承这一手法的是《跳跃大搜查线》，这部作品能大受欢迎，也是因为九〇年代这个时间点，我不认为这种手法在 2011 年还能奏效。当时有小泉纯一郎的结构改革，社会上弥漫着对公务员的批判氛围，还有对松下幸之助的摒弃。仿佛隐喻一般，“松下”变为“Panasonic”就是日本式经营的溃败。到了当代这个“经营管理”（management）的年代，再将日本的官僚组织设定为假想敌，已经不再有说服力。因此，《跳跃大搜查线》剧场版中，代表基层的青岛俊作和代表官僚组织的室井慎次之间的对立与友情，这一定式结构就没有被表现出来。在这部作品上映后，我在杂志《Cyzo》的对谈中也提到了这个问题。在这部作品中，青岛要对抗的敌人有两个，一个是小泉今日子饰演的变态罪犯，她作为八〇、九〇年代这种刚刚逝去的文化象征登场，二是小栗旬饰演的年轻精英警官，他无疑就是〇〇年代“经营管理”特征的体现。影片中，青岛的两个敌人都没有被除掉，剧本显得半途而废。也就是说，“敌人”变得不可见了。

本来《机动警察》模式本身就含有某种“秘笈”，那就是利用世代差异。也就是说，首先存在一个带有政治色彩的官僚组织，于是，才有并不熟悉这种话语的团块世代年轻人怀抱“已经不是战后了”的意识，对其进行反抗。这部作品是以此为结构安排剧情的，但如今，现实已经推移到了“后战后”，再将战后作为假想敌，本身就已经失效了。因此，以脱战后式的、反战后式的政治性作为背景的政治小说，虽然也不是完全没办法写，但终究无法成为优秀的作品。

我在评价大逃杀系作品时说过，即使不够完整，但这类作品展现了政治与文学、个人与社会的新关系图景，也即将那种在叙事中无法被记述的东西，通过大型游戏的结构表现出来。不过，这还不够完善，重要的是思考如何应用这种构想描绘新的社会。

我认为，我们仍将在相当长的时间里持续思考这个问题。比如，日本有“上班族漫画”这么一个分类，但在这十年中也逐渐衰退了。一言以蔽之，在这个“经营管理”的时代，我们已经无法创造出有现实性的“物语”了。《课长岛耕作》也好，《总务部总务科山口六平太》也罢，都以日式经营为主题。前者现在已经当上了“社长”，在稍微不同于上班族漫画的方面变得很强（笑）。总之，日本的上班族漫画的常规模式是在终身雇佣、年功序列等日式经营制度的企业中，抱有“不守规矩的我好厉害”“八面玲珑的我好厉害”等想法的主人公大展拳脚。前者是耕作，后者是六平太（笑）。但是，他们中的任何一个在如今“松下变为Panasonic”的时代都不具有现实性。因此，岛耕作有必要出人头地成为“社长”，书写别的漫画故事。

根据我的观察，在这个经营管理的时代工作的男性读者,不,也包括女性读者,对“企业、组织”的需求很大。我只能将《逆转监督》视为团块世代的中级管理层诱骗鼓动当今年轻人，对其进行经营管理的故事（笑）。这完全是对上班族的终极模拟。本书中提到的三田纪房的重映热潮也是同样的东西。

也就是说，将经营管理时代的公司职员生活落地为“物语”的手法还没有被开发出来。因此，运动漫画等类型才承担了这一功能。

试想一下，不论是《课长岛耕作》还是《总务部总务科山口六平太》都不是凭空出现的。真实一郎的著作《上班族漫画的战后史》中提到，日本白领很难在公司的人际关系之外追求戏剧性，人们思考的始终都是如何在这种条件下让“物语”成立。因此，上班族漫画模式才从五〇年代的上班族小说时代延续了数十年。当代的政治小说和上班族漫画也是一样。这已经是一个纯粹的技术问题，编辑、制作人，以及作家需要思考，在强烈意识到经过二三十年，在战后式事物已经解体的事实基础上，应该描绘什么。

如果列举具体的作者，我会觉得桐野夏生在这方面很成功。概括来说，她描绘的是身处男女雇佣机会均等法的时代，女性拥有的特性。表面说着“女性和男性一样也能自我实现了喔”，背地里根深蒂固的歧视和差别对待依然遍布。桐野认真地从这一点出发，对这个充满谎言的诈骗结构进行了取材，并重构为小说，创造了叙事。不论从思想还是方法上说，都是如此。

然而，雇佣机会均等法实施的八〇年代后半也发生了一种变化，那就是男性在平成经济萧条中失去了既得利益，难以成为正式职员，社会处境变得艰难。借用水无田气流的话说，“退步的男女平等”在某种程度上达成了。《重生》的故事中，同志主人公作为失去既得利益的男性象征登场,作品的落脚点可以视为一种总清算。但与此同时，桐野依赖的诈骗结构本身也趋于无效了。

桐野的作品分为两类，有《OUT》《异常》这种探究在男女雇佣机会均等法的乐土中女性如何生存的作品，也有《杀心》《又怎样》这类用私小说式的手法书写，探究自我意识的作品。最近，后一类作品增加了。或许，这只是因为利用雇佣机会均等法的诈欺结构组织起来的故事已经无法继续写下去了。就我个人来说，当今女性议题最重要的主题恐怕是腐女文化的普遍化，如果能引入这个话题，倒挺不错的。

——日本纯文学也有一个时期出现了很多以派遣劳动和非正式雇佣为主题的小说，其中大部

分都展现了自我意识下的闭塞世界。这或许也证明了新的政治和文学还没有被形象化。

宇野：我的同龄人中，小说家很多。比如跟我同年的泷本龙彦就非常好懂。他将男性失去既得利益的受害人意识置于作品的中心，始终书写“被水晶鞋踩碎的我们”，也就是无法像个男人一样完成自我实现的自我意识。试想一下，这种因为失去男性既得利益就陷入困顿的思维简直是一种极度自恋、无聊透顶的主题。因此，他最终什么都写不出来了。佐藤友哉也在写类似的主题，却被业界赋予“今日仍执着于纯文学的罕见青年”的角色，量产着失效的仿作。

与此相对，津村记久子、山崎直子、生田纱代等与我同世代的女性作者，反倒描绘着当代的劳动观，描绘着淡然运作着“谁做都一样”“会被替代的工作”的日常。在这些作品中，通过她们独特的切入点，世界的面貌浮现了出来。她们排除了男性作者的浅薄，以直球决一胜负，但最近也有点疲软了。三年前，我对当代文学比现在要关心得多，现在基本没有热情了。

——其实，思考新文化的时候，不直接描写周围世界的真实，而以科幻的形式让其发挥作用的做法也很重要。你怎么看？

宇野：这与刚才《地海传说》的话题相同，日本在八〇年代受到动画浪潮的影响，也流行过科幻式的想象力。它们最终都与七〇年代那种“失去革命的我们的自我意识”缠绕在一起。《机动战士高达》与《新世纪福音战士》都处于这条延长线上，虽然我不是要否定所有的成果，但只有现代性的男性自我意识问题的膨胀促成了科幻，这多少让我感觉很违和。

本来，科幻是一种自由的东西。即便是当下，科幻应该也有潜力表现模拟自然的日本式想象力。过去的水木茂和最近的《东方 Project》都是接近这种类型的作品。在我看来，在思考世界结构这类宏大命题时，从男性的自我意识中撤离出来，将其当作模拟自然的问题加以捕捉，才是日本文化的磁场能够完成的探索。换句话说，日本科幻的可能性不应该只存在于女性挥舞刀剑斩杀魔物这种图式中，应该也存在于在日常风景中与妖怪同居这种扩展现实般的氛围中。

直白地说，其中的区别就是小松左京和光濑龙这两位科幻作者的区别。如果读了《无尽长河的尽头》就会明白，无论好坏，小松左京一律将与世界结构相关的问题收束于男性的自我意识之中。这近似于见田宗介、大泽真幸所谓的动画文化及科幻文化在“虚构时代”发挥的作用。与之相对，作家光濑龙在《百亿之昼、千亿之夜》中彻底践行了叙事诗式的写作，完全没有踏足角色的内心。到了萩尾望都的漫画化，才首次为阿修罗王赋予内心活动。将庞大的东西以庞大的面目捕捉，这就是光濑龙。《百亿之昼、千亿之夜》是多神教反对一神教的故事，是完全脱离西方现代性的产物，与将世界的结构拟人化的主题保持了距离。这是亚洲式科幻原本就拥有的潜力，也与当下日本的流行文化相勾连。

关于今后的活动

——听到现在，即便不用一个直接的单词来形容，也能明白本书的延长线上有“扩展现实”这一设想，画下了一条非常漂亮的线。我认为本书的一大重要意义，就是展示了批评媒介所能涉及的领域可以更加广阔，可以与各种工作互相作用，成功地改变了“批评”一词展示出的形象。

宇野：但我痛感这种言说方式要拥有影响力是一件非常难的事。文学和思想的世界，或许比这本书的年轻读者所能预想的，还要僵硬得多，那是一个时间近乎停滞的世界。在其他业界都已经绝迹了的八〇年代到九〇年代的价值观，尤其是左翼思想，至今依然蔓延其中。我在进行批评的相关工作以前，自认为对这种现实还算有所认知，但这种认知简直可以说是天真。犹如强弩之末般，把全球资本主义视为宏大叙事，认为必须通过叙事批判对其进行解构的左翼逻辑至今依然大行其道。简直匪夷所思。抱着这种思维，绝对无法理解当今的世界与文化。

这里并不是在说政治立场之类的问题。其实，可以和先前提到的“文学与信息”话题联系起来。恐怕在当下，四十岁以上的批评家和知识分子会断言，那些成为信息的一部分、被置于下级范畴的“表现”都只不过是当代的表象，是未完成的状态，不拥有自主性，因而没有价值，随后将其抛弃。按照这种逻辑，轻小说、初音未来与 AKB 就都没有价值了，但这无异于错过了满溢在这个世界之中的丰富内容。我经常被说是在“肯定现状”，比起那些当全球化和网络化“都不存在”，依然在思考八〇年代式涩谷文化观的人，我当然是在肯定现状。他们只不过是无视新的可能性来守护着自己的自恋。写本书的时候，我比现在更反对这种状况。

文学变为信息，也有一种地理不再与文化相捆绑的内涵。当代是一个不局限在特定空间、不论谁在哪里都可以发布信息的时代。文化的中心经历了从银座到新宿，从新宿到涩谷的推移，这一点经常被提出来。那么，接下来又会是哪里呢？其实正确的认识应该是——中心已经扩散。如今，秋叶原和下北泽被视为重要的街区，也完全没问题，但将特定街区置于文化最前列的做法，确实已经无法囊括整体状况。文化中心已经扩散到了互联网或郊区这种匿名性空间。这并不是单纯关于热点变化的城市论话题，重要的是，认识到地理与文化的关系本身已经发生了剧烈的变化。然而，四十岁以上的文化批评家们基本上都止步于涩谷。他们不会言及新内容，所以我才要积极地指出那些不会被他们评价的东西所蕴含的意义。

然而，写作本书的时候，我总觉得维持平衡才是对的，现在，这个想法已经改变很多。正因为觉得每种类型都应该关注，百花齐放般对所有类型都公平地进行处理才正确，因此，我才积极论述了文艺杂志与当代文学。但越是深入接触这个行业，我才越是清楚：在某个世界，只要讲出“假面骑士”这个词就不会再被认真对待了。因为《PLANETS》的关系而进行的采访显示，在这个21世纪，露骨地厌恶着动画这个类型本身的上一代人依然多的是。

虽然我自己觉得保持平衡的论述方式比较合乎性情，但到底是上一代人啊，他们很多都带着巨大的偏见看待这些讨论。因此，我也开始觉得，努力向这些家伙传达新事物的魅力，根本没有意义。另一方面，很多平时不怎么读批评的人对充满魅力的文化结构及状况抱有强烈的兴趣，我变得想要回应他们的期待和需求。我想，这就是我这三年来最大的变化。

如今的我只想平静地通过评价他们绝对不会涉足的东西来进行对抗。

但是有一个直接的问题，那就是人数上的劣势，因此，我希望比我年轻的写作者能够多多崭露头角。我并不觉得必须完全拥有共识才能共同战斗。哪怕对具体作品的评价相异，仅仅为了从固守前互联网时代文化观的上一代人思维中，把文化批评解放出来，我们也可以共同战斗。全球化给“抵抗文化”这条路径画上了休止符，网络化则让地理与文化的关系变得稀薄，文学变成了信息的下级范畴。正因如此，充满潜力的新表现形式才充满了世界。我们只需要通过分析这些新的想象力，就能够开拓新的思想甚至新的表现。

——与本书出版时相比，情况已经发生了很多变化。或许人数尚少，但年轻读者对于 AKB、春日、骑士并置于同一个平面进行批评的模式，应该已经可以很自然地接受了吧？

宇野：确实是这样，不过因为少子化加剧，内容产业本身也在衰退。这不是说要放缓手脚，安心等待时代朝好的方向更迭。我在这三年间承受了各种政治性挑衅，想必今后也会持续下去，但要对抗这些就需要更多人。宫台真司、大塚英志之后是东浩纪，他之后又有我、福岛、滨野，但再往后就没有接续的人了，情况还是很严峻的。可惜，拥有这种视野的人确实很少。

另一方面，我意识到《小人物的时代》俘获了年龄范围极广的读者群。在我看来，上一代日本人中有很多都一度对批评丧失兴趣。他们蔑视“正确的”文艺杂志，蔑视文学社团，蔑视批评，选择敬而远之。我重新将他们吸引回来，成为文化批评的读者，这一点很重要。

——你将1995年作为界限，借用铃木谦介的术语“before/after”，身处已经进入“after”状态的当代，你是否觉得自己也多少扮演着填平两代人鸿沟的角色？

宇野：与其说是桥梁，不如说，读者本来就存在于所有的世代之中。但在这二十年中，业界将很多——直白点说，很多——根本不觉得文化与思想有什么重要性的人当作读者聚拢了起来。作为对此的反省，唤回原本的读者已经成为互联网时代之后登场的我们这代人和之后的论述者所抱有的共同认知。我和荻上千木从五年前就经常这样说。因此，必须拥有自己的媒体，靠自己来获得读者。我们彼此都坚定地实践着这个想法。

——我感觉日本当下的流行文化既保持着独特的奇妙性，同时，又表现为对全球化世界做出回应的形态。

宇野：此时，我们需要考虑的是，拥有什么样的特质才能被称为全球化。举个具体例子，当下依然有人时不时被老一辈说教“多听点外国音乐”，但这可以被视为拥有全球化视野吗？我表示怀疑。在日本，一旦将御宅系流行文化的分析作为主业，就感觉像个傻子一样又沉溺在怪癖里了，但是“海对岸才有真正的物语”这种说教本身也是极端保守的老生常谈啊（笑）。

我是这样想的。尽管日本和欧美同处全球化时代，消费方式却大相径庭。美国播放的电视剧《欢乐合唱团》，这部剧被视为他们的数据库消费。在剧中，演员们唱起了对刚刚过去的八〇、九〇年代的怀旧歌曲进行改编的插曲，第二周这些歌曲就会上榜。但如果同样的事情发生在日本，毫无疑问，成为消费对象的不会是音乐，只会是角色。即便都是数据库消费式内容，美国与日本也大相径庭。可以说，在进行这种比较时，我第一次扩展了海外视角。没有这样的视角，沿袭“海对岸才有真正的音乐和物语，日本的都是冒牌货”的模式，展开无意义工作的人大有人在。拒绝这种视角，而是探讨“日本”这种加拉帕戈斯式*网络、文化的发达状况与其他国家有何区别，才是真正重要的工作。我自己未来也很想关注海外，但我想提倡这样的观看视角。

---

* 加拉帕戈斯群岛位于南美大陆以西 1000 公里的太平洋海面上，有许多地方特有物种，由于该岛远离大陆，这些物种都只是按照当地的环境进化并生存，如果把它们放在别的海岛或者大陆上，不到一个月它们就会死去。后来有学者将加拉帕戈斯群岛上的现象应用于经济和商业领域，形容“自有生态系统，孤立于外部环境”的状态。

——继《小人物的时代》出版、本书文库本化之后，你还有什么活动安排吗？

宇野：最近的话，就是计划出版和滨野智史的对谈《希望论》（暂名）和收录了东京大学自主讨论组内容的两本书。与堀江贵文合著的作品正在进行中，但因为各种事情，还在安排时间。之后会有一件重要工作，就是将《新潮》杂志上连载的《母性敌托邦》结集出版。这本书是对特定主题深入挖掘的工作，所以是与本书以及《小人物的时代》完全不同的作品。《小人物的时代》写的是 1968 年孕育出的“从政治到性”的想象力随着 20 世纪的结束而衰退，21 世纪出现了完全不同的想象力。与此相对，《母性敌托邦》分析的是在 20 世纪后半这个“从政治到性”的时代，日本的代表性作家如何应对这一前提条件的式微。政治事物与性爱事物之间的关系随时代发生了变化，这种变化的方式重新叩问着日本的想象力——这本书的结构大体如此。出版时间应该会是明年的这个时候吧，我也不是特别确定。我想从容地把它完成。

这之后，我差不多就该开始写我心心念念多年的富野由悠季论了。

与写书的工作并行，我还是想在认真策划的状态下制作《PLANETS》。我本来就当过编辑，对这种相当于写书的内容生产结构抱有兴趣。比如，当下的文化产业越来越艰难，在我看来，传统出版社应该把工作人员减少一半。今后，日本的内容产业应该会以个人为单位。我想以两三人规模的小组形式进行随意有趣的活动，并创造与当下出版社等量的业绩。

张扬的独立杂志可以做商业杂志无法做到的事，这暗合了抵抗文化的意义，是有价值的。但如今，出版与放映制度本就出了问题，只要做出替代方案就好。也不必抛弃那种“立志做商业杂志无法完成的有趣故事”的精神，但小众的东西才会率先践行优秀表达方式的世界已经完全过去了。有趣就采用，无聊就抛弃，已经完全没问题。比起这种形式，我想创造的是与当下既存事物不同的形式，是让充满野心和才能的人可以轻松发表内容的世界。从这个意义上来说，我想让《PLANETS》作为一本优秀的替代物登场，不输商业杂志。

当下，著作都挤在了一起，实在拿不出时间来，如果有什么契机能抽出半年左右的时间闭关，我打算认真准备新的形式、新的媒体。

作品译名对照表

《AIR》(『AIR』)
《Air/ 真心为你》(『Air/ まごころを、君に』)
《Cyzo》(〈サイゾー〉)
《EUREKA》(〈ユリイカ〉)
《Geet State》(『ギートステイト』)
《Haru、Haru、Haru》(『ハル、ハル、ハル』)
《Invitation》(〈Invitation〉)
《JOJO 的奇妙冒险》(『ジョジョの奇妙冒険』)
《Kanon》(『Kanon』)
《Live A Live》(『ライブアライブ』)
《LOVE》(『LOVE』)
《M-1 大赛》(『M-1 グランプリ』)
《MYSTERIES!》(<ミステリーズ !>)
《NANA》(『ＮＡＮＡ』)
《N · P》(『N · P』)
《OUT》(『OUT』)
《Pink》(『Pink』)
《PLANETS》(〈ＰＬＡＮＥＴＳ〉)
《SF Magazine》(〈ＳＦマガジン〉)

《URA BTTB》(『ウラ BTTB』)
《X 档案》(『X- ファイル』)
《101 次求婚》(『101 回目のプロポーズ 』)
《69》(『69』)
《1984》(*Nineteen Eighty-Four*)
“80’s is now :为什么现在要谈论八〇年代? ” [〈Invitation〉(ぴあ) 二〇〇三年十月号「80’ s is now : なぜ、今〝80 年代〟か? 」特集より宮台の発言]

A

《阿滋漫画大王》(『あ ずま んが大王』)
《爱的流放地》(『愛の流刑地』)
《爱将胜利》(『愛は勝つ』)
《爱情打猎族》(『君が嘘をついた』)
《爱与幻想的法西斯》(『愛と幻想のファシズム』)
《爱与时尚 Ⅱ》(『ラブ & ポップ・トパーズ Ⅱ』)
《爱之吻》(『ラヴァーズ・キス』)
《奥特曼》(『ウルトラシリーズ』)

B

《白河夜船》(『白河夜船』)
《白色巨塔》(『白い巨塔』)
《百亿之昼、千亿之夜》(『百億の昼と千億の夜』)
《拜金》(『拝金』)
《宝可梦》(『ポケットモンスター』)
《悲伤假期》(『サッド・ヴァケイション』)
《北斗神拳》(『北斗の拳』)
《比河更长更舒缓》(『河より長くゆくやかに』)
《变装俏老爸》(『ニコイチ』)
《别册宝岛》(『別冊宝島』)
《不吉波普不笑》(『ブギーポップは笑わない』)
《不适合少女的职业》(『少女には向かない職業』)

C

《彩虹老人院》(『メゾン・ド・ヒミコ』)
《草莓观察日记》(『アストロベリー』)
《长崎荷兰村》(『長崎オランダ村』)
《沉睡的夏娃》(『イヴの眠り』)
《池袋西口公园》(『池袋ウエストゲートパーク』)
《赤朽叶家的传说》(『赤朽葉家の伝説』)
《厨房》(『キッチン』)
《穿越时空的少女》(『時をかける少女』)
《吹奏吹奏乐乐》(『ブラブラバンバン』)
《重生》(『メタボラ』)
《春季限定草莓蛋挞事件》(『春期限定いちごタルト事件』)
《唇膏》(『リップスティック』)
《从东京开始思考》(『東京から考える』)

D

《大河的一滴》(『大河の一滴』)
《大声钻石》(『大声ダイヤモンド』)
《大逃杀》(『バトル・ロワイアル』)
《稻叶振一郎访谈》[〈PLANETS〉vol. 2「稲葉振一郎インタビュー」(二〇〇六/第二次惑星開発委員会)]
《迪迦奥特曼》(『ウルトラマンディガ』)
《弟弟》(『弟』)
《地海传说》(『ゲド戦記』)
《地球防卫少年》(『ぼくらの』)
《地球守护灵》(『ぼくの地球を守って』)
《电车男》(『電車男』)
《电脑线圈》(『電脳コイル』)
《爹地》(『ダデイ』)
《东方 Project》(『東方 Project』)
《冬季恋歌》(『冬のソナタ』)
《东京别扭小子》(『東京トンガリキッズ』
《冻鲸》(『凍りのくじら』)

《动物化的后现代》(『動物化のポストモダン』)
《毒舌纠察队》(『アメトーーク』)
《赌博默示录》(『賭博黙示録カイジ』)
《多罗罗》(『どろろ』)

F

《反叛的鲁路修》(『コードギアス 反逆のルルーシュ』)
《蜂蜜与四叶草》(『ハチミとクローバー』)
《扶桑花女孩》(『フラガール』)
《浮士德》(〈ファウスト〉)
《福星小子》(『うる星やつら』)
《福星小子2：绮丽梦中人》(『うる星やつら2　ビューティフル・ドリーマー』)

G

《甘露》(『アムリタ』)
《钢之炼金术师》(『鋼の錬金術師』)
《高桥留美子剧场》(『高橋留美子劇場』)
《高校教师》(『高校教師』)
《歌魂》(『うた魂！』)
《哥斯拉》(『ゴジラ』)
《给年轻读者的日本亚文化论》(『若い読者のためのサブカルチャー論講義録』)
《攻壳机动队》(『GHOST IN THE SHELL 攻殻機動隊』)
《共同幻想论》(『共同幻想論』)
《姑获鸟之夏》(『姑獲鳥の夏』)
《怪物猎人》(『モンスターハンター』)
《灌篮高手》(『スラムダンク』)
《鬼魅小夜子》(『六番目の小夜子』)
《果然还是喜欢猫》(『やっぱり猫が好き』)

H

《海街日记》(『海街 diary』)
《海螺小姐》(『サザエさん』)
《海鸥之日》(『かもめの日』)
《航海王》(『ONE PIECE』)
《黑格尔导读》(*Introduction à la lecture de Hegel*)
《后天的人》(『アサッテの人』)
《后现代状况》(*La condition postmoderne: Rapport sur le savoir*)
《虎与龙》(『タイガー&ドラゴン』)
《花漾人生》(『フラワー・オブ・ライフ』)
《华丽的一族》(『華麗なるスパイ』)
《欢迎加入 NHK!》(『NHK にようこそ!』)
《缓慢的网络》(『遅いインターネット』)
《幻魔大战》(『幻魔大戦』)
《黄泉归来》(『黄泉がえり』)
《灰色健怡可乐》(『灰色のダイエットコカコーラ』)

J

《机动警察》(『機動警察パトレイバー』)
《机动战士 V 高达》(『機動戦士 V ガンダム』)
《机动战士高达》(『機動戦士ガンダム』)
《机动战士高达·逆袭的夏亚》(『機動戦士ガンダム 逆襲のシャア』)
《机动战士高达 F91》(『機動戦士ガンダム F91』)
《机动战士海盗高达》(『機動戦士クロスボーン・ガンダム』)
《机械战舰抚子号》(『機動戦艦ナデシコ』)
《饥饿游戏》(*The Hunger Games*)
《吉祥天女》(『吉祥天女』)
《寄物柜婴儿》(『コインロッカー・ベイビーズ』)
《继续》(『ケイゾク』)
《加州物语》(『カリフォルニア物語』)
《假面骑士 555》(『仮面ライダー 555』)
《假面骑士电王》(『仮面ライダー電王』)
《假面骑士甲斗》(『仮面ライダーカブト』)

《假面骑士剑》(『仮面ライダー剣』)
《假面骑士空我》(『仮面ライダークウガ』)
《假面骑士龙骑》(『仮面ライダー龍騎』)
《假面骑士响鬼》(『仮面ライダー響鬼』)
《假面骑士亚极陀》(『仮面ライダーアギト』)
《假面骑士月骑》(『仮面ライダーキバ』)
《交响诗篇》(『交響詩篇エウレカセブン』)
《结构与力：超越符号学》(『構造と力(記号論を超えて(』)
《金丝雀》(『カナリア』)
《鸠》(『TUGUMI』)
《九十九十九》(『九十九十九』)
《绝地求生》(PUBG)
《角色小说的写法》(『キャラクター小説の作り方』)

K

《开到清晨的实时节目》(『朝まで生テレビ』)
《课长岛耕作》(『課長島耕作』)
《空之境界》(『空の境界』)
《快餐风土化的日本》(『ファスト風土化する日本』)

L

《蜡笔小新》(『クレヨンしんちゃん』)
《蜡笔小新：呼风唤雨！猛烈！大人帝国的反击》(『クレヨンしんちゃん 嵐を呼ぶ モーレツ！オトナ帝国の逆襲』)
《辣妹掌门人》(『ギャルサー』)
《离世界更近》(『セカイから、もっと近くへ』)
《恋空》(『恋空』)
《恋上五·七·五！》(『恋は五·七·五！』)
《凉宫春日的消失》(『涼宮ハルヒの消失』)
《凉宫春日的忧郁》(『涼宮ハルヒの憂鬱』)
《两个人》(『ふたり』)
《琳达 琳达》(「リンダリンダ」)
《琳达！琳达！琳达！》(『リンダリンダリンダ』)

《灵魂力量》(『ブレンパワード』)
《龙樱》(『ドラゴン桜』)
《龙珠》(『ドラゴンボール』)
《乱马½》(『乱馬½』)
《论座》(〈論座〉)

M

《溢满胸口的爱》(『この胸いっぱいの愛を』)
《曼哈顿爱情故事》(『マンハッタンラブストーリ』)
《漫画乖乖女》(漫画ブリッコ)
《慢活庄的神明》(『スロウハイツの神様』)
《美人》(『美しい人』)
《美少女游戏的临界点》(『美少女ゲームの臨界点』)
《美少女游戏与世界系的交叉点》[『美少女ゲーム の臨界点+1』(二〇〇四)東浩紀「美少女ゲームとセカイ系の交差点」]
《萌的本事，止于无能性—论〈AIR〉》(『ゲーム的リアリズムの誕生』より「萌えの手前、不能性に止まること——『AIR』について」)
《命运之夜》(『Fate/stay night』)
《魔法少女小圆》(『魔法少女まどか☆マギカ』)
《母性敌托邦》(『母性のディストピア』)
《目的地》(『目的地』)
《木更津猫眼》(『木更津キャッツアイ』)
《木更津猫眼 · 日本篇》(『木更津キャッツアイ 日本シリーズ』)
《木更津猫眼 · 世界篇》(『木更津キャッツアイ ワールドシリーズ』)

N

《逆转监督》(『GIANT KILLING』)
《女王的教室》(『女王の教室』)

P

《平成机枪》(『平成マシンガンズ』)

Q

《七彩音和若波》(『セクシーボイスアンドロボ』)
《欠踹的背影》(『蹴りたい背中』)
《强奸幻想的成立条件—作为少女幻想的安彦良和论》(「レイプ·ファンタジーの成立条件 少女幻想としての安彦良和論」)
《乔西与虎与鱼》(『ジョゼと虎と魚たち』)
《且听风吟》(『風の歌を聴け』)
《轻音少女》(『けいおん!』)
《全职猎人》(『HUNTER×HUNTER』)
《犬身》(『犬身』)
《犬夜叉》(『犬夜叉』)

R

《热带雨林的爆笑生活》(『ジャングルはいつもハレのちグゥ』)
《人间失格:假如我死掉的话》(『人間·失格~たとえばぼくが死んだら』)
《人生》(『ライフ』)
《人造人 009》(『サイボー 009』)
《人造天堂》(『EUREKA』)
《日本文化的论点》(『日本文化の論点』)
《日本言论入门 15 册+α—福柯〈规训与惩罚〉》[「ニッポン言論のタネ本 15 冊+α フーコー『監獄の誕生』」(朝日新聞社〈論座〉二〇〇二年六月号)]
《日出处天子》(『日出処天子』)
《日美安保条约》(『日本国とアメリカ合衆国との間の相互協力及び安全保障条約』)
《日在校园》(『School Days』)

《如果高中棒球队女子经理读了彼得 · 德鲁克》(『もし 高校野球の女子マ ネ ージャ ーがドラ ッ カ ーの「マ ネ ジメ ン ト 」を 読んだら 』)

S

《三月的五天间》(『三月の五日間 』)
《杀心》(『IN 』)
《上班族漫画的战后史》(『サラリーマン漫画の戦後史 』)
《少女革命》(『少女革命ウテナ 』)
《设计一种不可计算性》(『計算不可能性を設計する 』)
《深沉的爱》(『Deep Love 』)
《神枪少女》(『GUNSLINGER GIRL 』)
《神呀神！你为何离弃我？》(『エリ · エリ · レマ · サバクタニ 』)
《圣斗士星矢》(『聖闘士星矢 』)
《圣者的行进》(『聖者の行進 』)
《失乐园》(『失楽園 』)
《水姑娘》(『ちゅらさん 』)
《水果篮子》(『フルーツバスケット 』)
《思考自由："9 · 11"以后的当代思想》(『 自由を 考え る 9 · 11 以降の現代思想 』二〇〇三 / N H K ブックス)
《死亡笔记》(『DEATH NOTE 』)
《四叶妹妹》(『よつばと ! 』)
《算计》(『インシテミル 』)

T

《她们的时代》(『彼女の時代 』)
《她们告别的原因》(「彼女た ち が別れるわ理け由 」)
《糖果子弹》(『砂糖菓子の弾丸は撃ちぬけない 』)
《逃跑的女人，煮干的女人》(「逃げる 女煮つま る 女 」)
《体操男孩》(『タンブリング 』)
《天元突破红莲螺岩》(『 天元突破グレンラガン 』)
《跳跃大搜查线》(『踊る大捜査線 』)
《铁臂阿童木》(『鉄腕アトム 』)

《同一屋檐下》(『ひとつ屋根の下』)
《偷偷爱着你 2011》(『花ざかりの君たちへ～イケメン☆パラダイス 2011』)
《推定少女》(『推定少女』)

W

《玩偶游戏》(『こどものおもちゃ』)
《魍魉战记 MADARA》(『魍魎戦記 MADARA』)
《网球公子的忧郁》(『テニスボーイ憂鬱』)
《伟大的生活冒险》(『グレート生活アドベンチャー』)
《未来日记》(『未来日記』)
《为了活下去的思想——从都市与媒体现场出发》(「生き延びるための思想——都市とメデイアの現場から」〈ＰＬＡＮＥＴＳ〉vol. 3 / 二〇〇七 / 第二次惑星開発委員会)
《味噌汤里》(『インザ・ミソスープ』)
《我很好》(『リバーズ・エッジ』)
《吾辈是主妇》(『吾輩は主婦である』)
《无敌青春》(『パッチギ!』)
《无辜的世界》(『イノセント ワールド』)
《无尽长河的尽头》(『果しなき流れの果に』)
《无限的未知》(『無限のリヴァイアス』)
《无限近似于透明的蓝》(『限りなく透明に近いブルー』)
《五分后的世界》(『五分後の世界』)
《五个扑水的少年》(『ウオーターボーイズ』)
《舞妓哈哈哈》(『舞妓 Haaaan!!!』)

X

《西瓜》(『すいか』)
《夕岚之街，樱之国》(『夕凪の街 桜の国』)
《惜日的爱丽丝》(『惜日のアリス』)
《希望论》(『希望論』)
《西洋古董洋果子店》(『西洋骨董洋菓子店』)
"戏言系列"(『戯言シリーズ』)

《夏季限定热带水果圣代事件》(『夏期限定トロピカルパフェ事件』)
《下妻物语》(『下妻物語』)
《现代的冷却》(『モダンのクールダウン』)
《香蕉鱼》(『BANANA FISH』)
《相聚一刻》(『めぞん一刻』)
《小人物的时代》(『リトル・ピープルの時代』)
《新傲骨宣言》(『新ゴーマニズム宣言』)
《新傲骨宣言特别篇·脱正义论》(『新ゴーマニズム宣言SPECIAL 脱正義論』)
《新傲骨宣言特别篇·战争论》(『新ゴーマニズム宣言SPECIAL 戦争論』)
《新本格魔法少女莉丝佳》(『新本格魔法少女りすか』)
《新潮》(〈新潮〉)
《新教养主义宣言》(『新教養主義宣言』)
《新世纪福音战士》(『新世紀エヴァンゲリオン』)
《心理学化的社会》(『心理学化する社会』)
《星之声》(『ほしのこえ』)
《幸福论》(『幸福論』)
《幸运星》(『らき☆すた』)
《虚无主义、孤独与另一条路》(「ニヒリズムと孤独ともう一つの道」(『新教養主義宣言』一九九九/晶文社))
《寻找名字的放学后》(『名前探しの放課後』)

Y

《牙齿与世界中的含我量》(『わたくし率イン歯ー、または世界』)
《摇摆少女》(『スウィングガールズ』)
《钥匙的轨迹》(『Keyの軌跡』)
《野望之国》(『野望の王国』)
《野猪大改造》(『野ブタ。をプロデユーす』)
《夜叉》(『YASHA-夜叉-』)
《伊里野的天空,UFO之夏》(『イリヤの空、UFOの夏』)
《伊索寓言》(*Aesop's Fables*)

《异常》(『グロテスク』)
《银河漂流华尔分》(『銀河漂流バイファム』)
《银魂》(『銀魂』)
《银与金》(『銀と金』)
《永远的三丁目夕阳》(『ALWAYS 三丁目の夕日』)
《永远是孩子》(『永遠の仔』)
《幽灵公主》(『もののけ姫』)
《幽游白书》(『幽☆遊☆白書』)
《游戏王》(『遊☆戯☆王』)
《游戏性现实主义的诞生》(『ゲーム的リアリズムの誕生』)
《鱿鱼游戏》(오징어게임)
《又怎样》(『ナニカアル』)
《宇宙战舰大和号》(『宇宙戦艦ヤマト』)
《源氏物语》(『源氏物語』)
《愿此刻永恒》(『君が望む』)
《约翰平和我》(『ジョン平とぼくと』)

Z

《在世界中心呼唤爱》(『世界の中心で、愛をさけぶ』)
《在遥远彼方的小千》(『ちーちゃんは悠久の向こう』)
《在永无止境的日常中活下去》(『終わりなき日常を生きろ』)
《炸鸡派对》(『チキンパーティー』)
《诈欺猎人》(『クロサギ』)
《诈欺游戏》(『LIAR GAME』)
《昭和歌谣大全集》(『昭和歌謡大全集』)
《真假学园》(『マジすか学園』)
《真实魔鬼游戏》(『リアル鬼ごっこ』)
《终战的罗蕾莱》(『終戦のローレライ』)
《重要的事》(『それが大事』)
《周刊少年 JUMP》(『週刊少年ジャンプ』)
《周刊少年 Sunday》(『週間少年サンデー』)
《竹取物语》(『竹取物語』)
《捉弄比霸凌恐怖 100 倍》(『りはめより 100 倍恐ろしい』)
《自指引擎》(『Self-Reference ENGINE』)

《总务部总务科山口六平太》(『総務部総務課山口六平太』)
《最后的朋友》(『ラスト・フレンズ』)
《最终兵器彼女》(『最終兵器彼女』)

主　　编 | 谭宇墨凡
特约策划 | 徐　露　　李　珂

营销总监 | 张　延
营销编辑 | 狄洋意　　许芸茹　　韩彤彤

版权联络 | rights@chihpub.com.cn
品牌合作 | tanyumofan@chihpub.com.cn

Room 216, 2nd Floor, Building 1, Yard 31,
Guangqu Road, Chaoyang, Beijing, China